言語研究と言語学の進展シリーズ①

言語の構造と分析

統語論，音声学・音韻論，形態論

言語研究と言語学の
進展シリーズ……… 1

［監修］西原哲雄・福田 稔
早瀬尚子・谷口一美

言語の
構造と分析

統語論，音声学・音韻論，形態論

西原哲雄

［編］

福田　稔　　中村浩一郎　　古川武史
都田青子　　近藤眞理子　　西原哲雄
長野明子

［著］

開拓社

「言語研究と言語学の進展シリーズ」の刊行にあたって

　20世紀以降の言語学に関わる分野の発展には急激な変化があり，アメリカ構造主義言語学，生成文法理論，そして近年の認知言語学や生物言語学（進化言語学を含む）などに及ぶ，さまざまな言語理論が提案されて発展を続けてきている．同時にコンピューターの技術革新やITの発展などにより，コーパス言語学をはじめとする新たな方法論が導入され，言語研究は急速な発達を遂げてきたといえる．英語や日本語というような個別の言語研究についても，共時的な観点や通時的な観点を含む多くのさまざまな角度からの分析が進められ，それらの成果の多くは，研究論文や研究書（兼概説書や論文集など）という形で広く世の中に公にされてきている．

　このように，言語理論研究においても個別言語研究においても，時代とともに次第に特殊化や細分化が進み，その結果，それらの研究内容が複雑になり，また多様化していった．現在では，それぞれの分野でとられる分析手法が異なるために，専門家であっても自分の研究分野における最新の成果を十分に理解するのが困難なことも珍しくはない．このような状況の中で，英語学や日本語学を含む言語学の研究を目指している学生や，大学で教鞭をとるそれぞれの専門分野の研究者たちに対して，言語全般，個別言語や各専門分野における基本的な内容を含みながらも，最新のそれぞれの（専門分野の）言語研究の成果を提示できることは，非常に意義深いことであると同時に，十分な必要性があると考えられる．

　そこで我々は，英語学，日本語学および言語学全般を研究し，関心を持つ学生や，研究者たちを読者の対象として，これらの読者の研究における上記で述べたニーズや必要性に対応すべく，『言語研究と言語学の進展シリーズ（全3巻）』の出版を企画した．そして，より多くの読者のニーズに答えるべく，以下のように，全9部門を全3巻（各巻3部構成）に分け，それぞれ1巻から3巻に3名の編集者，および，各部の執筆者は基本的に複数名を配置して，各分野の執筆をお願いした．

　また，各巻の内容は，次に挙げるような構成となっている．

v

第1巻　言語の構造と分析
　　　　——統語論，音声学・音韻論，形態論——　　　（西原哲雄 編）
第2巻　言語の認知とコミュニケーション
　　　　——意味論・語用論，認知言語学，社会言語学——　（早瀬尚子 編）
第3巻　言語の獲得・進化・変化
　　　　——心理言語学，進化言語学，歴史言語学——　　（遊佐典昭 編）

　各巻の執筆者には，幸運にも，それぞれの分野を代表するような方々をお迎えすることもができた．読者の方々には，各自の専門分野に関わる巻，部から読み始めていただくとともに，関連する隣接分野の巻や部についてもぜひ，参照していただけるようにお勧めしたい．そのように活用していただくことにより，読者の専門とする分野の知識を豊かにしていただくだけでなく，英語学や日本語学を含む言語学研究の分野についての理解はよりいっそう深くなるものである，と監修者一同確信している．

2018 年 5 月

シリーズ監修者

西原哲雄・福田　稔・早瀬尚子・谷口一美

第 1 巻　言語の構造と分析

は し が き

　われわれ人間が相互にお互いの意思や思考を伝えるための一般的な方法とし
ては，言語というものを挙げることができる．このように，人間にとって，言
語とは，お互いのコミュニケーションを取るための手段（「ツール」(tool) と
いう単語がよく用いられる）として定義されることが多い．しかしながら，言
語とは，単純に人間相互のコミュニケーションを担うだけの手段だけではな
く，われわれ人類が，すなわち人間が自ら「ものを考えるための方法（the
way of thinking)」であるという点にも注目しなければならない，と言える．
それこそが，言語の研究（言語学）であり，個別言語（英語など）の研究であ
る英語学であった．そして，戦後の英語学，言語学に 1 つの新しい傾向，流
派のようなものが生じたのであった．それはアメリカの構造主義言語学からの
影響であった．その中で，ヨーロッパの言語学者とアメリカの言語学者との間
にも異なった意見があったが，これらを比較，検討することで，日本の言語学
者は問題の理解を深め，しだいに，明確な考えを持つようになった．

　Noam Chomsky が提案・執筆した『文法の構造 (*Syntactic Structures*)』が
1957 年に世に出たのを皮切りに，生成文法理論が登場することになった 1960
年代からは，言語の研究である言語学の方向性は，アメリカ構造主義言語学か
ら，大きく変化をとげてゆくことになったと言えよう．この生成文法理論が本
格的に登場した 1960 年代で，すでに，統語論 (Syntax) においてはその生成
過程において変形規則（規則）なるものが提案されており，生成文法理論を一
言でまとめるならば，人間の言語は「規則の束から成り立っている」という主
張に還元できるものである．このような生成文法理論は統語論を中心として，
今日まで，さまざまな枠組みの変遷を経て，日本でも受け入れられていること
も事実であり，本巻の第 I 部において，生成文法理論におけるさまざまな統
語論の分析手法が最新理論に至るまで概観されている．

　本巻の第 II 部では，音声学・音韻論に関わる内容について概観し，とりわ
け，音韻論の部分では，第 I 部の生成文法理論からのアプローチによる
Chomsky and Halle (1968) の『英語の音型 (*The Sound Pattern of English*:

vii

SPE）』が登場したことによって，音韻研究も大きな影響を受けた．この Chomsky and Halle (1968) の枠組みでは，現代英語の音韻体系だけではなく，史的音韻論への言及もなされたことによって，いわゆる SPE 理論は，以後多くの音韻理論の枠組みの登場，変遷にもかかわらず，今日もその価値は失われてはいない．そして，そこから派生した音韻理論の枠組みを本書で概観している．また，音声学に関わる部分では，基礎的内容はもちろんのこと，発展的内容も含め，音声習得や音韻習得という分野にも目を向けている．このような内容の展開によって，音声学の基礎から，音声学・音韻論の理論的かつ実践的内容まで，読者が理解しやすいような構成が取られている．

　第 III 部となる，形態論・レキシコンの構造においても，形態論の基礎から応用に至るまで概説をするとともに，最新の理論とその展開を含んだ内容をわかりやすく論述している．初期の生成文法理論における形態部門は統語部門とは異なり，音韻部門などに含まれており，自立的な部門として見なされてはいなかったが，その自立性を認められて以降，その枠組みの進展はめざましいものがあり，生成形態論（Generative Morphology）という用語も今日では一般的に受け入れられている．同時に，伝統的な形態部門の操作である，派生，屈折，複合などの形成過程にもさまざまな分析，検討がなされてきていることにも言及し，言語機能のモジュール性を含めて，形態論の輪郭の全貌をさまざまな視点から見ることができるように構成されている．

　このようにして，本シリーズの第 1 巻では，言語学や英語学の基本である，統語論，音声学・音韻論，形態論の 3 部門（これらの構造と分析という点に主眼を置いて）を取り扱った．同時に，その他の言語学・英語学の分野の内容も，今日的には進化言語学（第 3 巻）などを含む多くの研究分野でも，さまざまな理論・枠組みの提案，分析方法の進展などが見られるのは明らかで，本シリーズの第 2 巻や第 3 巻が，そのような分野をカバーしている．併せて活用していただければ，より言語（英語や日本語などを含む）の研究，すなわち，言語学・英語学研究の醍醐味を味わっていただけるものと考える．

　最後に，開拓社の川田賢氏には，企画の段階から，さまざまな有益なアドバイスをいただいたことに，ここに記して，心から感謝の意を表したい．

　2018 年 6 月　　　　　　　　　　　　　　　　　　西原　哲雄

第 1 巻　言語の構造と分析

目　　次

「言語研究と言語学の進展シリーズ」の刊行にあたって　　v
はしがき　　vii

第 I 部　最新の文構造研究と統語論の進展
福田　稔・中村浩一郎・古川武史

第 1 章　概　要 ……………………………………………………… 2

第 2 章　基礎内容部門 ……………………………………………… 3

 2.1.　ミニマリスト・プログラム …………………………………… 3

  2.1.1.　ラベル ………………………………………………………… 5

  2.1.2.　帰結 …………………………………………………………… 10

  2.1.3.　併合 …………………………………………………………… 12

  2.1.4.　フェイズ ……………………………………………………… 15

  2.1.5.　that 痕跡効果 ………………………………………………… 19

  2.1.6.　EPP …………………………………………………………… 21

 2.2.　カートグラフィー …………………………………………… 24

  2.2.1.　トピック・フォーカス構造 ………………………………… 25

  2.2.2.　左周辺部 ……………………………………………………… 27

  2.2.3.　日本語の分析 ………………………………………………… 29

  2.2.4.　基準凍結 ……………………………………………………… 30

第 3 章　応用進展編 ……………………………………………… 32

 3.1.　ミニマリスト・プログラム ………………………………… 32

  3.1.1.　主要部と主要部の併合 ……………………………………… 32

  3.1.2.　ラベルを欠く統語構築物 …………………………………… 35

  3.1.3.　格助詞とラベル ……………………………………………… 39

  3.1.4.　主要部の外的対併合 ………………………………………… 40

  3.1.5.　右方移動とフェイズ ………………………………………… 43

x

3.2. カートグラフィー ··	49
3.2.1. イタリア語 ··	50
3.2.2. ハンガリー語 ··	51
3.2.3. ポーランド語 ··	52
3.2.4. ペルシャ語 ··	53
3.2.5. ジャマイカ・クレオール ··	54
3.2.6. 中国語 ··	55
3.2.7. グンベ語 ··	57
3.2.8. 日本語 ··	57
3.2.9. 英語 ··	58
3.2.10. さらなる展開 ··	61
3.3. ラベル理論とカートグラフィー ······································	62
3.3.1. 最大性の原理 ··	62
3.3.2. 架橋動詞と小節 ··	64
3.3.3. 裸句構造における主要部と句 ····································	66
3.3.4. 句と主要部の区別 ··	69
3.3.5. 主語基準と that 痕跡効果 ··	72
3.3.6. 空主語言語 ··	73
3.3.7. 焦点位置での凍結現象 ··	75
3.3.8. 補文と生起位置 ··	79

第 II 部　最新の音声学・音韻論研究の進展
都田青子・近藤眞理子・西原哲雄

第 1 章　音の世界への誘い ···	84
1.1. はじめに ··	84
1.2. 「言語能力」と「言語運用」···	84
1.3. 「音声学」vs.「音韻論」··	87
1.4. 音の世界におけるさまざまな単位 ····································	93
1.4.1. 語よりも小さい単位 ··	94
1.4.1.1. 分節音（音素）vs 音韻素性 ··································	95
1.4.1.2. 音節 vs モーラ ··	99
1.4.1.3. フット（韻脚）··	104
1.4.2. 語よりも大きい単位 ··	107
1.5. まとめ ··	109

第2章　第一・第二言語の音声特性と音声習得 ························ 112

2.1.　はじめに ··· 112
2.2.　日本語母語話者にとって習得が困難な英語の音 ················· 113
　2.2.1.　日本語話者の英語音声エラー ····································· 113
　2.2.2.　英語子音習得の問題 ·· 115
　　2.2.2.1.　子音の分類 ··· 115
　　2.2.2.2.　日本語話者の英語子音の習得の問題点 ··············· 116
　2.2.3.　母音 ··· 119
　　2.2.3.1.　母音の分類 ··· 119
　　2.2.3.2.　日本語話者の英語母音の習得の問題点 ··············· 122
　　2.2.3.3.　母音のエラーと韻律との関係 ··························· 125
2.3.　日本語話者の英語音声発話の特徴 ································· 127
　2.3.1.　母音の弱化と挿入問題 ··· 127
　2.3.2.　日本語話者の英語母音の音響特性 ······························ 128
　2.3.3.　挿入母音の音響特性 ·· 131
　2.3.4.　母音の音質と文字の関係 ·· 132
2.4.　日本語訛りの英語の評価 ·· 135
　2.4.1.　非英語母語話者によるL2英語音声評価の必要性 ············ 135
　2.4.2.　母語の異なる評価者による日本語訛りの英語の評価 ········ 136
　2.4.3.　結果 ··· 137
　　2.4.3.1.　評定者の母語による評定の相関 ························· 137
　　2.4.3.2.　英語話者の評定と日本語話者の評定の比較 ··········· 140
　2.4.4.　考察 ··· 141
2.5.　まとめ ··· 142

第3章　音律音韻論と音韻分析 ································· 144

3.1.　はじめに ··· 144
3.2.　wanna 縮約 ··· 155
3.3.　痕跡と音韻規則 ·· 156
3.4.　重名詞句移動と音韻論 ·· 159
3.5.　A-An Alternation Rule（不定冠詞交替規則）······················ 160
3.6.　音韻規則適用と強勢・焦点付与 ·· 162
3.7.　まとめ ··· 168

第 III 部　最新のレキシコンと形態論の進展
長野明子

序章　はじめに ・・170

第 1 章　語彙素とその語形，内容語と機能語 ・・・・・・・・・・・・・・・・・・・・・173

1.1.　もっとも基本的な分類 ・・・・・・・・・・・・・・・・・・・・・・・・・・・・・・・ 173
1.2.　具現中心主義と分離仮説 ・・・・・・・・・・・・・・・・・・・・・・・・・・・・・ 177
1.3.　言語・方言間の違いのありか ・・・・・・・・・・・・・・・・・・・・・・・・・・ 181
1.4.　パラダイム中心主義の記述 ・・・・・・・・・・・・・・・・・・・・・・・・・・・ 182
1.5.　理解を深めるためのアナロジー ・・・・・・・・・・・・・・・・・・・・・・・ 186

第 2 章　語彙素のレキシコン表示と語形変化 ・・・・・・・・・・・・・・・・・・・188

2.1.　語彙主義とは何か ・・・・・・・・・・・・・・・・・・・・・・・・・・・・・・・・・・・ 188
2.2.　語彙素の情報 ・・・・・・・・・・・・・・・・・・・・・・・・・・・・・・・・・・・・・・ 190
2.3.　G_L 対 G_I という区別と名詞の語形変化 ・・・・・・・・・・・・・・・・ 195
2.4.　動詞の語形変化 ・・・・・・・・・・・・・・・・・・・・・・・・・・・・・・・・・・・・ 199
2.5.　まとめ ・・ 204

第 3 章　レキシコンの拡大 I：語形成 ・・・・・・・・・・・・・・・・・・・・・・・・・208

3.1.　語彙素形成 ・・ 208
3.2.　語形成の形態的分類 ・・・・・・・・・・・・・・・・・・・・・・・・・・・・・・・・ 209
3.3.　語形成規則 ・・ 213
3.4.　語彙的交替 ・・ 216
3.5.　Transposition ・・・・・・・・・・・・・・・・・・・・・・・・・・・・・・・・・・・・・ 218
3.6.　品詞と意味を変更する派生 ・・・・・・・・・・・・・・・・・・・・・・・・・・ 223
3.7.　英語の接頭辞付加 ・・・・・・・・・・・・・・・・・・・・・・・・・・・・・・・・・・ 226
3.8.　まとめ ・・ 230

第 4 章　レキシコンの拡大 II：借用 ・・・・・・・・・・・・・・・・・・・・・・・・・・232

4.1.　言語接触とレキシコン・形態論 ・・・・・・・・・・・・・・・・・・・・・・・ 232
4.2.　借用と複製，借用と強制 ・・・・・・・・・・・・・・・・・・・・・・・・・・・・ 233
4.3.　語彙的借用と文法的借用 ・・・・・・・・・・・・・・・・・・・・・・・・・・・・ 237

xiii

4.4. 接辞の借用 ……………………………………… 242

4.5. マター借用とパターン借用 …………………… 248

4.6. まとめ ……………………………………………… 254

第5章　総　括 …………………………………………… 255

参考文献 …………………………………………………… 259

索　　引 …………………………………………………… 285

執筆者紹介 ………………………………………………… 293

第 I 部

最新の文構造研究と
統語論の進展[*]

福田　稔　　（宮崎公立大学）
中村浩一郎　（名桜大学）
古川武史　　（福岡工業大学）

---

[*] 第 I 部は，執筆準備段階で，JSPS 科研費 26370570 の助成を受けている．第 1 章，第 2 章の 2.1 節，第 3 章の 3.1.1-3.1.3 節，3.3.8 節を福田が，第 2 章の 2.2 節と第 3 章の 3.2 節を中村が，第 3 章の 3.1.4 節と 3.1.5 節，3.3.1-3.3.7 節を古川が担当した．

第 1 章

概　要

　90 年代から現在に至る生成統語論においては，Chomsky (1993) の提案から続くミニマリスト・プログラム（Minimalist Program）と，[1] Rizzi (1997) が提案したカートグラフィー（Cartography）に依る研究の二大潮流がある．[2] 併合（Merge）などごく少数の概念で統語演算を説明しようとする前者に対して，構造と意味の関係を捉えるために地図を描くかのごとく詳細な構造分析を行う後者は極めて記述的であり，二者は相反する学派であるという印象を受けるかもしれない．確かに，カートグラフィーに対しては言語の獲得と進化の問題に関する疑問が指摘されている（Chomsky, Gallego and Ott (2017: 27))．しかし，例えば，Chomsky (2013, 2015) と Rizzi (2015a, 2015b) は同じ停止問題（halting problem）や凍結現象（freezing）を扱っており，実際にはこの 2 つの研究には共有する課題や相補する部分がある．

　そこで本章では，ミニマリスト・プログラムとカートグラフィーの中核となる概念と事例を基礎編で説明し，それらを基盤として提案された分析を応用進展編で紹介する．

---

　[1] Chomsky (1993) は前年の 1992 年に MIT Occasional Papers in Linguistics 1 として刊行されている．

　[2] カートグラフィーは言語地図分析と呼ばれることもある．

第 2 章

基礎内容部門

2.1. ミニマリスト・プログラム

Chomsky (1993) が提唱したミニマリスト・プログラムは四半世紀を迎える．その研究対象となる I 言語 (I-language)[3] は離散無限 (discrete infinity) のシステムであり，構造化された表現が有限の特徴付けに基づいて無限に生成される．ミニマリスト・プログラムにおいて，I 言語は究極的には回帰的に (recursively)[4] 適用しながら階層構造を生み出す併合とインターフェイス (Interfaces) に還元できると仮定され，[5] これは強い極小主義のテーゼ (Strong Minimalist Thesis) と呼ばれる．強い極小主義のテーゼは，「言語は，言語能力が満たすべきインターフェイス条件の最適解である」(Chomsky (2008: 135)) と述べられることもある（インターフェイス条件については注 9 を参照）．ミニマリスト・プログラムにおけるこの理論展開が生物言語学 (Biolin-

---

[3] I 言語は人の心に内在化した言語 (internalized language) である (Chomsky (1986a: 22)) が，単に言語 (language) あるいは文法 (grammar) と呼ばれることもある．近年では人体の器官 (an organ of the body) であると論じられている (Chomsky (2012: 17))．Chomsky (2008: 133)，Chomsky, Gallego and Ott (2017: 3-4) も参照のこと．

[4] 演算によって得られた出力が，次の演算の入力となるという意味で，「再帰的に (reflexively)」とも表現される．

[5] これは広義の言語能力 (the faculty of language in the broad sense, FLB) とも呼ばれる．これに対して，狭義の言語能力 (the faculty of language in the narrow sense, FLN) は回帰性（を備えた併合）のみを指す (Hauser, Chomsky and Fitch (2002))．

guistics）の進展に寄与しているという指摘がある（池内 (2013)，藤田 (2013, 2014)，本シリーズ第 3 巻第 II 部「最新の言語進化研究と生物言語学の進展」を参照）.

併合は I 言語における唯一の演算であり，[6] 自由に適用するが，第 3 要因 (third factor) と呼ばれる，言語能力に特有でない一般原理を満たす.[7] 具体的には，最小計算 (Minimal Computation) の原理を満たすと仮定され，[8] 併合される要素は併合後の過程で変化を受けない（無改変条件 (No-Tampering Condition) (Chomsky (2008: 138)))．併合は最簡潔併合 (Simplest Merge) や自由併合 (Free Merge) とも呼ばれる．また，包括性条件 (Inclusiveness Condition) によって，派生の過程で新たな（素性などの）要素は導入されない（Chomsky (1995b: 228)) が，この条件は最簡潔併合から導かれる（Chomsky, Gallego and Ott (2017: 9-10))．

併合の出力は思考に関わる内部システムと算出・知覚に関わる内部システムに転送 (Transfer) され，外部のシステムのためにそこで判読される.[9] この 2 つの内部システムは I 言語を外部システムと繋ぐのでインターフェイスと呼ばれる．前者の内部システムが概念・意図 (conceptual-intentional, C-I) インターフェイス，後者が感覚運動 (sensorimotor, SM) インターフェイスである．併合によって形成された統語構築物は意味表示 SEM と音声表示 PHON に写像されて <SEM, PHON> が得られ，前者に C-I インターフェイスが，後者に SM インターフェイスがアクセスする（Chomsky, Gallego and Ott (2017: 7))．特に，PHON への写像は外在化 (externalization) と呼ばれる (ibld: 16))．階層構造が関わるのは C-I インターフェイスだが，時間的（線形）順序や語順などの言語間差異は外在化において決定される．転送された表

---

[6] 併合のほかにも演算が必要であるという指摘もある．例えば，併合によって構築された統語構築物 (syntactic object) の間の関係（一致，連鎖形成，束縛など）を捉える探索 (Search) という演算を加藤・他 (2014) は提案している．Chomsky, Gallego and Ott (2017: 29) の一致操作 (AGREE) の議論も参照のこと.

[7] 第 3 要因の他の例をまとめた中島 (2016: 141) も参照のこと.

[8] Chomsky (2012: 17, 2015: 4) を参照.

[9] 外部システムのために 2 つのインターフェイスが満たすべき条件は裸出力条件 (Bare Output Conditons (Chomsky (1995b: 221)))，判読可能性条件 (Legibility Condition (Chomsky (2000: 95-96, 2001: 1)))，インターフェイス条件 ((Chomsky (2004: 106, 2008: 135))) などと呼ばれる.

現がこれら 2 つのインターフェイスで判読されると，その表現の演算は収束し (converge)，判読されないと破綻する (crash).[10]

本節では，最近の研究からラベル (label),[11] 併合 (Merge)，フェイズ (phase),[12] 拡大投射原理 (Extended Projection Principle, EPP)，that 痕跡効果 (*that* trace effects) を取り上げながら，主として Chomsky (2013, 2015) と Chomsky, Gallego and Ott (2017) の提案を概観する．特に that 痕跡効果の説明は，GB 理論や原理と媒介変数アプローチにおいて統率という概念に拠って一定の成果を収めていた．しかし，統率を破棄したミニマリスト・プログラムにおいて，どのように捉え直されるのかという課題が残っていた．具体的な言語分析については第 3 節で紹介する．

2.1.1. ラベル

人間言語の主要な特性として，階層を成す構成性 (compositionality)，発音の位置と解釈の位置が異なる転移 (displacement),[13] 語順 (order)，投射 (projection；ラベル (label) とも呼ばれる) がある．生成文法初期の研究において，語順と投射は句構造文法 (Phrase Structure Grammar) が，転移は変形文法 (Transformation Grammar) が，構成性は句構造文法と変形文法の相互作用で捉えていた．

しかし，強い極小主義のテーゼのもと，従来の句構造文法や変形文法は仮定されておらず，[14] 語順は外在化において決定し，構成性と転移は併合によって決まると仮定されている．つまり，構造構築と移動を異なる操作で捉えるのでなく，併合だけで説明するようになった．すると，投射 (つまりラベル) をど

---

[10] I 言語は収束する表現しか生成しない仕組みであるという仮説も提案されており，防破綻統語論 (Crash-proof Syntax) と呼ばれる．Frampton and Gutmann (2002) や Putnam (2010) を参照のこと．ただし，Chomsky, Gallego and Ott (2017: 11, fn. 11; 17) は，防破綻統語論の問題点を指摘し，受け入れられないと論じている．

[11] label は「付票」と訳されることもある．

[12] phase は「位相」と訳されることもある．

[13] Chomsky (2013: 37) は，不連続関係 (non-contiguous relation) には転移と形態的不連続性 (morphological discontinuity) があると述べている．

[14] X バー理論 (X-bar theory) も仮定されておらず，句構造の内心性 (endocentricity) も破棄されている．

う捉えたら良いのかという課題が残る。[15] ラベルに関する議論はミニマリスト・プログラム初期の研究（Chomsky (1995a: 396-398, 1995b: 243-244, 2000: 133) など）からすでに始まっている。また，Chomsky (2001: 3, 42) は，なんらかの演算手順（algorithm）によってラベルが決まると述べている。

　そもそも併合は (1) のように定義されるため，出力となる統語構築物のラベルについて言及されていない。[16]

　(1)　$\text{Merge}(\alpha, \beta) = \{\alpha, \beta\}$

　そこで，Chomsky (2013) は，ラベルは併合による構造派生の過程でラベル付け演算手順（Labeling Algorithm）によって決まると提案した。ラベル付け演算手順は一致操作と同じく，最小探索（minimal search）に還元できると考えられている。[17] フェイズ単位でラベルが決まり，インターフェイスに転送される。ラベルは構成素の性質を表し，C-I インターフェイスや外在化において必要とされる。[18] ラベルが未決定のまま転送されると，判読されない。[19]

　ラベルになる要素としては，n や v といった範疇決定子（categorizer, category marker），φ や Q といった素性，イタリア語等の（強い）T などがある。一方，英語の T や根要素（root, R）などは単独では弱くてラベルになることができない。[20]

---

[15] 藤田 (2014) は言語進化の観点からラベル理論を論じている。

[16] (1) は集合併合（Set-Merge）である。以下で述べる①から③の事例も集合併合を前提としている。詳細は 2.1.3 節を参照のこと。

[17] 一致操作についての研究も進展しており，Bošković (2007), Frampton and Gutmann (2000), Haug and Nikitina (2016), Pesetsky and Torrego (2007), Zeijlstra (2012) などを参照のこと。

[18] Bošković (2016) は，H と XP の併合では併合時にラベル付けが行われ，XP と YP の併合では転送時に行われると論じている。また，ラベルは CI と外在化の両者に必要なのか，あるいは，いずれか一方に必要なのかという点も明らかにすべき課題となる。この点については Oku (2018) の逆作用域解釈に関する日英語の分析も参照のこと。

[19] すると，インターフェイスで判読されなくても済む要素は，転送時にはラベルが未決定のままでも構わないという可能性も論理的にはあり得る。例えば，3.1.2 節で紹介する Takano (2015) や Obata (2016) を参照のこと。

[20] Chomsky (2013: 47, 2015: 8-9) を参照のこと。ただし，弱くても指定部・主要部 (SPEC-head) の関係（ここでは SPEC-T や SPEC-R）が成立すると，T や R は強化され (strengthened) てラベルになる（Chomsky (2015: 10)）。具体的には，以下の② [A] の説明

ラベル付けが行われる3つの典型的な事例は以下①から③の3つである．

① Merge (H, XP) = {H, XP} (HとXPの併合)

主要部Hと主要部ではないXPの併合で，出力となる統語構築物のラベルをH（の素性）が決定する．説明の便宜上，(2)の樹形図を用いると，α からラベルとなる資格を持つ要素を探索すると，最初に見つかるのがHである．Xも主要部であるが，Hよりさらに探索を必要とするのでラベルの候補とならない．

(2)

典型例としては，外的併合（External Merge）によってDとNPがDPを形成する(3a)，VとDPがVPを形成する(3b)がある．[21]

(3) a. [$_\alpha$ [$_D$ the] [$_{NP}$ guitar]] → [$_{DP}$ [$_D$ the] [$_{NP}$ guitar]]
    b. [$_\alpha$ [$_V$ play] [$_{DP}$ the guitar]] → [$_{VP}$ [$_V$ play] [$_{DP}$ the guitar]]

② Merge (XP, YP) = {XP, YP} (XPとYPの併合)

外的併合と内的併合（Internal Merge）のどちらであっても，主要部でない2つの要素が併合される場合，①の演算手順では派生される統語構築物のラベルは決定できない．例えば，(4)では，α からラベルとなる候補を探索すると，XとYが同時に見つかるので，どちらのラベルとなるか決定されない．そこで，以下の[A]と[B]のいずれかによってラベルが決まる．

を参照のこと．ただし，強いミニマリストのテーゼのもと，指定部・主要部の関係に依存する説明は慎重を要すると思われる．

[21] DPやVPという表示は説明の便宜上用いている．これらの表示は併合される要素に無く，派生の途中で導入されるので，厳密には包括性条件に違反する．

(4)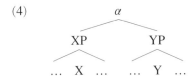

[A] 素性の共有によるラベル付け

　XP と YP に共通する最も卓越した素性 (the most prominent feature) である φ や Q がラベルとなる．それぞれの素性について概観しておこう．φ 素性は主語 DP（つまり {D, NP}）と TP（つまり {T, vP}）の併合が関係する．DP と TP が併合した場合，上述の理由で D と T はラベルにならない．しかし，それぞれの主要部 D と T は φ 素性を共有するので，[22] これが派生した統語構築物のラベル <φ, φ> となる．

　(5)　[$_α$ [D NP] [T vP]] → [$_{<φ, φ>}$ [D NP] [T vP]]

　上述の併合の適用を受ける {T, vP} については以下の2点で注意が必要である．

　まず，①の事例と同じく，最小探索は {T, vP} のラベルとして T を見つけるが，英語の T は弱くてラベルになれないので，ラベルの未決定という問題に直面する．そこで Chomsky (2015: 10) は，さらに別の要素が {T, vP} に併合されると，指定部・主要部 (SPEC-head) の構造関係（ここでは SPEC-T）が成立し，それによって T は強化されて T によるラベル付けが可能になると提案している．つまり，{D, NP} と {T, vP} の併合においては，{{D, NP}, {T, vP}} 全体のラベルだけでなく，{T, vP} のラベルも決まるのである．したがって，より詳しくは (5) は (6) のようになる．α と β はラベルが未決定であることを示す．

　(6)　[$_α$ [$_β$ D NP] [$_β$ T vP]] → [$_{<φ, φ>}$ [$_{DP}$ D NP] [$_{TP}$ T vP]]

　2つ目に，ラベルが未決定のままでも {T, vP} は併合の適用を受けることに

---

[22] φ 素性は人称 (person)，数 (number)，文法性 (gender) から成る．ただ，Danon (2011) が指摘するように，これらの素性が D, Nun, N に分散しているとすれば，φ 素性は完備 (complete) でない可能性が生じる (Chomsky (2001: 6) を参照)．この問題に関しては Inokuma (2013) の提案がある．

も注意されたい．併合には固有の条件が課せられておらず，自由に適用できる．時に併合が自由併合と呼ばれる所以である．見方を変えると，統語演算にとってラベルは必要不可欠ではないことになる．後述するように，これに着眼して，Chomsky (2015, 2016) は素性継承 (feature inheritance) によって生じる反循環性の問題を回避するために循環的な派生を提案している．

　次に Q 素性は疑問文の形成に関係する．wh 移動の場合，疑問詞 DP_{WH} とCP (つまり {C, TP}) が内的併合した場合も上記と同じ理由で D と C はラベルになれない．しかし，D と C は Q 素性を共有するので，[23] 派生した統語構築物のラベルは <Q, Q> となる．

(7)　$[_\alpha [_{DP}$ D NP$]$ $[_{CP}$ C TP$]] \rightarrow [_{<Q, Q>} [_{DP}$ D NP$]$ $[_{CP}$ C TP$]]$

[B] 移動によるラベル付け

　XP と YP のいずれかが移動すると，痕跡（コピー）はラベル付け演算手順に関与しない（不可視 (invisible) である）ため，移動せず残った句がラベルとなる．例えば，$[_\alpha$ XP YP$]$ の XP が移動すると，そのコピーが α の外部と内部に形成される．それぞれの生起要素 (occurrence) は XP という不連続要素 (discontinuous object) の一部に過ぎず，すべての生起要素が α に含まれることはない．このときラベル付けに対して XP の痕跡（コピー）は不可視となり関与しない．[24] 例を挙げると，(8) のような小節 (small clause) β が形成された場合も，そのラベルは決まらない．

(8)　$[_\beta [_{XP}$ lightning$]$ $[_{YP}$ the cause of the fire$]]$

　そこで，(9a) のように連結詞 (copula) が導入され，その後で XP を繰り上げると (9b) が派生する．β に残った XP の痕跡はラベル付け演算手順に関与しない（不可視になる）ので，(9c) に示したように，YP が β のラベルとなる．[25]

---

[23] Cable (2007, 2010) の提案に従い，DP_{WH} の主要部を Q と考えることも可能である (Chomsky (2013: 45))．

[24] Chomsky (2013: 44) を参照のこと．

[25] 取り消し線は痕跡を表す．

(9) a. [be [_β [_XP lightning] [_YP the cause of the fire]]]
   b. [_XP lightning] [be [_β [_XP ~~lightning~~] [_YP the cause of the fire]]]
   c. [_XP lightning] [be [_YP [_XP ~~lightning~~] [_YP the cause of the fire]]]

　この後，移動した XP は内的併合を繰り返すが，最終的にはその出力となる統語構築物のラベルは [A] によって <φ, φ> と決まる．これによって，節に主語が生起するという EPP をラベル理論から導くことが可能となる．結果として，EPP 素性を仮定する必要が無くなる．

③ Merge (X, Y) = {X, Y} (X と Y の併合)

　主要部と主要部の併合であるが，②と同じく，このままでは派生される統語構築物のラベルは決定されない．ただ，この併合の事例として考えられるのが，範疇決定子と根要素 R との併合である．例えば，範疇決定子 v と根要素 walk を併合すると {v, walk}（つまり動詞 walk）が派生する．

(10)

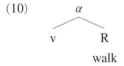

　(10) では，α からラベルとなる候補を探索すると，v と R が同時に見つかるので，②と同じ状況が生じる．しかし，根要素 R は弱過ぎてラベルになれないので，範疇決定子 v がラベルとなる．

2.1.2. 帰結

　ラベル付け演算手順は残された「投射の問題」を解決するだけでなく，これによって多くの望ましい帰結を得ることができる．その代表例を挙げると，②の分析が関わる連続循環移動 (successive cyclic movement) と停止問題 (halting problem) がある．

　まず例えば，(9c) の XP は移動して上位の要素と内的併合するが，形成される統語構築物のラベルは [A] によって <φ, φ> か <Q, Q> のいずれかになる．もし，それでもラベルが決まらない場合は，ラベルが決まるまで内的併合を繰り返すことになる．この繰り返し内的併合の典型例が，DP_WH と CP が繰り返して内的併合する派生であり，結果として連続循環移動をラベル付け演算

第 2 章 基礎内容部門 11

手順から導くことが可能となる．その帰結として，移動の通過地点に端（edge）
素性があり，これが循環移動を駆動するという仮説が不要になる．

　例えば，主要部が that である CP と DP_{WH} が内的併合すると，（11a）の構
造が派生される．これは {XP, YP} の事例であり，that には Q 素性が無い（あ
るいは [-Q]）ので，共通の素性を欠くことになり，α のラベルは未決定とな
る．

(11) a.　$[_\alpha DP_{wh} [_{CP} C_{that} [_{<\varphi, \varphi>} \ldots \text{DP}_{wh} \ldots]]]$

　　 b.　$[_{v*P} v* \ldots [_\alpha DP_{wh} [_{CP} C_{that} [_{<\varphi, \varphi>} \ldots DP_{wh} \ldots]]]]$

　次のフェイズ主要部 $v*$ が派生に導入されると，（11b）のように C_{that} の補
部が転送される．[26] しかし，DP_{wh} は転送されずに残るので，内的併合の適用
が可能となる．この後，さらに上位へ移動し，$v*P$ と内的併合する．残った
DP_{wh} の痕跡はラベル付け演算手順に対して不可視となる（関与しない）ので，
C_{that} が α のラベルとなる．ただし，$v*P$ との内的併合でも，{XP, YP} の構造
となりラベルは決まらない．したがって，ラベルが決まるまでさらに移動が続
くことになる．このように，循環移動をラベルの理論から導くことが可能と
なったことは，大きな理論的進展である．

　次に，Rizzi (2015a, 2015b) は，基準位置（criterial position）に到達した
要素はそれ以上移動しないが，それは何故かという停止問題を論じている．こ
れを受けて，Chomsky (2015) は，②の分析は停止問題への新たな解決の糸
口を与えると主張している．例えば，併合には固有の条件が課せられていない
ので，自由に適用できる．したがって，内的併合によって（12）の α（の補文
CP 指定部）から β（の主節 CP 指定部）へ which dog を移動することが可能
となる．

(12)　*$[_\beta$ which dog do you wonder $[_\alpha t [_\delta C_Q$ John likes $t']]]$

(Chomsky (2015: 8))

　ところが，移動の痕跡はラベル付け演算手順に対して関与しない（不可視と
なる）ので，<Q, Q> であった α のラベルが δ の主要部 C の Q になってしま

---

[26] 網掛けは転送領域を表す．

う.[27] すると，α は助動詞繰り上げと上昇イントネーションを伴う Yes/No 疑問として解釈されるようになるが，結果的に意味不明 (gibberish) なので，C-I インターフェイスで破綻する (crash). つまり，併合は自由に適用できるものの，結果的には基準位置で停止している表現しかインターフェイスで解釈を受けられないのである. Rizzi (2015) の基準位置はラベルが決まる位置なので，停止問題をラベルで捉えることが可能となる. また，Rizzi (2015a, 2015b) の提案では，3.3.1 節で概観するように新たな概念を導入する必要があるが，それも不要となる.

2.1.3. 併合

人間言語が階層構造を成すという特質，言語表現が無限に生成されるという生産性（または創造性）という特質は，回帰的に適用する併合に拠る.[28] 併合は Chomsky (1995a) で導入された.[29] これによって，Chomsky (1993) で再び脚光を浴びた Chomsky (1957) の一般化変形 (Generalized Transformation) は破棄された.

併合は語彙目録 (lexicon) や作業空間 (workspace, WS) にある 2 つの要素が入力となって統語構築物を形成する操作であるが，2 つの要素を併合するので，必然的に二股枝分かれ (binary branching) 構造が派生される. 例えば，作業空間に X と Y があり（WS = [X, Y]），これらが併合されると，新たな統語構築物の構成素となり，元の要素は残らない. つまり，WS' = [{X, Y}] となり，WS' = [X, Y, {X, Y}] にならない. そして，作業空間にある要素が単一の統語構築物になった時点で派生は終了可能となる (Chomsky, Gallego and Ott (2017: 20)). また，併合は (16) や (17) のように極めて簡潔に定式化されるため，最簡潔併合と呼ばれることもある.

---

[27] 2.1.4 節では，ラベルの情報を一時的に保存するメモリー (memory) について触れるが，この事例でなぜメモリーが利用できないのかという疑問が残る.

[28] ただし，Everett (2008: Ch. 15) は，ピダハン語 (Pirahã language：ブラジル，アマゾナス州に住むピダハン族の言語) には節の中に節を埋め込む構文が見受けられないと報告して，狭義の言語能力 (FLN) には回帰性を備えた演算しかないと論じた Hauser, Chomsky and Fitch (2002) に反論している. しかし，Everett の主張は問題点が指摘されており，池内 (2010: 54-60) や中井 (2014) を参照のこと.

[29] Chomsky (1995a) は前年の 1994 年に MIT Occasional Papers in Linguistics 5 として刊行されている.

第 2 章　基礎内容部門　　　　　　　　　　　　　　　　13

　併合は，(i) 適用を受ける要素に着目して外的併合 (External Merge) と内的併合 (Internal Merge) に，[30] (ii) 併合の仕方に着目して集合併合 (Set-Merge) と対併合 (Pair-Merge) に分類される．[31] 併合の定義にはラベルに関して言及がなく，これだけではラベルは決定されないので，出力となる統語構築物のラベルはラベル付け演算手順によって決まる．

　まず，(i) の内的併合は，併合される要素の一方が他方の一部になっているという特徴がある．これに対して，外的併合は，一方が他方の一部になっていない．この点で外的併合は内的併合と異なる．

　外的併合の典型的な事例としては次の 2 つがある．語彙目録の語彙項目を派生に導入して併合する場合と，[32] 独立して形成された統語構築物を併合する場合である．前者の例としては，V を DP と併合して VP を形成する場合 (13a)，P を DP と併合して PP を形成する場合 (13b) がある．後者の例としては，独立して形成された VP と PP を併合する場合 (14) がある．

(13) a.　$[_{VP} [_{V} \text{ play}] [_{DP} \text{ the saxophone}]]$

　　 b.　$[_{PP} [_{P} \text{ in}] [_{DP} \text{ the concert}]]$

(14)　$[_{VP} [_{VP} \text{ play the saxophone}] [_{PP} \text{ in the concert}]]$

　一方，内的併合は，ある統語構築物内部の要素（関係項 (term)）をその統語構築物と併合する操作で，これによって I 言語の転送という特性が捉えられる．[33] 内的併合はミニマリスト・プログラムの初期の研究 (Chomsky (1995a, 1995b)) で移動 (Move) と呼ばれたことから分かるように，典型的には従来の NP 移動 (NP-movement) や wh 移動 (*wh*-movement) のような移動操作

---

[30] Chomsky (2004: 110–111) で提案された．Chomsky の著作では，外的併合は EM，内的併合は IM と略されることが多い．

[31] Chomsky (2000: 133) で提案された．対併合の問題点と代案については Oseki (2015) や Omune (2018) を参照のこと．なお，Chomsky, Gallego and Ott (2017: 4) は集合併合のみから成る併合を大文字表記で MERGE としている．

[32] 外的併合にも固有の条件が無いので，θ 理論 (θ Theory) と無関係である．なお，Saito (2017) はラベル理論のもと θ 基準 (θ Criterion) を破棄する提案をしている．また，Chomsky (1993, 1995b, 2000) で提案された数え上げ (numeration)，語彙配列 (lexical array)，選択操作 (SELECT) は破棄されている (Chomsky, Gallego and Ott (2017: 9, 20))．

[33] Stroik (2009) や Stroik and Putnam (2013) は内的併合の問題点を指摘し，サバイブ・ミニマリズム (Survive-minimalism) という代案を提案している．

のことを指す．概略，(15) では Y は X の一部であるので，X と Y が内的併合されている．内的併合によって X の外部と内部に Y のコピー（つまり生起要素）が形成されるが，Y という不連続要素は内的併合の適用前と変わらず 1 つしかない．

(15)　[Y [$_X$ ... ~~Y~~ ...]]

コピーは内的併合で自動的に形成されるので，コピー操作（COPY）は不要であり，外的併合による反復表現（repetition）と区別される（Chomsky, Gallego and Ott (2017: 21)）．

次に (ii) の分類であるが，集合併合は (16) のように定義され，出力となる統語構築物は適用を受けた 2 つの要素の集合を形成する．

(16)　$\text{Merge}(\alpha, \beta) = \{\alpha, \beta\}$

集合併合では，2 つの要素は対等に併合の適用を受ける．したがって，ラベル付け演算手順によってラベルを決める際には，2 つの要素がどのような性質を担うか考慮する必要がある．

これに対して，(ii) の対併合は 2 つの要素に序列があり，順序付けられた対（ordered pair）を形成する操作である．したがって，ラベル付け演算手順によってラベルを決める際には，優先する要素がラベルとなる．対併合は (17) のように定義される．

(17)　$\text{Merge}(\alpha, \beta) = <\alpha, \beta>$

対併合の典型は，(17) の α が β に付加し，出力として付加構造が形成される事例である．例えば，(14) は VP と PP が対併合された例である．2 つの要素は対等でないため，出力となる統語構築物のラベルを一方（(14) の VP）が決定し，他方（(14) の PP）はラベル付け演算手順に関与しない．

上述の (i) と (ii) の分類は独立しているので，以下のように 4 種類の組み合わせが可能である．

(18) a.　外的集合併合（External Set-Merge）

　　 b.　外的対併合（External Pair-Merge）

　　 c.　内的集合併合（Internal Set-Merge）

d. 内的対併合[34] (Internal Pair-Merge)

(18a) の外的集合併合の具体例は (13a, b) である．(18b) の外的対併合の具体例は (14) である．(18c) の内的集合併合の具体例は NP 移動や wh 移動のような移動操作である．NP 移動によって $<\varphi, \varphi>$ というラベルの統語構築物が派生し ((19a))，疑問文を派生する wh 移動によって $<Q, Q>$ というラベルの統語構築物が派生する ((19b))．

(19) a. $[_{<\varphi, \varphi>}$ DP $[...$ ~~DP~~ $...]]$
　　 b. $[_{<Q, Q>}$ DP$_{wh}$ $[...$~~DP$_{wh}$~~ $...]]$

(18d) の内的対併合の具体例として，Chomsky (2015) は，T や (V に対応する) R の C や v^* への繰り上げ操作を示唆している．φ や時制 (tense) といった素性と共にフェイズ性 (phasehood) が C から T へ，また，v^* から V へ継承される．さらに，C や v^* が不可視 (invisible) になると継承されたフェイズ性が T や V で活性化し，C や v^* に代わって T や V がフェイズ主要部になる．[35] これを引き起こすのが T と C の，また，R と v^* の内的対併合である．従来の研究では，繰り上がった要素 (主に接辞 (affix)) が上位要素に付加する場合，上位要素のラベルが投射するという分析が一般的であった．しかし，内的対併合によって，T と R がラベルとなるため，C と v^* は不可視となる．そのために，T と R の痕跡 (コピー) が持つ，継承されたフェイズ性が活性化するのである．

ただし，主要部移動 (Head Movement) に関しては，内的併合のような統語操作なのか，PHON への写像 (外在化) として位置づけるのかなど多くの課題が残されている (Chomsky, Gallego and Ott (2017: 25-27))．

2.1.4. フェイズ

併合が移動に優先される (Merge over Move) 事例の説明が初期のミニマリスト・プログラムの課題となっていた (Chomsky (1995b: 348))．この問いが 1 つのきっかけとなり，Chomsky (2000: 106) はフェイズを提案し

---

[34] 内的対併合について初めて本格的に議論をしたのが Richards (2009) である．
[35] 2.1.5 節を参照のこと．

た.[36] フェイズ単位で構造構築が行われ，転送が適用する．PHON へ転送される統語構築物は構造を取り除かれることはないので，従来の排出（Spell-Out）は仮定されない（Chomsky, Gallego and Ott (2017: 14)）．また，派生においては，フェイズ内部へのアクセスに課せられるフェイズ不可侵条件（Phase-Impenetrability Condition, PIC）に従う（Chomsky (2000: 108)）．PIC は統語演算を軽減する役割も担うので，最小計算の原理に帰することが可能であると考えられる．

(20) 主要部 H を持つフェイズ α において，H の領域は外部からアクセスできない．H と端（edge）のみが外部からの操作にアクセスできる.[37]

(20) の「H の領域」が転送領域となるが，H を主要部とするフェイズが完成した時点で転送が適用するのか，次のフェイズ主要部 Z が外的併合で派生に導入された時点で適用するのか，というタイミングが問題となる．Chomsky (2001: 14) は後者を採用し，PIC を (21) のように改めている.[38]

(21) H の領域は ZP における操作にアクセスできない．H と端のみがこの操作にアクセスできる．

ZP は最小の強いフェイズである（Chomsky (2001: 14)）．つまり，強いフェイズ主要部（C, v^*）が派生に導入され，（H を主要部とするフェイズを支配する）補部と外的併合されると，領域が転送されて，これ以後は統語演算のアクセスはできなくなる．ただし，「アクセス」の解釈には注意が必要である．転送後に併合によって構造を変えることを PIC は禁じるが，C-I インターフェイスでの束縛理論の適用は許されるので，この種のアクセスは可能である．また，無改変条件を PIC から導くという提案もある（Chomsky, Gallego and Ott (2017: 14-15)）．

Chomsky (2005: 125, 2008: 143, 2015: 5) は，CP と v^*P に加えて DP もフェイズになる可能性を示唆していたが，Chomsky, Gallego and Ott (2017: 4)

---

[36] 提案に至る背景については Citko (2014: 23-57) も参照のこと．

[37] $[\alpha$ $[H$ $\beta]]$ において，β が H の領域，α が端である．β は H の補部，α は（1つあるいは多重の）指定部に対応する．

[38] (21) を支持する経験的な議論は Citko (2014) も参照のこと．

第 2 章　基礎内容部門　　　　　　17

は CP と v*P に限定する立場を表明している．フェイズ主要部 C と v* は移動を駆動する素性を担い，[39] 強いフェイズ（strong phase）を形成する．[40] これ以外のフェイズは弱いフェイズ（weak phase）と呼ばれることがある（Chomsky (2001: 12)）．[41]

どのような範疇がフェイズなのかという疑問に答えるために，Citko (2014: 70-160) は (22) から (24) の基準に依って，CP, TP, v*P, vP, DP, PrP (Predication Phrase), PP, ApplP (Applicative Phrase) を検討している．[42]

(22)　PF 診断法（PF diagnostics）
　　　a.　X は排出を引き起こすか．
　　　b.　XP は音韻領域を決定するか．
　　　c.　X の補部は削除できるか．

(23)　LF 診断法（PF diagnostics）
　　　a.　XP の端（edge）を通過して移動する要素はその端位置で解釈できるか．
　　　b.　XP は数量詞繰り上げ（Quantifier Raising）の的（target）になるか．

(24)　統語診断法（syntactic diagnostics）
　　　a.　XP の内部から移動する要素は XP の端（edge）位置で（部分あるいは全体が）発音できるか．
　　　b.　XP の内部から移動する要素は XP の端に何かを残すことがあるか．
　　　c.　XP は素性予値（feature valuation）の領域となるか．
　　　d.　X は非解釈素性（uninterpretable feature）を他の要素に与える源になるか

---

[39] Chomsky (2000: 109, 2001: 34) は，EEP 素性について (i) T は普遍的に持つが，フェイズ主要部は言語間で差異があり，(ii) 派生の過程でフェイズ主要部に与えられると仮定している．また，移動先はフェイズの端になるので Chomsky (2008: 139, 144) はフェイズ主要部が担う，移動を駆動する端素性（edge feature）を提案した．

[40] 外項を取る場合（他動（transitive）・非能格（unergative））が v* と記され，外項を取らない場合（非対格（unaccusative）・受動（passive））の v と区別される（Chomsky (2001: 43, 2013: 43)）．

[41] 弱いフェイズに関する問題点等については大塚 (2017) を参照のこと．

[42] Bošković (2014) は派生の段階で統語環境に応じてフェイズ性が変わるという分析を提唱している．同様の考えが Chomsky (2015) にも見受けられる．

分析の結果，満たす基準が多い順に並べると（25）のようになる．［　］の数字は満たす基準の数である．

(25)　DP [7] > CP [6] > v*P [4], PrP [4], PP [4] > ApplP [3] > TP [1], vP [1]

（25）では TP と vP が基準を 1 つしか満たしていないことに注意されたい．Chomsky（2000: 107）は定形の TP だけでなく，弱いフェイズに対応する句もフェイズではないと論じている点と符合する．

さて，Chomsky（2015）は，フェイズ主要部であることを決定するフェイズ性という概念を導入している．基本的には C と v* がフェイズ性を担うが，その補部が転送されるので，C の導入によって v* の補部 VP が転送され，さらに v* 導入によって（補文の）C の補部 TP が転送される．

フェイズ性は φ や時制（tense）といった素性と共に C から T へ，v* から V へ継承（inherit）される．さらに，C や v* が不可視になると継承されたフェイズ性は T や V において活性化し，C や v* に代わって T や V がフェイズ主要部となる．[43] その結果として，新たなフェイズ主要部の補部が転送されることになる．2.1.5 節で概観するように，that 痕跡効果の有無は，フェイズ性の継承と C の不可視化（削除）による活性化といった新たな仕組みで説明されることになる．

フェイズはラベル付けの単位でもあると Chomsky（2013）は論じている．ラベルは解釈に必要となるので，転送によってインターフェイスに送られるからである．フェイズの構築段階で一旦付けられたラベルは，後の操作によって取り消される（de-labeled）ことはない．そのため，転送するまでラベルの情報を一時的に記憶する（バッファとしての役割を果たす）メモリー（memory）が提案されている（Chomsky（2015: 11））．例えば，（26）では，C が削除されることで，T のフェイズ性が活性化して，T がフェイズ主要部となり，v*P が転送される．

(26)　[$_{CP}$ C [$_{<φ, φ>}$ DP$_{wh}$ [$_{TP}$ T [$_{v*P}$ ...]]]]
(27)　*Who* do you think ~~who~~ read the book?

---

[43] Chomsky（2015）は不可視になる事例として，C の場合は削除と T との対併合，v の場合は R（つまり V）との対併合を挙げている．

第 2 章　基礎内容部門　　　　　　　　　19

ところが，（27）のように疑問詞の主語が内的併合で移動すると，残った痕
跡はラベル付け演算手順に関与しないため，素性の共有によって <φ, φ> と決
まったラベルが解消されてしまう。[44] そこで，<φ, φ> と決まったラベルは，
補文主語 DP_{wh} の移動の後も解消されることはなく，転送までラベルの情報が
メモリーに保存されるのである．

　近年，フェイズは束縛理論の適用単位でもあるという提案がある．例えば，
Charnavel and Sportiche (2016) は，主にフランス語の事例を検討して，照応
形（anaphor）を純粋な照応形（plain anaphor）と例外的な照応形（exempt
anaohor）に分けて，前者こそが真の照応形であり束縛条件 A に従うことを考
察して，フェイズ単位で束縛条件 A が適用すると論じている．[45]

2.1.5.　that 痕跡効果

　（27）のように，補文標識 that を欠く補文の主語 DP_{wh} は移動が許される．[46]
しかし，（28）のように補文標識 that が顕在的であると，補文の主語 DP_{wh} の
移動は許されない．つまり，移動の結果，that と主語の痕跡が連なる形式にな
ると非文法性が生じる．これが that 痕跡効果である．

（28）＊*Who* do you think that ~~who~~ read the book?

　これらの事実の説明は，GB 理論や原理と媒介変数アプローチにおいて統率
（Government）を基にした適正統率（Proper Government）を採り入れた空範
疇原理（Empty Category Principle）を用いて一定の成果を収めていた．しか
し，統率を破棄したミニマリスト・プログラムでは，どのようにして that 痕
跡効果を導くのかという課題が残っていた．既に概観したように，Chomksy
(2015) は，フェイズ性という概念を導入して説明している．

　まず，（28）の事例であるが，C はフェイズ主要部であるので，その補部
TP が転送される．PIC の説明でも触れたように，その結果，転送後は TP 指

---

[44] Abe (2016: 4-5) も参照のこと．

[45] Kato (2016) は Charnavel and Sportiche (2016) に基づいて日本語の照応関係を分析し
ている．また，Lee-Schoenfeld (2008)，Saito (2017)，Quicoli (2008) のフェイズに基づい
た束縛理論の分析も参照のこと．

[46] 目的語の移動の場合は，補文標識 that の有無にかかわらず文法的になる．

　（i）　*What* do you think (that) the boy read ~~what~~?

定部にある主語 DP_{wh} は内的併合を受けることができなくなる.

さて，(27) でも (28) でも C から T への φ と時制の素性継承が生じる際に，フェイズ性の継承も行われる．さらに，(27) のように C の削除が生じると，T が担うフェイズ性が活性化して，T がフェイズ主要部となる．すると T の補部 vP が転送されることになる．ただし，転送前の段階で既に主語 DP_{wh} は vP から TP へ（ラベル付けのために）移動しているので，vP の転送後に内的併合を受けることが可能となる.

that 痕跡効果の典型的な事例はフェイズ性に拠り首尾よく説明できるが，いくつかの課題が残されている．まず，（文字通りに取れば）C の削除は無改変条件に違反する可能性が生じる．次に，副詞効果（adverb effects）のように，補文標識 that が主語 DP_{wh} の移動を妨げない事例 (29) の説明が必要となる.

(29)　*Who* did Leslie say that, for all intents and purposes, ~~who~~ was the mayor of the city?　　　　　　　　　　(Browning (1996: 250))

近年，Dobashi (2017)，Sato and Dobashi (2016)，Sobin (2016) のように，that 痕跡効果を発音の面から説明しようとする試みが提案されている.

さて，GB 理論や媒介変数アプローチにおいては，移動（具体的には α 移動 (Move α)）は空範疇原理と下接の条件 (Subjacency Condition) に従うと論じられていた．LF で適用すると考えられた空範疇原理の効果は，上述したように，ミニマリスト・プログラムにおいても説明できる見通しがついた．それでは，下接の条件の効果についてはどうだろうか．この課題に関しては Boeckx (2012) や Szabolci and Lohndal (2017) が興味深い提案をしている.

下接の条件は島 (island) からの統語的移動（あるいは顕在的移動 (overt movement)）を阻止するが，島には主語，複合名詞句，付加詞のような強い島 (strong island) と，wh，否定，叙実 (factive)，外置 (extraposition) のような弱い島 (weak island) の 2 種類がある（Cinque (1990: 1-2)）．強い島からの wh 要素の移動は項 (argument)・非項 (non-argument) に拘らず許されない．これに対して，弱い島からの移動は，項の wh 要素の場合は容認性が多少低くなるだけだが，非項の wh 要素の場合は全く容認されない．そこで Boeckx (2012: chapter 2) は，強い島の効果は統語制約に違反した帰結として生じるが，弱い島の効果は語用論・文理解など非統語的な要因のために生じると論じている．すると，Chomsky (1986b) のように，弱い島からの移動も

統語的に排除されると仮定してきた研究もあるので，その前提が変わることになる．

　強い島は主として付加構造から成る島なので，対併合の特性によって説明することも可能であると思われる．例えば，主節と従属節が併合した場合，主節のラベルが併合の出力のラベルとなり，従属節は不可視になる．また，付加詞はPICのHでも端でもない．そのため付加構造の形成後は統語演算がその内部にアクセスできなくなるとも考えられる．何れにしても，その帰結として，項・非項に拘らず従属節内部からのwh移動は許されない．しかし，Boeckx (2012) の提案のもとでは，弱い島からの移動は狭義の言語能力が許すことになる．そのような言語派生の仕組みはどのように説明されるのだろうか．また，弱い島からの移動における項・非項の違いはどのように捉えられるのだろうか．付加詞からの移動が許される事例も指摘されており (Truswell (2011))，今後のさらなる研究の進展が望まれる．

2.1.6. EPP

　GB理論 (Chomsky (1982: 10)) において，「節は主語を持つ」という自明の事実を主題役割 (thematic role, theta role) や抽象格 (Case) の付与から原理立てて導くことはできなかった．例えば，繰り上げ述語 (raising predicate) の主語位置は非主題位置であり，to不定詞節の主題位置にはPROが現れるが格は与えられない．そのためこの事実を記述的な一般化として定式するに留まった．それが拡大投射原理である．この状況は原理と媒介変数アプローチにおいても変わらず，一般に指定部は随意的であるが，IPの指定部は義務的であると仮定されており (Chomsky and Lasnik (1993: 55))，本質的な解明の進展は見受けられなかった．

　しかし，ミニマリスト・プログラムの初期の研究で，Chomsky (1995b: 232) は，INFLは強いD素性を担うという仮説からIP指定部の義務性を導くという分析を示唆した．この時から，拡大投射原理を素性の特質から導くという分析へと変遷し，拡大投射原理をEPP素性の照合として分析する仮説が広く受け入れられるようになった．また，主語がIPの指定部に義務的に生起するのと並行的に，wh疑問詞がCPの指定部に義務的に生起するので，CPの主要部CもまたEPP素性を担うという提案へ発展した．さらに，フェイズ理論のもとで，その指定部への移動を一般化し，その後，フェイズの端に要素

が生じることを端素性に帰する分析へと展開した．この仮説に基づいた研究は，例えば Müller (2011) のように近年まで続くことになる．

EPP 素性の照合分析に対しては，例えば Epstein and Seely (2006: Chap. 3)，Stroik (2009)，Stroik and Putnam (2013) が概念的および経験的な問題を指摘する中，代案としてどのような分析が可能となるか新たな研究が待たれることになった．

そこで EPP 素性や端素性を破棄し，その代案として Chomsky (2013, 2015) 自らが提案したのは，拡大投射原理をラベル付け演算手順から導くという新たな分析である．つまり，併合の出力にラベルを与えるために主語位置が満たされるという分析である．

(30) の派生を例にすると，{D, NP} と {v^*, VP} の外的併合は {XP, YP} の事例になるので，(30a) の α のラベルは決まらない．次に，T と {{D, NP}, {v^*, VP}} が外的併合するが，英語の T は弱いので，β のラベルは未決定のままである (30b)．しかし，(CP の形成と，C から T への素性継承の後に){D, NP} が移動して β と内的併合されると，その痕跡はラベル付け演算手順に関与しないので，(30c) のように α のラベルは {v^*, VP} のラベル（つまり v^*P）となる．これと同時に (30d) のように，β と γ のラベルが決まる．つまり，T と {D, NP} に主要部・指定部の関係が成立するので，T は強化されてラベル付け可能となり，また，T と D に共通の φ 素性があるので，{DP, TP} のラベルが決まるのである．

(30) a. [$_\alpha$ [D NP] [v^* VP]]

　　 b. [$_\beta$ T [$_\alpha$ [D NP] [v^* VP]]]

　　 c. [$_{CP}$ … [$_\gamma$ [D NP] [$_\beta$ T [$_{v^*P}$ ~~[D NP]~~ [v^* VP]]]]]

　　 d. [$_{CP}$ … [$_{<φ, φ>}$ [D NP] [$_{TP}$ T [$_{v^*}$ ~~[D NP]~~ [v^* VP]]]]]

英語に対して，イタリア語のような言語では，T が強くラベルを決定できる．したがって，英語と異なり，{D, NP} の移動は強制されず随意的となる．

しかし，Mizuguchi (2016) は，主語 DP の wh 移動を例にして T の指定部が満たされる分析の問題点を指摘している．例えば，内的併合は自由に適用するので，(31a) から (31c) の派生は可能である．ここで，TP はフェイズではない点に注意されたい．

第 2 章　基礎内容部門　　　　　　　　　　　　　　　　　　　23

(31) a.　$[_{v*P}$ DP$_{wh}$ …]

　　b.　$[_{TP}$ DP$_{wh}$ [T $[_{v*P}$ ~~DP~~$_{wh}$ …]]]

　　c.　$[_{CP}$ DP$_{wh}$ [C $[_{TP}$ ~~DP~~$_{wh}$ [T $[_{v*P}$ ~~DP~~$_{wh}$ …]]]]]

　C-I インターフェイスで解釈を受けるとき，$v*$P や CP はフェイズであるため，指定部にある DP$_{wh}$ は内的併合によるコピーであると解釈される．しかし，TP はフェイズでないため，指定部の DP$_{wh}$ が内的併合によるコピーなのか，外的併合による反復要素なのか曖昧になり，完全解釈（Full Interpretation）の原則を満たせない可能性が生じてしまう．

　そこで，Mizuguchi（2016）は併合には固有の条件が課せられていないことに着目して，TP の指定部を経由しない (32) の移動分析を提案している．

(32)　$[_{CP}$ DP$_{wh}$ [C $[_{TP}$ T $[_{v*P}$ …~~DP~~$_{wh}$ …]]]]

　Mizuguchi（2016）は結果的に (32) の派生しか収束しないと論じ，経験的な根拠として，英語，キナンデ語（Kinande），マヤ語（Mayan），イーディッシュ語（Yiddish）などの事例を検討している．

　さて，Chomsky（2008）の提案では，C から T への素性継承の後に，内的併合によって主語 DP が T の指定部へ移動する．しかし，Chomsky（2015, 2016）自身が指摘するように，これは反循環的な内的併合である．この問題を避けるために，最簡潔併合あるいは自由併合を前提として，Chomsky（2015: 13-14; 2016）は以下のような $v*$P の循環的な構造派生を提案し，CP にも適用できることを示唆している．

(33)　$[v* [_\alpha$ DP [R $[_\beta$ t …]]]]

(34) a.　外的併合によって R-β を形成する．

　　b.　α において DP が内的併合で移動する（EPP の効果となる）．

　　c.　$v*$ が導入され α と併合して，フェイズを形成する．

　　d.　フェイズ性を含めた素性の継承が $v*$ から R へ行われる．

　　e.　α のラベルが <φ, φ> と決まる．

　　f.　R が $v*$ へ繰り上がり接辞化する．したがって，$v*$ は不可視となり R のコピー（痕跡）でフェイズ性が活性化する．DP（これは wh 句の場合もあるが）端位置に留まる．

　　g.　（新たなフェイズ主要部 R の補部である）β が転送されるが，残っ

た DP はさらに内的併合の適用を受けることができる.

すると，CP レベルでも，派生への C の導入の前に循環的に主語 DP を $v*$P から移動しても文のラベルは <φ, φ> と決まることになる．(34) を前提にすると，その派生の過程は以下のようになるだろう．

(35) a. {D, NP} と {T, $v*$P} が内的併合し，{{D, NP}, {T, $v*$P}} が形成される．この段階では {T, $v*$P} のラベルは強化された T となるが，{{D, NP}, {T, $v*$P }} のラベルは未決定である．

　　 b. C と {{D, NP}, {T, vP}} が外的併合して，{C, {{D, NP}, {T, vP}}} が形成される．このラベルは C となるが，{{D, NP}, {T, vP}} のラベルは依然として未決定である．

　　 c. C から T へ素性が継承される．

　　 d. 素性の共有によって，{{D, NP}, {T, vP}} の未決定だったラベルが <φ, φ> となる．

Chomsky（2008）が素性継承を導入して以来，CP を形成した後で，主語 DP がその内部で移動するのは反循環的ではないかという疑念があった．しかし，それを最簡潔併合で払拭することが可能となった．また，拡大投射原理をラベル理論から導くなど理論的前進も見受けられ，今後もさらに精緻な分析が提唱されると期待される．

2.2. カートグラフィー

É. Kiss（1995）以来，談話階層的言語（discourse configurational language）におけるトピック・フォーカス構造の研究が盛んに行われている．日本語を含むトピック卓越言語（topic-prominent language）では，Rizzi（1997）以来イタリア語の研究が，さらに É. Kiss（1995, 1998）以来ハンガリー語について多くの優れた考察がなされている．日本語に関しても，Kuroda（1965），Kuno（1973）以来多くの研究がなされている．しかし，Ross（1967）以来，統語的研究の基盤をなすデータ，言語事実が英語から得られることは多く，英語で得られた事実を世界の諸言語の事実と照らし合わせることで，言語理論，特に統語理論は発展してきた．本節では，まず，英語の話題化，焦点化を区別した

Gundel（1974）を概観し，さらに，Gundel（1974）の分析を応用して否定辞前置（Negative Inversion（以下 NI））を考察した Culicover（1991）を概観する．次に，Gundel（1974）の区別を有効であると主張する Rizzi（1997）の分析を紹介し，最後に遠藤（2014）の日本語カートグラフィー分析を概観する．

2.2.1. トピック・フォーカス構造

Jackendoff（1972）以降で英語のトピック・フォーカス構造に関する最初の包括的な研究は，Gundel（1974）であると言われている．Gundel（1974: 143）は，次のように，トピックとフォーカスを明確に区別する．

(36) a. John she CALLED.
     b. JOHN she called.
(37) a. (As for) John, she called him.
     b. It was John that she called.

(36a) は話題化（topicalization）の例であり，(37a) がそのパラフレーズである．一方，(36b) はフォーカス移動の例であり，(37b) がそのパラフレーズである．Gundel（1974）は，(36a) のような操作をトピックの話題化（topic topicalization, TT），(36b) のような操作をフォーカスの話題化（focus topicalization, FT）と呼び，厳密に区別している．通常，TT によって前置された要素はコンマで区切られる．また，FT によって前置された要素には強勢が置かれる．以下に Gundel（1974: 145）からさらなる例を挙げる．

(38) A: Do you want a Chevy?
     B: No.
     A: What about a Mercedes Benz?
     B: (Yes,) a Mercedes Benz I'D LIKE.
(39) A: What do you want? / What is it that you'd like?
     B: A Mercedes BENZ I'd like.

(38) における最後の B の返答文が TT の例である．(38) では，メルセデス・ベンツがすでに話題に上っている状況で，それが前置されている．この操作が TT であり，（シェヴィーでなく）ベンツなら欲しい，という意味となる．一方，(39) では，車は話題に上っておらず，欲しいものは何かと聞かれて，B

はメルセデス・ベンツと答えている．移動した目的語には強勢が置かれており，これが FT である．このように，Gundel (1974) は TT と FT を明確に区別しており，その区別は強勢，あるいは前提の有無によっても裏付けられる．ただ，実際には，トピックとフォーカスが共起する例もあり，それを扱ったのが Culicover (1991) である．

Culicover (1991: 31) は，Gundel (1974) に従い，トピックとフォーカスを以下のように区別する．

(40) a. To Robin, I gave a book.

　　 b. On the table, Lee put the book.

(41) a. TO ROBIN I gave a book.

　　 b. On the TABLE Lee put the book.

(40) がトピック，(41) がフォーカスの例である．トピック要素はコンマで区切られ，またフォーカス要素には強勢が置かれる．

Culicover (1991) が新たに考察した事例を検討してみよう．まず，Culicover (1991: 33) はトピックとフォーカスが共起する例 (42) を指摘している．その場合，「トピック＋フォーカス」の順で生じる．しかし，(43) のように，トピック要素が複数生じて「トピック＋トピック」になると容認されない．

(42) a. This book to ROBIN I gave.

　　 b. Last year in St.LOUIS we were living.

　　 c. In those days a NICE car we drove.

(43) a. *This book, to Robin, I gave.

　　 b. *Last year, in St. Louis, we were living.

　　 c. *In Those days, a nice car, we drove.

次に，Culicover (1991: 30) は，否定辞前置と so 前置も分析している．

(44) a. Did you see anyone?

　　 b. No, not a single person did I see.

　　 c. Yes, so many people did I see that I was amazed.

(44a) の問いに対して (44b) のようにも (44c) のようにも答えることができる．このような事例を，Culicover (1991) は，Polarity Phrase (PolP) を想定

して分析する．具体的には，PolP 指定部に，否定辞前置要素と so 前置要素
が移動する．(44b, c) に対応する構造は (45a, b) となる．

(45) a. [PolP not a single person [Pol' did [IP I see]]]
    b. [PolP so many people [Pol' did [IP I see that I was amazed]]]

Culicover (1991) は，トピックは PolP への付加であり，フォーカスは PolP
指定部への移動であると分析している．(42a) のように，トピックとフォーカ
スが共起する場合は，(46b) のような構造である．

(46) a. This book to ROBIN I gave. (= (42a))
    b. [Polp this book [PolP to ROBIN [IP I gave]]]

Culicover (1991) は，広範囲のデータを扱っており，説得力のある分析である．
しかし，Chomsky (1993) 以来のミニマリスト・プログラムの枠組みでは，
概念的必然性 (conceptual necessity) がない限り，独立した投射として存在す
ることはできない．ただ，Culicover (1991) 自身が，Pol がフォーカスであ
ると述べていること，さらにトピックやフォーカスのように意味解釈に貢献す
るものは概念的必然性を持つということを勘案すると，トピックやフォーカス
が独自の投射を成すという想定に至るのは自然な帰結であると思われる．

2.2.2. 左周辺部

Gundel (1974) の TT と FT の分類や，「トピック＋コメント」・「フォーカ
ス＋前提」の構造分析に基づいて，Rizzi (1997) は左周辺部 (left periphery)
と呼ばれる新たな節構造分析を提案している．

例えば，(47a) は「トピック＋コメント」形式であり，トピックはコンマに
より節の他の部分と切り離されている．それに対し，(47b) は「フォーカス＋
前提」形式であり，前置された要素はフォーカスのアクセントを持ち，新情報
を導入する．

(47) a. Your book, you should give t to Paul, (not to Bill.)
    b. YOUR BOOK you should give t to Paul (not mine)

(Rizzi (1997: 285))

Rizzi (1997) はこのような英語のトピックとフォーカスの区別を出発点と

して，イタリア語，スペイン語などの諸言語の「トピック＋フォーカス」構造を分析し，左周辺部の分析としてまとめている．まず，Rizzi (1997: 286) が考察したイタリア語の例を見られたい．

(48) a. Il tuo libro, lo ho letto
      'Your book, I have read it.'
   b. IL TUO LIBRO ho letto (, non il suo)
      'Your book I read (, not his.)

(48a) はトピックの前置，(48b) はフォーカスの前置である（フォーカス要素は強勢を受けている）．(49) の対比から分かるように，トピック要素は同一文中に複数生じ得る ((49a)) のに対し，フォーカス要素は複数生じない ((49b))．

(49) a. Il libro,   a Gianni, domani,   glielo daro senz-altro
        'The book,   to John,   tomorrow, I'll give it to him for sure.'
   b. *A GIANNI   IL LIBRO   darò (non a Piero, l'articolo)
      'TO JOHN   THE BOOK   I'll give, (not to Piero, the article)'
                                              (Rizzi (1997: 290))

さらに，トピックとフォーカスは同一文中に共起することができるが，「トピック＋フォーカス＋トピック」の順で生じる．

(50) A Gianni, QUESTO, domani, gli   dovrete dire
     'To Gianni THIS   tomorrow you   should tell him"
                                              (Rizzi (1997: 291))

次に，量化とトピック・フォーカスに関する相違点であるが，両者の違いは，Rizzi (1997) をはじめ，様々な研究で指摘されている．(51a, b) の対比は，数量詞 nessuno ('no one') は接語左方転位 (clitic left dislocation, CLLD) の構造には生じない ((51a)) のに対し，フォーカスは生じる ((51b))ことを示している．

第 2 章 基礎内容部門 29

(51) a. *Nessuno, lo ho visto
'no one, him (I) saw'

b. NESSUNO ho visto t
'no one (I) saw'

また，wh 句とトピックは共起する（(52a)）のに対し，フォーカスは共起できない（(52b)）.

(52) a. A Gianni, che cosa gli hai detto?
'To Gianni what did you tell him?'

b. *A GIANNI che cosa hai detto (, non a Piero)?
'TO GIANNI what did you tell, not to Piero?'

以上の事実を踏まえ，Rizzi（1997）は，以下のような機能範疇の階層構造をイタリア語に対して仮定する．* は複数生起が可能であることを示す.

(53) [ForceP Force [TopP* Top [FocP Foc [TopP* Top [FinP Fin [IP]]]]]]

Force は文のタイプ，すなわち，疑問，肯定，命令等を示す．一方，Fin は文の定形性（finiteness）を示す．Rizzi（1997）のこの提案が発端となり，世界の諸言語に対するカートグラフィー分析が盛んに始められた．Rizzi（1997）での考えは Rizzi（2004）以降も変わっていない.[47]

2.2.3. 日本語の分析

日本語のトピック・フォーカスに関する研究は，Kuroda（1965），Kuno（1973），Yanagida（1995）以来数多く見られるが，カートグラフィー分析による日本語研究は Endo（2007）によって本格的に始められた．具体例として，遠藤（2014: 59）が考察した（54）を検討してみよう.

---

[47] Samek-Lodovici（2015: 48）は以下のフォーカス要素と Wh 要素が共起する例を挙げ，Rizzi（1997, 2004）に対する問題点を指摘している.

(i) a. A chi hai presentato GIANNI$_F$?
To whom (you) have introduced John
'Who did you introduce JOHN to?'

(54) a. 太郎が背が高い

　　　b. 太郎は背が高い

(55)　背が太郎は高い

(54a) と異なり (54b) は，「太郎は」は談話の中で聞き手がすでに了解済みのトピックであると解釈できる．しかし，(55) では，「背が」を文頭に移動しており，この句はトピックとして解釈される．また，「太郎は」は「花子ではなくて太郎が」という対比のフォーカスとしての解釈が自然である．このことは，トピックの意味解釈をする位置が文頭にある，言い換えると，トピックの機能範疇が文頭に階層として与えられていることを示唆する．[48]

　さらに遠藤 (2014: 61-63) は (56) の例文を検討し，(57) の精緻な左周辺部構造 (Elaborated left periphery) を提案している．

(56) a. 君は何を食べているの．

　　　b. 君は何を泣いているの．

　　　c. 君は何故泣いているの．

(57)　Force　Top*　Int　Top*　Foc　Mod*　Top*　Fin　IP

(56a) における「何を」は Foc (フォーカス位置) に移動し，疑問のフォーカスとして解釈される．一方，(56b) の「何を」と (56c) の「何故」は，Int (理由の疑問) の位置に移動する．また，Mod は法 (Mood) を示す．

2.2.4.　基準凍結

　移動する要素がある特定の位置に留まり，そこから移動しないという事実をどう説明するかという課題は停止問題 (halting problem) と呼ばれる．Rizzi (1996, 2006) が基準凍結 (criterial freezing) という概念で説明する現象である．カートグラフィーの分析より以前に先駆け的な研究が行われているが，関

---

[48]　カートグラフィー分析の枠組みとは言えないが，Miyagawa (2017: 47) はトピックを助辞「は」の役割と構造位置により以下の 3 種類であると規定している．この用語は Frascarelli and Hinterhölzl (2007) と同一である．

　(i) a. Aboutness Topic：赤い車は太郎が洗った．

　　　b. Contrastive Topic：赤い車は太郎が洗った．（「は」は強勢を受ける．）

　　　c. Familiar Topic：赤い車を太郎が洗った．

連した研究もあるので，本節で紹介する．

　例えば，動詞 wonder は補部に疑問文を選択（select）する．つまり，補文の CP 指定部に疑問を表す Q 素性を担う wh 句などの要素が（顕在的に）生じることを要求する．この位置から wh 句が主節の CP 指定部に移動すると非文になる．

(58) a.　John wonders *which book* Bill read.
　　 b. **Which book* does John wonder Bill read?

　(58a) では，which book が CP と内的併合した時点で wh 基準（wh Criterion）を満たすため基準凍結となる．つまり，補文の CP 指定部の位置に凍結される．その結果，(58b) が示すように，wh 句はさらに移動することができなくなる．

　CP での基準凍結以外にも，(28) の that 痕跡効果のように主語も場合によってはその位置に留まり，さらに移動すると非文なることがある．このような事例も基準凍結によって説明されるが，具体的には主語基準（Subject Criterion）の違反のためであると分析される．

第 3 章

応用進展編

3.1. ミニマリスト・プログラム

3.1.1. 主要部と主要部の併合

2.1.1 節で概観したように，主要部と主要部の併合 {H$_1$, H$_2$} の例として，範疇決定子と根要素 R の併合を考察した．このような併合が許される他の事例として，日本語の語彙的複合動詞「押し倒す」のような V$_1$-V$_2$ 複合語の形成も指摘されている．一見すると，この複合語は (59) に示した併合となるので，ラベル付け演算手順における最小探索を仮定すると，ラベルは未決定になるはずである．[49]

(59)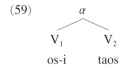

V$_1$ と V$_2$ を併合した出力の複合動詞「押し倒す」のラベルはどのような方法で決まるのであろうか．また，V$_1$ と V$_2$ のいずれがラベルとなっているのだろうか．この事例の分析として，Sugimura and Obata (2016) と Saito (2016) の興味深い提案がある．

---

[49] 影山 (1993) は複合動詞を 3 つに分類している．本節で扱うのは語彙的複合動詞 (lexical complex verb) である．

まず，Sugimura and Obata (2016) であるが，より簡潔な構造を持つ主要部のラベルが併合により派生された出力のラベルとなるという Rizzi (2016) の指摘を検証した研究である．[50] 例えば，(59) ではより簡潔な形態構造を持つ主要部の方が α から近くなるので，それが $\{V_1, V_2\}$ のラベルを決めることになる．まず，日本語の動詞の活用の一種である（母音 [i] で終わる）連用形は名詞としても用いられる．しかし，連用形動詞と連用形名詞には3つの違いがある．第一に，(60) の連用形動詞は根要素の意味を保持するが，(61) の連用形名詞は根要素と異なる意味を表す．

(60) ユウコが本を**読み**寝た．（「読み」は読む行為を表す）

(61) シンの**読み**が当たった．（「読み」は見通しを表す）

第二に，連用形動詞は，「書き，立ち，歌い，もらい」のように生産的に形成されるが，これらは名詞として用いることができない．つまり，連用形名詞は「読み，押し」のように限られたものしかない．

第三に，連用形動詞の形成によって根要素のアクセント位置は変化しないが，連用形名詞では変化する．

(62) yóm → yóm-i 読み（連用形動詞）

(63) yóm → yom-í 読み（連用形名詞）

次に，Sugimura and Obata (2016) は Marantz (2007) の提案を援用して，これらの相違は構造の違いに起因していると論じている．具体的には，連用形名詞は (63) の構造を，連用形動詞は (64) の構造を持つ．

(64)

(64a) は，根要素と範疇決定子 n が併合し，後者が母音 [i] として具現化することを示す．(64b) では併合が 2 回適用している．つまり，最初に根要素と範疇決定詞 v が併合し，次に v と REN が併合し，後者が母音 [i] として具

---

[50] 3.3.4 節を参照のこと．

現化する．

　ここで Marantz (2007) の分析を概観してみよう．(65) では，根要素が範疇決定詞 (x と表示) と併合して内部領域 (inner domain) を形成するが，Marantz (2007) によると，これだけだと特異的な意味を表し，生産性や発音が影響を受ける．ところが，さらに y と併合して外部領域 (outer domain) を形成すると，合成によって意味を表すようになり，生産的に形成し，根要素の音韻特性が保たれる．

(65)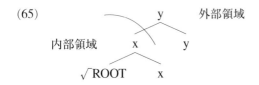

　(65) の内部領域は (64a) に対応し，外部領域までの構造は (64b) に対応していることから，上述の 3 つの違いを捉えることが可能となる．

　もし，連用形動詞の構造が (64b) であるなら，「押し倒す」の構造は (59) ではなく (66) となる．すると，最小探査によって，この V_1-V_2 複合語のラベルは V_2 (つまり v_2) となる．結果的に，より簡潔な内部構造を持つ V_2 が語彙的複合動詞のラベルを決定することになる．

(66)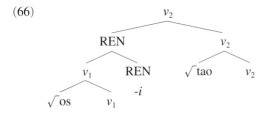

　同様の事例を Saito (2016) は異なる観点から検討している．英語と異なり，日本語にはラベル付け演算手順における最小探索に対して要素を見えなくする反ラベル付け (anti-labeling) 素性があると Saito (2016) は論じている．それが素性 λ である．Sugimura and Obata (2016) の (59) を例にすると，連用形動詞 V_1 の活用要素が素性 λ を担う．すると α からの探索に対して，V_1 は不

可視となるので，V_2 が α のラベルとなる．[51]

Saito (2016) の分析は Sugimura and Obata (2016) と同じ事例を説明するが，日本語の多重主語やかき混ぜ（scrambling）等にも応用可能で，説明力に富んだ提案となっている．

3.1.2. ラベルを欠く統語構築物

Chomsky, Gallego and Ott (2017: 24) はラベルを持たない統語構築物がある可能性を示唆している．例えば，Chomsky (2013) は内的併合によって残された痕跡はラベル付け演算手順にとって不可視であると論じているので，痕跡はラベルを持たない可能性がある．日本語の分析を通して，ラベルを持たない統語構築物が併合によって形成される可能性が指摘されている．前節では Saito (2016) の素性 λ に触れたが，これ以外にも Takano (2015) と Obata (2016) は指摘している．

まず，Takano (2015) が指摘した驚くべき構成素（surprising constituents）である．例えば，(67) から派生した日本語の分裂文（cleft construction）の焦点位置には主格の構成素が生じることはできない．これは主格制約（nominative constraint）と呼ばれる．

(67) ケンがマリに本をあげた．
(68) ケンが本をあげたのは**マリに**だ．
(69) ケンがマリにあげたのは**本を**だ．
(70) *マリに本をあげたのは**ケンが**だ．

(68) を例にすると，この分裂文は焦点要素「マリに」の内的併合と，残った文の話題化（Topicalization）を経て (71a) から派生される．[52]

---

[51] V_1 と V_2 は集合併合によって併合したという前提があるが，結果的には，対併合しても，素性 λ と同じ効果が得られることになる．また，最小探索に対して可視的な要素でも，素性 λ を持つと弱化されてラベルになれないので，必然的に V_2 がラベルとなるという分析も可能かもしれない．Chomsky (2015) は，ある統語環境で弱い主要部が強化されてラベルになると論じているが，これとは逆の分析である．

[52] C は「の」，COP は「だ」，TOP は「は」に対応する．ここでは痕跡が ＜ ＞ で囲ってある．

(71) a. [$_X$ ケンがマリに本をあげた] C$_{Foc}$ COP

    b. マリに [$_X$ ケンが <マリに> 本をあげた C$_{Foc}$] COP

    c. [$_X$ ケンが <マリに> 本をあげた C$_{Foc}$ TOP] [マリに <X>] COP

Takano (2015: 63-65) によると，次の仮説から主格制約の効果はラベル付け演算手順から導くことができる．まず，(71b) に示したように，焦点要素の「マリに」が C$_{Foc}$ と内的併合すると，共通する焦点素性が一致し，派生する統語構築物のラベルが決まる．次に，主格と対格の句は [$_{KP}$ DP K] という構造を成すが，対格 K と後置詞 P は D から焦点素性を継承するのに対して，主格 K は継承しないという違いがある．したがって，(68) の後置詞句（[$_{PP}$ [$_{DP}$ マリ] [$_P$ に]]）の焦点化と (69) の対格句（[$_{KP}$ [$_{DP}$ 本] [$_K$ を]]）の焦点化では，D が担う焦点素性が P や K に継承される．その結果，C$_{Foc}$ が主要部となる句と併合して派生した統語構築物 α は，共通の焦点素性がラベルとなる．これと同時に，α は上位の TOP による選択 (selection) を満たす．

しかし，主格 K は焦点素性を継承しないので，主格句（[$_{KP}$ [$_{DP}$ ケン] [$_K$ が]]）は焦点素性を欠く．C$_{Foc}$ と K に共通の素性が無く，主格句と CP が併合して形成された統語体のラベルが決まらない．よって，TOP による選択が満たされず，非文法性が生じる．これが主格制約の効果である．

さて，分裂文の焦点位置には複数の構成素も生じるが，これらを Takano (2002, 2015) は驚くべき構成素と呼んでいる．特に，主格句が生起可能である (74) から (78) に注意されたい．

(72) ケンがあげたのは**本をマリに**だ．

(73) ケンがあげたのは**マリに本を**だ．

(74) 本をあげたのは**ケンがマリに**だ．

(75) 本をあげたのは**マリにケンが**だ．

(76) マリにあげたのは**ケンが本を**だ．

(77) マリにあげたのは**本をケンが**だ．

(78) あげたのは**ケンが本をマリに**だ．

そこで，単一の構成素は主格制約に従って非文法性が生じるのに，（複数の）驚くべき構成素になると主格制約の違反が生じないのはなぜかという疑問が生じる．Takano (2015: 66) は，驚くべき構成素は互いが内的併合して，単一の

構成素を成し，その帰結として主格制約を逃れると論じている．例えば，(72)
は次の派生によって生成される．

(79) a. ［ケンがマリに本をあげた］C_{Foc} COP

b. ［ケンが ［$_X$ 本をマリに］ ＜本を＞ あげた］C_{Foc} COP

c. ［$_X$ 本をマリに］ ［$_Y$ ケンが ＜X＞ ＜本を＞ あげた C_{Foc}］ COP

d. ［$_Y$ ケンが ＜X＞ ＜本を＞ あげた C_{Foc} TOP］ ［$_X$ 本をマリに ＜Y＞］ COP

主格句が生起する (75) と (77) を例にすると，後置詞句や対格句が主格句
に内的に併合し，(80) の構造が派生する．

(80) a. ［$_α$［$_{PP}$［$_{DP}$ マリ］［$_P$ に］］［$_{KP}$［$_{DP}$ ケン］［$_K$ が］］］

b. ［$_α$［$_{KP}$［$_{DP}$ 本］［$_K$ を］］［$_{KP}$［$_{DP}$ ケン］［$_K$ が］］］

後置詞 P や対格 K は焦点素性を D から継承するが，主格 K は継承しない
ことを思い出されたい．併合しても共通の素性が無いので，統語体 $α$ はラベ
ルを欠く結果となる．さらに派生が進むと，内的併合によって $α$ と（C_{Foc} が
主要部である）CP が併合して派生した統語構築物のラベルが問題となる．
Takano (2015: 69-70) は，ラベルを欠く $α$ はラベル付け演算手順にとって見
えないので，派生した統語体のラベルは C_{Foc} によって決まると論じている．
その結果として，主格制約の違反は生じないのである．

ここで 2 つの疑問が生じる．まず，ラベルを欠く統語体はインターフェイ
スで解釈されないが，この場合は問題が生じないのはなぜだろうか．Takano
(2015: 69-70) によると，インターフェイスで必要なのは選択や主題役割付与
(theta-role assignment) に関する，例えば，名詞や動詞といった情報であり，
分裂文の焦点位置に生じる，特定の種類の統語構築物であるという情報は不要
である．よって，ラベルも必要とはされないのである．

次に，(79b) の統語構築物を内的併合で派生するためには，（節の最上位の）
根節への内的併合ではなく，その内部の構成素に併合させる必要がある．結果
として，構造を拡張しない併合を仮定さえざるを得なくなる．[53] この問題を解

---

[53] 併合の結果として内部構造が変更されるので，無改変条件の違反が生じる可能性がある．
ただし，Takano (2017) は，痕跡を残す外的併合による側方移動によって驚くべき構成素は
形成されると論じ，無改変条件の違反を避ける分析を提案している．

決するために Takano（2015: 71）は側方移動（sideward movement（Nunes（2004））に類する移動を援用して説明している．Takahashi（2018: 71-73）も ECM（例外的格付与）構文の分析で同様の移動を仮定している．ただし，Chomsky（2015）や Chomsky, Gallego and Ott（2017: 19-20）は，強い極小主義のテーゼのもと側方移動，並列併合（Parallel Merge），後段併合（Late Merge）のような併合以外の操作を仮定することに否定的な立場を採っている．併合以外にどのような移動操作が許されるのか，今後の新たな研究課題となる．

Obata（2016）も，派生の過程でラベルを欠く統語構築物が形成されても，結果的に非文とならない事例を指摘している．それが日本語のかき混ぜやドイツ語の部分 Wh 移動（partial Wh-movement）である．[54] まず，英語の例（81）では，疑問詞 what と補文標識 C に共通する Q 素性は無い．そのために α はラベルを欠き，非文となる．

(81) *John thought [$_\alpha$ *what* Mary bought ~~what~~]

もし，what が移動するか，または，主節動詞 think を，Q 素性を持つ C を要求する wonder などの動詞に替えると，次の通り文法的となる．

(82) *What* did John think [$_\alpha$ ~~*what*~~ that Mary bought ~~what~~]?（α＝CP）

(83) John wondered [$_\alpha$ *what* Mary bought ~~what~~]?（α＝<Q, Q>）

さて，日本語のかき混ぜは，移動した要素は移動先ではなく，元位置で解釈されるので，意味的に空の移動（semantically vacuous movement）であると考えられている（Saito（1989）を参照）．ところが，例えば（84）では，かき混ぜによって内的併合された2つの句（DP の「その本を」と CP の「田中が…思っている」）には共通の素性が無い．

(84) **その本を**田中が [山田が**その本を**読んだと] 思っている．

また，この内的併合の後，一方が移動もしていない．よって，{DP, CP} はラベルを欠いたままなので，（81）と同じ問題が生じるはずである．

Obata（2016）は，日本語のかき混ぜの事例から，ラベルはインターフェイ

---

[54] 本節では，ドイツ語の部分 Wh 移動の事例は割愛した．

スでの解釈に必要であるが，統語演算に必要ではないと論じている．もしラベルが統語演算に必要であるのなら，(84) は非文になるはずである．統語演算で導かれた {DP, CP} はラベルを欠くからこそ，インターフェイスではかき混ぜの移動先で解釈されることはなく，元位置で解釈を受けるのである．帰結として，ラベルはインターフェイスでの解釈に必要であるという Chomsky (2013, 2015) の説を支持することになる．[55]

3.1.3. 格助詞とラベル

Chomsky (2013, 2015) によると，従来の TP のラベルは $<\varphi, \varphi>$ となる．これは主語 {D, NP} と {T, v*P} が併合すると，両者の主要部 D と T に共通する（卓越した）素性が φ であるためである．しかし，日本語のような言語は φ 素性の一致を欠くと広く仮定されており，その場合，文のラベルはどのようにして決定されるかという疑問が生じる．

Saito (2016) は，DP や PP に付加する主格「が」と属格「の」，DP に付加する対格「を」は反ラベリング素性 λ を持つと論じている．したがって，主格の {D, NP} が {T, v*P} と併合すると，前者はラベル付け演算手順における最小探索に対して不可視となるので，{T, v*P} のラベルが，{{D, NP}, {T, v*P}} のラベルとなる．[56] つまり，φ 素性の一致を欠く日本語の文のラベルは $<\varphi, \varphi>$ ではなく，従来の分析と同じく TP となる．[57] すると，{XP, YP} の構造を成す多重主語やかき混ぜの事例において，ラベルが未決定になるという問題を回避することが可能となる．

---

[55] Hornstein (2009)，Hornstein and Nunes (2008)，Cecchetto and Donati (2015) は，ラベルは統語演算に必要であると仮定しているが，これは支持できないと Obata は論じている．

[56] 英語と異なり日本語の T はイタリア語と同じくラベルになるという前提があることに注意されたい．T が {T, v*P} のラベルとなり，延いては {{D, NP}, {T, v*P}} のラベルとなるからである．もし，日本語の T も英語の T のように弱い要素だとすれば，指定部と主要部の関係を通して T が強化されて {T, v*P} のラベルになると論じざるを得なくなる．しかし，Saito (2016) の議論では，日本語は指定部・主要部の一致を欠いているという大前提があるので，この説明が成立するか疑問が生じる．

[57] 抽象格（Case）がラベルとなる言語もあると Saito (2016) は示唆している．例えば，格助詞のような接辞を欠く英語や中国語である．

3.1.4. 主要部の外的対併合

Epstein, Kitahara and Seely (2016) は，Chomsky (2015) における他動詞と架橋動詞（bridge verb）の根要素 R の扱いとラベル付けの問題を指摘し，主要部の外的対併合に着目して解決案を提示している．

まず (85) の他動詞文の v*P の派生を考えてみよう．

(85) [EA [<R,v*> [$_\alpha$ IA [R t]]]]

(85) の他動詞文の派生は，概略，次のように進む．(i) 内項 IA (internal argument) が他動詞の R と外的併合により {R, IA} が構築される．(ii) 内的併合により IA が R の指定部へ移動し，α が構築される．(iii) 外的併合により v* および外項 EA (external argument) が循環的に派生に導入され，v*P フェイズが形成される．(iv) uPhi が v* から R へと継承される．(v) IA と R が一致（Agree）し，R の uPhi の削除と IA の格の与値が行われる．(vi) 最小探索により α のラベルが <φ, φ> となる．(vii) 内的併合により R と v* が対併合され，R に v* が接辞化された融合体（amalgam）<R, v*> が形成される．(viii) そのため，v* が不可視となり，フェイズ主要部でなくなる．(ix) v* が担っていたフェイズ性は R の痕跡（コピー）において活性化される．(x) その結果，R の補部，つまり IA の痕跡が転送される．

次に，架橋動詞の v*P の派生を見てみよう．

(86) [EA [<R, v*> [$_\alpha$ R [$_\beta$ C ...]]]]

架橋動詞句の派生は，以下のステップで進む．(i) 架橋動詞 R と補文 β が外的併合により併合され，α ができる．(ii) 外的併合により v*，EA が循環的に派生に導入され，v*P フェイズが形成される．(iii) 内的併合により R と v* が対併合され，R に v* が接辞化された融合体 <R, v*> ができる．R は v* から uPhi を継承する．(iv) そのため，v* が不可視となる．(v) しかし，他動詞 v*P の派生とは異なり，α 内にある R のコピーは不可視になるため，α のラベルは最小探査により β によって C となる．

(v) の想定は，R 自体はラベルになることができないため R によって α のラベル付与が行われないことと，R の指定部には R と一致する要素がないため R に継承された uPhi の与値が行われないことを保証するために必要な想定である．その結果，R のコピーが他動詞と架橋動詞では可視性において異

なることになる.

Epstein, Kitahara and Seely (2016) は，この点について原理的な説明を提案している．対併合も集合併合と同様に，外的併合と内的併合の場合があるとして，外的併合，内的併合にかかわらず，フェイズ単位で集合併合と対併合は自由に適用されると論じている.

まず，R のコピーが不可視になると仮定されていた架橋動詞 R が外的併合により v^* に直接対併合される．つまり R と v^* が，内的併合ではなく，語形成の段階で対併合され，融合体 <R, v^*> を作る．したがって，架橋動詞の R のコピーが生成されることはなく，その後，外的併合により融合体 <R, v^*> が補部 β と併合し，フェイズ主要部 v^* から uPhi の継承も行われない.

(87) [EA [$_\alpha$ <R, v^*> [$_\beta$ C ...]]]

つまり，範疇未指定の根要素 R と品詞を決める範疇決定子 v^* が，派生に導入される前に語形成の段階で直接対併合され，融合体を作る．その後，外的併合により融合体 <R, v^*> が β と併合する．そのため，架橋動詞の R のコピーは生成されない．したがって，フェイズ主要部の v^* から uPhi の転送も起こらないことになる.

さて，R の v^* への対併合が，外的併合と内的併合のどちらになるかについては，格の与値が関与するとしている．つまり，IA の格の与値のために uPhi が v^* から R へ継承する必要がないときに限り，R は v^* に外的対併合される.

結果的に，v^* と R の対併合はいずれにしろ v^* の uPhi を不可視にする．また，v^* のフェイズ性も不可視となるが，v^* と R が外的対併合されると，R のコピーが存在しないため，v^* のフェイズ性が継承できなくなる．したがって，架橋動詞の補文 β の転送は次のフェイズが形成されるまで延期されることになる.

(88a) のように，仮に架橋動詞の R が補文 β と併合後 v^* と内的対併合されると，v^* が不可視になるため，v^* の uPhi が R に転送される．しかし，転送された uPhi は一致する適切な IA がなく削除されないため，派生が破綻する．さらに，R と β が外的併合により併合してできた統語構築物 α は，R がラベルになれないためラベルが決まらず，インターフェイスで解釈されないことになる．また，(88b) のように，他動詞 R と v^* が外的対併合されたとすると v^* の uPhi が不可視になり，IA の格の与値がなされず，派生が破綻する.

(88) a. [EA [<R, v*> [$_\alpha$ R [$_\beta$ C...]]]]
   b. [$_{v*P}$ EA [$_\alpha$ <R, v*> IA]]

Epstein, Kitahara and Seely (2016) の提案では，強いフェイズと弱いフェイズの違いも原理的に導き出せる．R と v* の対併合は外的併合と内的併合の場合があるので，v* のフェイズ性がキャンセルされる場合とそうでない場合がある．これによって，フェイズの強弱に関する規定も不要となる．

例えば，従来受動文の v* は弱いフェイズの主要部であると仮定されてきたが，この場合，R が v* と外的対併合され，v* の持つ uPhi が R に継承されず，v* のフェイズ性も同時にキャンセルされる．そのため，R の補部は転送されず，目的語と T の一致が可能となり，格の与値が適切に行われることになる．

この提案によって，これまでフェイズ理論において問題となっていた，(89) のようなアイスランド語の奇態格（quirky case）についても自然な説明が可能となる．

(89) Jóni   líkuðu   þessir   sokkar
    Jon.DAT   like.PL   these   socks.PL.NOM

(Epstein, Kitahara and Seely (2016: 96))

v* の uPhi が R ((90b) の V) へ継承されない場合に限り，つまり，格の与値が v* によってなされない場合，R が IA と外的併合によって併合されず，(90b) のように，直接 v* と対併合される．この結果，v* が不可視となり，uPhi の転送が行われず，v* のフェイズ性もキャンセルされる．そのため，上位のフェイズが構築されるまで v*P は転送されることはなく，T と目的語 NP との一致が可能となる．

(90) a. ...T.PL... [$_{v*P}$ v* [$_{VP}$ V NP.PL.NOM]]
   b. ...T.PL... [$_{v*P}$ <V, v*> NP.PL.NOM]

2 つの主要部に外的対併合を適用し，その出力を統語派生に導入するという議論を西岡 (2018) も行なっている．西岡 (2018) は，主節と従属節での否定の作用域の違いを説明するために，熊本方言の主格「が」主語は焦点解釈を持ち TP 指定部に生起し，主格「の」主語は焦点解釈を欠き vP に留まるという

事実を検討し，Miyagawa（2010）の [topic/focus] 継承分析を援用している．

　ここでは従属節の分析を概観してみよう．概略，(91a) の CP は TP と C
の集合併合によって派生し，C から T への [topic/focus] 継承が引き金となっ
て，焦点解釈の「が」主語が TP 指定部に生起する．また，TP と DP_{Subj} の併
合においては，[topic/focus] の共有による TP のラベル付けが行われる．Neg
は always（「いつも」）より下位に位置し，always > not の解釈が可能である．
また，否定の作用域は C まで拡張することも可能で，C が T 関連副詞表現
always を c 統御することになり，not > always の解釈も得られる．これに対
して，(91b) の「の」主語は焦点解釈を欠くため，[topic/focus] の共有による
TP のラベル付けはできず，「の」主語は vP に留まる．その代わり，予め T
と C を外的対併合した <T, C> を形成しておいて，これを NegP と併合する
のである．融合体 <T, C> が併合の出力のラベルとなるが，これは C と異な
り，作用域が <T, C> まで拡張することはない．その結果，not > always の解
釈は無く，always > not の解釈しか得られない．

(91) a. $[_{CP} [_{TP}$ always $DP_{Subj} [_{T'}$ … Neg T] C]
　　　　（Cf. いつも田中さんがおらんけん，困る．(always > not, not >
　　　　always)）

　　 b. $[_{<T, C>P}$ always $[_{NegP} [_{vP} DP_{Subj}$ …] Neg] <T, C>]
　　　　（Cf. いつも田中さんのおらんけん，困る．(always > not, *not >
　　　　always)）

Chomsky, Gallego and Ott（2017: 25）は，対併合に対して否定的な示唆を
している．もし併合が集合併合のみとなれば，上述の議論はどう修正されるの
か新たな課題となる．

3.1.5.　右方移動とフェイズ

　生成文法の研究において名詞句からの外置（extraposition from NPs）と呼
ばれる，右方移動の現象（92）は長年研究されている．

(92) a. I read a book yesterday *about linguistics.*
　　 b. I saw a boy yesterday *that I didn't know.*

Hunter and Franks（2014）は，名詞句から外置されている付加詞（adjunct）

的要素を副詞などの付加詞類と同じように捉え，それらの特徴を統一的に説明している．

まず，Hunter and Franks (2014) は，Uriagereka (1999) に従い，最大投射 XP をフェイズとし，XP が完成する毎に直ちに排出（つまり，転送）され，インターフェイスに送られる．排出された XP は線形化（linearization）され，内部の階層構造を持たない１つ大きな単語のようなユニットとなる．XP においてその音韻情報，意味情報とその後の構造構築に必要な形式素性は利用可能な状態となる．[58]

(93) にあるようにそれぞれの統語ユニットは，それぞれ上段に範疇情報（ラベル），中段に音韻情報（PF 解釈），意味情報（LF 解釈）が示される．

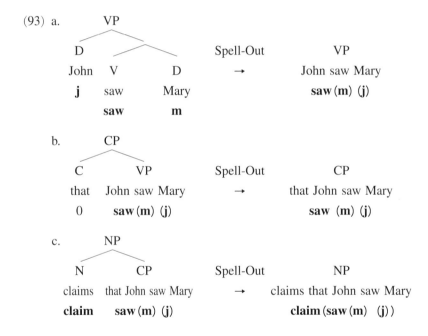

---

[58] 排出されると単語のようなユニットになり，その内部が完全に見えなくなるとすると，様々な問題が生じる．フェイズ理論で端や PIC を想定して，抜け道を考える必要がある．

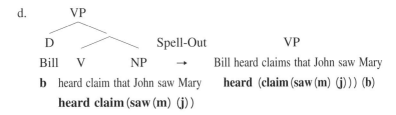

このように，XP が完成すると直ちに音韻部門と意味部門に転送され，線形化と意味合成（semantic composition）がフェイズ単位で行われ，循環的解釈が適用される．

Hunter and Franks (2014) は，名詞句から外置された付加詞的要素は，外置位置に直接生成されると仮定し，副詞の派生と同様に捉えている．例えば，VP を修飾する quietly は，(94a) のような VP 内部にある下位付加詞（low adjunct）と，(94b) のような VP 外にある上位付加詞（high adjunct）の可能性がある．名詞句からの外置は，このような副詞の振る舞いと同じように扱えると論じている．

(94) a. [$_{VP}$ Read books *quietly*] (is what) John did.
  b. [$_{VP}$ Read books] (is what) John did [*quietly*]

付加詞の派生への導入は，後段併合が関われるか否かによる．付加詞は，補部とは異なり，再構築効果（reconstruction effect）を示さない．(95a) の補部節は後段併合が許されず，wh 移動の前に派生に導入されているため，痕跡の John が he に束縛されてしまう．一方，(95b) は後段併合が可能で，wh 移動後に関係節が DP に付加される．よって，John は he に束縛されない．

(95) a. *Which argument [that John$_i$ is a genius] did he$_i$ believe?
  b. Which argument [that John$_i$ made] did he$_i$ believe?

以上の点から，Hunter and Franks (2014) は，名詞句からの外置要素も VP 外にある上位付加詞も後段併合されていると論じ，さらに循環的解釈を仮定することで，名詞句からの外置の特質の説明を試みている．具体的に付加詞を含む文 (96) がどのような派生されるのかを見ておこう．

(96) Bill bought a book about syntax yesterday.

XP が構築される際に，主要部 X，その項，付加詞が一緒に作業空間に導入される．しかし，付加詞は，狭義の統語論（narrow syntax）においては統語構造に併合されないと仮定している．[59] 付加詞が修飾する要素は付加詞と併合される際に一緒に作業空間に導入され，その際適切な被修飾要素を見つけ出し，修飾関係を形成し，排出により XP の音韻情報と意味情報に組み込まれる．

以下，統語構造に併合されずに作業空間にある付加詞と被修飾要素との関係は破線で表し，付加詞が修飾する要素を [*XP]，被修飾要素はイタリック体で表す．排出された要素は { } またはラベルのみで示す．

(97)　　*VP* ……………………… {yesterday} [*VP]
　　　　　　bought　　DP

付加詞 about syntax が，VP の構築時に作業空間内に導入されると，VP 内部にある名詞句 DP を見つけ出し，修飾関係を形成する．その後，VP が排出されると，about syntax も意味的にも音韻的にも VP に組み込まれることになり，その結果として VP と後段併合される．[60]

(98)　　VP　　　　　　　　{about syntax} [*DP]
　　　　　　bought　　*DP* ……………………

付加詞 yesterday と about syntax が，VP 構築される際に共に作業空間に入ることも可能である．

(99)　　*VP* ………………… {yesterday} [*VP] {about syntax} [*DP]
　　　　　　bought　　*DP* ………………………………………

作業空間にある 2 つの付加詞は，それぞれが適切な要素と修飾関係を結ぶ．付加詞の語順は自由であるため，VP 内部で yesterday と about syntax は右端に自由に配列されることになる．

Hunter and Franks（2014）は，循環的解釈によって外置要素の構造上の位

---

[59] 狭義統語論は狭義の言語能力 FLN に対応する．

[60] 当然ながら，DP が構築されるときに about syntax が一緒に作業空間に導入され，その後 DP が排出され，その DP と V が併合される派生も可能である．

置が正しく予測されると論じている．(100a) は，主語から外置されている要素 (SX) を含む文である．この文に VP 前置が適用されると，SX も一緒に前置されるか否かで (100b, c) のように文法性の差が生じる．この違いから SX は TP 内部にあると考えられる．

(100) a. [*Some*] would ride with Fred [$_{SX}$ who knew his brother]
  b. [$_{VP}$ Ride with Fred], *some* would [$_{SX}$ who knew his brother]
  c. *[$_{VP}$ Ride with Fred [$_{SX}$ who knew his brother]], *some* would.

(100a) では，TP が構築される際に SX が他の要素と一緒に作業空間に導入され，主語と適切な修飾関係ができる．したがって，(100b) のように，外置要素を残し，VP 前置が可能となる．

(101)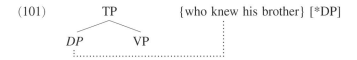

SX が VP 前置に随伴するには，VP 構築時に SX は作業空間に導入されることになる．しかし，(102) のように VP フェイズにおいて適切な DP が存在せず，修飾関係が結べない．結果的に SX は TP フェイズの時点で導入されることになる．

(102)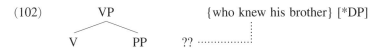

一方，目的語からの外置要素 (OX) は，(103c) のように VP 前置と随伴が可能である．

(103) a. John said that he would call [*people*] up [who are from Boston]
  b. *... [$_{VP}$ call *people* up], he did [$_{OX}$ who are from Boston]
  c. ... [$_{VP}$ call *people* up [$_{OX}$ who are from Boston]], he did.

OX は VP 構築時に作業空間に導入されると，目的語の DP が見えるため，適切な修飾関係ができる．したがって，(103c) が示すように，OX は VP 前置に随伴することが可能である．

(104)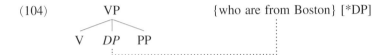

OX が TP 構築時に作業空間に導入される場合，この段階で VP は既に排出されている．よって，OX からは VP 内部の DP は見えず，適切な修飾関係が結べない．したがって，OX が VP と一緒に前置されないと非文となる．

(105)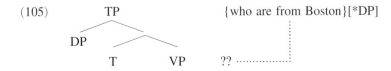

ちなみに，(94b) の上位付加詞の quietly は，(106) にあるように TP 構築時に作業空間に導入されることも可能である．この場合，quietly から TP 内部の VP は「見える」ため適切な修飾関係が成立する．排出後に CP フェイズの段階で VP 前置が適用される時，副詞が留まっても問題は生じない．[61]

(106) a.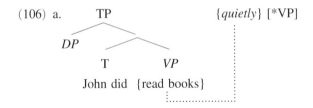

　　　b. [$_{CP}$ VP {$_{TP}$ John did quietly}]

最後に，Chomsky (2013, 2015) で提唱されているラベル理論と Hunter and Franks (2014) の提案の整合性を検証してみよう．

第一に，Hunter and Franks (2014) は，付加詞は作業空間に導入されるが，狭義の統語論では併合されていないと想定している．この点を，付加詞は集合併合ではなく，対併合によって導入されていると捉え直すことができる．

第二に，付加詞的な外置要素の派生には移動が関与しないとする想定は，この種の外置には外的対併合が関与すると捉え直すことができる．

---

[61] もちろん，CP フェイズの段階で作業空間にある quietly から VP は見えるので，この段階で導入されても問題はない．

次に，XP 単位で排出されるという想定は，Chomsky（2000，2001，2008
等）のフェイズ理論でも問題なく対応可能である．Hunter and Franks（2014）
は，SX は TP 内に，OX は VP 内にあると論じているが，これは，フェイズ
主要部 C と v* の補部，すなわちフェイズの転送領域と一致する．

　最後に，付加詞が作業空間で適切な修飾関係を成立さなければならないとす
る点は，付加詞的要素 SX と OX が外的対併合されると想定し，同じフェイ
ズ内で修飾関係が処理されると考えることができる．

　併合は自由に適用され，排出される前にフェイズ単位でインターフェイスの
解釈で必要なラベルが付与される．排出後，語順や意味解釈など適切に処理さ
れていく．もちろん，対併合で統語構造に導入された要素にもラベル付け演算
手順が適用され，適切なラベルが付与されると考えると，[*XP] の特性を持
つ付加詞が適切な被修飾要素 XP を見つけ出す操作も，フェイズ内により近い
主要部を見つけ出し，適切なラベルを決めるラベル付け演算手順と矛盾しな
い．

　付加詞の最小探査は適切な XP を見つけ出す点が，ラベル付け演算手順で
想定されている最小探査と異なるだけである．この点は，構造構築に関わる併
合の種類と，文構造の中心構造を作る操作か，修飾語句のような文の枝葉（つ
まり周辺構造）を作る操作か，といった違いに帰すことが可能であると思われ
る．

3.2. カートグラフィー

Rizzi（1997）により実質的に始まったカートグラフィー分析[62]に触発され
て，世界の諸言語のカートグラフィー分析が盛んになされている．2002 年に
はオックスフォード大学出版局からシリーズ「統語構造のカートグラフィー分
析」（The Cartography of Syntactic Strucrures）の第 1 巻 *Functional Struc-
ture in DP and IP* が刊行され，[63] 現在も続巻が出ている．本節では諸言語の
分析例として，トピック・フォーカス研究の最新の成果を中心に，イタリア

---

[62] 実際には Szabolcsi（1997）もカートグラフィー分析と同じ流れであるが，Minimalist
Approach と称していたためカートグラフィー分析とは見なされないことが多い．
[63] 第 1 巻は Guglielmo Cinque による編集である．

50　第 I 部　最新の文構造研究と統語論の進展

語，ハンガリー語，ポーランド語，ペルシャ語，ジャマイカ・クレオール，中
国語，グンベ語，日本語，英語を分析した研究を紹介する．

3.2.1.　イタリア語

（107B）は（107A）の文を否定し，Maria が着ていたものを Un ARMANI
であると示し，対照焦点（Contrastive Focus（以下 CF））として解釈される．

(107)　A:　Maria si 　　　era 　　　　　messa uno straccetto 　di H&M
　　　　　　M 　　REFL be.PST.3SG put.PP a 　　cheap dress of H&M
　　　　　　ieri 　　　sera
　　　　　　yesterday evening
　　　　　　'Maria wore a cheap dress from H&M last night.'

　　　　B:　Un ARMANI si 　　　era 　　　　　messa, non uno straccetto
　　　　　　an Armani 　　REFL be.PST.3SG put.PP not a 　　cheap dress
　　　　　　di H&M
　　　　　　of H&M
　　　　　　'An Armani (dress) (she) wore, not a cheap dress from
　　　　　　H&M.'

　　　　(adapted by Bocci and Avesani (2015) from Bianca and Bocci
　　　　(2012: 3))

　同様に，（108B）では，会ったのは Lucia ではなく Veronica であることが
示され，VERONICA は CF の役割を果たす．

(108)　A:　Ho 　　　　saputo 　che hai 　　　incontrato Lucia ieri
　　　　　　Have. 1SG know.PP that have.2SG meet.PP 　　Lucia yesterday
　　　　　　Come l' 　　hai 　　　　trovata?
　　　　　　how her CL have.2SG find.PP
　　　　　　'I've heard that you met Lucia yesterday.　How did you find
　　　　　　her?'

　　　　B:　VERONICA (*lo) 　　　ho 　　　　incontrato 　ieri
　　　　　　Veronica 　　her.CL have.1SG meet.PP 　　　yesterday
　　　　　　'It's Veronica that I met yesterday.'

(Bocci and Avesani (2015: 26))

（107B），（108B）のどちらも Focus Phrase (FocP) への移動であると分析される．Bocci and Avesani (2015: 26) は，（108B）での移動は，（109）に示すようにフォーカスと背景（background）（すなわち，前提とされている部分）を明示するための移動であると述べている．

(109) $[_{FocP}$ [VERRNICA]$_i$ Foc^0 [pro ho incontrato t_i ieri]]
　　　 FOCUS　　　　　　　　BACKGROUND

3.2.2. ハンガリー語

　ハンガリー語でも，カートグラフィー分析に基づいたトピック・フォーカス構造に関する考察がなされている．（110B）では，PÉTERT és PÁLT が，話者が唯一招待した人であり，網羅的識別的フォーカス（exhaustive identificational focus（以下 EI-F））を示す．

(110) A: $[_{FocP}$ KIKET 　　　 [hivtá] 　　　 meg 　ma 　　estére]]?
　　　　　 who-PL-Acc 　invited-you 　PRT 　today 　night-for
　　　　　 'Who have you invited for tonight?'
　　　 B: $[_{FocP}$ PÉTERT 　és 　PÁLT 　　　hivtám 　　meg]]
　　　　　 Peter-Acc 　and 　Paul-Acc 　invited-I 　PRT
　　　　　 'It is Peter and Paul that I have invited.'

(É. Kiss (2010: 79))

　また，（111）では，Speaker A は彼らが呼び出したのは John だけであると主張し，これに続けて Speaker B は Speaker A の主張を否定する．つまり，Speaker B は Speaker A の発言における網羅的識別性を否定しているのである．この文脈では，Speaker A の発言に Speaker B' のように続けることはできない．

(111) Q: Who did they call up?
　　　 Speaker A: [JÁNOST] 　hivták 　　　fel
　　　　　　　　　 John-Acc 　called-3PL 　up
　　　　　　　　　 'They called up JOHN.'

Speaker B:	Nem igaz.	MARIT	is	felhivták
	not	true	Mary-Acc	also	up-called-3PL

'Not true. They also called up MARY.'

Speaker B': #Igen. És (felhivták) MARIT is.

Yes. And up-called-3PL Mary-Acc also

'Yes. And (they called up) MARY too.'

(Horvath (2010: 1359))

さらに，É. Kiss (2014) は，フォーカス移動はフォーカス要素と背景との叙述関係 (predication relation) を結ぶ必要性から生じると論じ，(112a) に対して (112b) の構造を想定している.

(112) a. Mari PÉTERT hivta fel
Mary Peter-Acc called up
'It is Peter who Mary called up.'

b. [$_{TopP}$ Mari [$_{FocP}$ PÉTERT [$_{FocP'}$ Foc [$_{BgP}$ [$_{Bg}$ hivta [$_{TP}$ fel [$_T$ T [$_{VP}$ ....]]]]]]] (É. Kiss (2014: 10))

É. Kiss (2014) の Background Phrase (BgP) は，フォーカスフィールド (つまり，Foc の補部) であり，FocP 指定部にあるフォーカス要素と叙述関係を結ぶ役割を果たすと述べている. É. Kiss (2014) の分析は Bocci and Avesani (2015) の分析と軌を一にしている.

3.2.3. ポーランド語

Tajsner (2008) はポーランド語のトピック・フォーカス研究の代表的文献である. Tajsner (2008) によると，例えば，(113a) は (113b) の構造を持つと分析される.

(113) a. To MARKA Ania spotkala w kinie
part Mark$_{ACC}$ Ann$_{Nom}$ met in cinema
'It was Mark that Ann met in the cinema.'

第 3 章 応用進展編 53

b.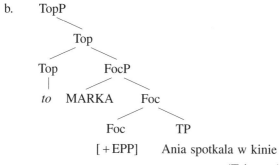

(Tajsner (2008: 354–358))

(113b) の不変化詞 (particle) to を基準として，Tajner (2008) は，その上位の位置をトピック領域 (topic area) と呼び，その下をフォーカス領域 (focus area) と呼ぶ．(113a) においては，Marka が EI-F を示し，それが Rizzi (1997, 2004) などで示される機能範疇の階層により的確に表示される．[64]

3.2.4. ペルシャ語

Karimi (2005) はカートグラフィー分析によるペルシャ語の分析を行っている．Karimi (2005) は (114b) における Kimea は談話における注目が変化したことを指し，この事実を転じたトピック (shifted topic) と言う用語を用いて説明している．また，(114a) に対して (114c) のように答えることができる．ここでは，談話主題 (Thematic Topic) である Unâ-ro と EI-F である RAHJUE が生じている．

(114) a. ketâb-â   chi   shod?
       book-PL what became-3sg
       'What happened to the books?'
    b. Kimea unâ-ro   diruz   be   man   dâd
       K   they-râ yesterday to   me   gave-3sg
       'Kimea gave them to me yesterday.'
    c. Unâ-ro RAHJUE diruz   be   man   dâd

---

[64] 同じスラブ系言語でも，ロシア語ではカートグラフィー分析をそのまま使うことには問題があると Bailyn (2015) は述べている．

they-râ	R	yesterday	to me	gave-3sg

'As for them, it was RAHJUE who gave them to me.'

(Karimi (2005: 129-130))

(115) も TT と EI-F が共起した例である. (115a) の barâ KIMEA と (115b) の ye KETAB が EI-F を示す. 一方, (115a) の halâ (＝now) と (115b) の barâ Kimea (＝for Kimea) はトピックを示す.

(115) a. halâ   barâ   KIMEA   pro nâme   mi-nevis-an
          now   for   K   letter   hab-write-3sg
          'Now it is for KIMEA they are writing letters (as opposed to
          someone else).'

     b. pro barâ   Kimea   ye   KETAB   xarid-am
            for   K   a   BOOK   bought-1sg
            'It was a book that I bought for Kimea (as opposed to a shirt).'

(Karimi (2005: 132-133))

3.2.5. ジャマイカ・クレオール

Durrleman and Sholonsky (2015) は, ジャマイカ・クレオールでは, 構造位置により EI-F と情報フォーカス (Information Focus) の差異を示すと論じている.

例えば, (116a) は (116b) を含意しない. つまり, (116a) において移動した要素は EI-F であるので, Mary が買ったものは wan bami an wan bredfrut である. 一方, (117a) にはそのような読みはなく, (117a) は (117b) を含意することができる.

(116) a. A [wan bami   an   wan   bredfrut]   Mieri   bai.
          a   one bammy and one   breadfruit Mary   buy
          'What Mary bought was (only) ONE BAMMY AND ONE
          BREADFRUIT.'

  ⇏ b. A   wan   bami   Mieri   bai.
          a   one   bammy   Mary   buy
          'What Mary bought was (only) ONE BAMMY.'

(117) a. Mieri bai [wan bami an wan bredfrut]
　　　Mary bought one bammy and one breadfruit
　　　'Mary bought ONE BAMMY AND ONE BREADFRUIT.'

⇒ b. Mieri bai WAN BAMI
　　　Mary bought one bammy
　　　'Mary bought ONE BAMMY.'

(Durrleman and Shlonsky (2015: 97-98))

このように，カートグラフィー分析が提案する精緻な左周辺部構造により，フォーカスの解釈とその統語位置との相関関係が明快に説明できるようになる．

3.2.6. 中国語

中国語は近年最もカートグラフィー分析によるトピック・フォーカス研究が盛んな言語の一つであり，Li, Simpson and Tsai (2015) や Tsai (2015) を始め様々な研究書が出版されている．ここでは，Cheng (2015) と Tsai (2015) による広東語の分析を紹介する．

まず，Cheng (2015) は以下のような例を挙げ，hai が識別的フォーカス (Identificational Focus) をマークすると述べる．

(118) a. Q: (Hai) matje sung, nei masi-zo aa?
　　　　　HAI what food you buy-Perf Q
　　　b. A1: Hai gai
　　　　　　HAI chicken
　　　　　　'It was a chicken.'
　　　　　A2: *Hai gai. Hai jyu tim.
　　　　　　HAI chicken. HAI fish too
　　　　　　Intended: 'It was a chicken. It was fish, too.'

(Cheng (2015: 79))

つまり，(118a) の質問に対する答え (118b) の A1 では，買ったものは hai で示される gai ('chicken') だけである．したがって，A2 は (118a) に対する答えとしては相応しくない．

次に，Tsai (2015) は中国語には CP 左端部と vP 左端部の双方に FocP が

あるとして，以下のような構造を想定している．

(119)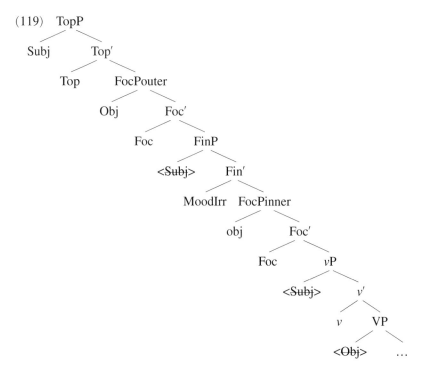

例えば，(120a) の目的語 Aiku は対照主題（Contrastive Topic）であり，(119) の FocPouter（つまり outer focus 位置）に移動すると Tsai は主張する．一方，(120b) の Akiu は FocPinner（つまり inner focus 位置）に移動する．[65]

(120) a. wo Akiu$_i$ mingtian jian-de-dao   (ta$_i$),   [outer focus]
        I   Akiu   tomorrow   meet-can-reach him
        Xiaodi$_k$ jiu   jiang-bu-dao   (ta$_k$) le.
        Xiaodi   then   meet-not-reach   him   Inc
        'Akiu, I can meet him tomorrow, but not Xiaodi.'

---

[65] Nakamura (2014, 2015, 2017b) でも vP 内に TopP, FocP を想定する分析を提示している．

b. wo mingtian Akiu_i jian-de-dao (*ta_i), [inner focus]
   I tomorrow Akiu meet-can-reach him
   Xiaodi_k jiu jiang-bu-dao (*ta_k) le.
   Xiaodi then meet-not-reach him Inc
   'I hate AKIU, but not Xiaodi.' (Tsai (2015: 18))

3.2.7. グンベ語

Aboh (2016: 151) は，グンベ語の例を検討し，この言語でもカートグラフィー分析が適用できると主張している．例えば，(121a) は (121b) のように表示される．

(121) a. Náwè lɔ yà gbákún étɔn wɛ é ɖè
       woman Det Top hat her Foc she remove
       'As for the woman, she took off HER HAT.'
   b.

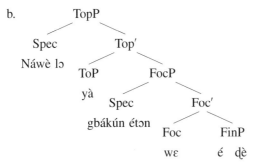

つまり，グンベ語ではトピックマーカーの yà とフォーカスマーカーの wɛ がそれぞれ TopP と FocP 主要部にあり，その指定部にトピック・フォーカス要素が生じるのである．

3.2.8. 日本語

中村 (2011, 2015), Nakamura (2012, 2014, 2017a, b) は，カートグラフィー分析に基づき日本語のトピック・フォーカス構造を分析している．

例えば，Nakamura (2017a) は (122) や (123) の事例を EI-F に着目して分析している．まず，(122a) は話者が行きたい国を網羅的に示してはいない．よって，(122a) に (122c) を続けることができる．一方，(122b) において，

強勢を受ける「は」がマークする句は EI-F を示すので，ドイツが話者が唯一行きたい国である．

(122) a.　ヨーロッパでは僕はドイツは行きたい
　　　 b.　ヨーロッパではドイツは僕は行きたい
　　　 c.　でも僕はフランスにも行きたい

　さらに，(123a) では，話者は男子学生のことしか知らない可能性がある．一方，(123b) では，強勢を受ける「は」でマークされる句は明らかに EI-F を示す．

(123) a.　この大学では男子学生は優秀だ
　　　 b.　この大学では男子学生は優秀だ．

3.2.9.　英語

　カートグラフィーによる英語の分析は研究全体の割合からすると多くはないが，Liliane Haegeman の研究が目を引く．例えば，Haegeman and Lohndal (2015) の空所化 (gapping) の分析，Haegeman, Meinunger, and Vercauteren (2015) の it 分裂文 (*it*-cleft) の分析，Haegeman (2012a, 2012b) の副詞節と主節現象 (main clause phenomena) の分析などがある．また，Endo (2015) による wh 疑問詞の位置に関する興味深い分析も挙げられる．まず，空所化 (gapping) を扱った Haegeman and Lohndal (2015) を概観してみよう．

　空所化は等位接続された 2 つの節の後続節に適用する削除規則である．一般に規則は構成素に適用するが，空所化は構成素を成していない要素にも適用するという特徴がある．例えば，(124) は (125) から派生したと考えられるが，統語的には構成素を成さない we play が削除されている．

(124)　At our house we play poker and at Mary's house bridge.
(125)　At our house we play poker and *we play* bridge at Mary's house.

　この事実を説明するのが，移動と削除による分析である．例えば (126) のように，後続節では空所化の残余要素 (remnant) を前置し，その後で，TP が削除される．

(126)　[at Mary's house [bridge [$_{TP}$ we play ~~bridge at Mary's house~~]]]

移動が生じている根拠として，空所化が島の効果や that 痕跡効果を示す事実が指摘されている（Neijt（1979），Pesetsky（1982: 645），Richards（2001））．これによって，規則は構成素に適用するという一般化を保持することが可能となる．

そして近年，残余要素の移動先は後続節の（TP より上の）左周辺部であると提案したのが Vanden Wyngaerd（2009）である．さらに，その問題点を指摘し，移動先を後続節の（TP より下の）vP の周辺部であると論じたのがHaegeman and Lohndal（2015）である．この分析は，イタリア語における動詞の後に生じる（焦点を受けた）主語の構造位置に関する Belletti（2001, 2004, 2009）の分析を援用しているが，英語に適用できると提唱した点は興味深い．[66] また，節構造の左周辺部の緻密な構造分析に加えて，これより下位のvP の周辺部（時に中間領域（middle field）と呼ばれる）の研究も今後は進むと見込まれる．

次に，基礎編で述べた，以下のような文を的確に排除する分析を提示したHaegeman（2012b）の分析を紹介する．

(127) a. *This book, to Robin, I gave.　(=(43a))　　　　　multiple topics
　　　b. *TO ROBIN this book, I gave.　　　　　　　　　　focus-topic
　　　c. *Where the birdseed are you going to put?　　　Wh-phrase-topic
　　　　　　　　　　　　　　　　　　　　　　　　　（Haegeman（2012b: 105））

Haegeman（2012b）は（127）のような文が派生されないことを，それぞれの句が持つ素性により説明する．まず，話題句は OP+δ 素性を持つと想定しているが，OP はオペレーター素性，δ は D-linking 素性である．このように話題句が OP+δ というより豊かな素性の集合を持つことは，（128）の差異から分かる．

(128) a. *How do you think that, this problem, we will solve?
　　　b. ?This problem, I wonder whether John will be able to solve.
　　　　　　　　　　　　　　　　　　　　　　　　　（Haegeman（2012b: 132））

---

[66] ただし，Haegeman and Lohndal（2015）が問題だと指摘した事例がすべて説明できるのかという点は明らかにされていない．

（128a）では，話題句 this problem は OP＋δ 素性を持つので，OP 素性を持つ wh 句の移動を阻止している．一方，（128b）では，wh 句は OP 素性しか持たないので，より豊かな素性を持つ話題句の抜き出しを阻止しないのである．この観点から（127）を再検討してみよう．（127a）では，OP＋δ 素性を持つ話題句は同じ素性を持つ話題句の抜き出しを阻止する．（127b）と（127c）は（128a）と同じ理由で排除される．つまり，豊かな素性を持つ話題句が，（127b）では OP 素性を持つ焦点句の抜き出しを，（127c）でも OP 素性を持つ wh 句の抜き出しを阻止するのである．

また，Haegeman（2012a, 2012b）は，理論と記述のバランスがとれた節構造分析を行っている．例えば，副詞節を（例えば，否定の作用域内にある because 節のような）中心副詞節（central adverbial clause）と，（例えば，否定の作用域外にある because 節のような）周辺副詞節（peripheral adverbial clause）に二分し，節構造での位置の違い（前者は vP 内部に，後者はそれより上位に位置する）と内部構造の違いを論じている．

特に，主節現象（main clause phenomena）は根節（または主節）と周辺副詞節においては生じるが，中心副詞節では生じない．その理由を Haegeman（2012a, 2012b）は，（129）で示したように内部構造に着目し，各節の左周辺部の相違に帰している．なお，Sub は従属接続詞が占める．

(129) a. Root clause: Top Focus Top Force Fin
      b. Central adverbial clause: Sub Fin
      c. Peripheral adverbial clause: Sub Top Focus Top Force Fin
                                  (Haegeman (2012b: 186))

左周辺部が簡潔な中心副詞節は，主節現象のための構造位置を欠いているため主節現象は生じないと説明される．中心副詞節の左周辺部は周辺副詞節の左周辺部の一部を切り取ったようになっているので，この分析は切り取りによる説明（truncation account）と呼ばれる．Haegeman（2012a, 2012b）はこの説明をより原理立てて導く提案をしている．

さらに，英語の副詞節内で項の前置移動は許されないが，非項の場合は許されるという違いと，イタリア語のようなロマンス言語の接語左方転位（clitic left dislocation, CLLD）では副詞節内で項の前置移動が許されるという点で英語と異なる．Haegeman（2012a, 2012b）は，この二重の非対称性（double asymmetry）を副詞節内では空演算子の移動が生じていると仮定して説明している．

3.2.10. さらなる展開

Rizzi (2013) は，カートグラフィー分析に自らが提案した相対的最小性（Relativized Minimality）という概念を組み入れる提案をしている．日本語の(130) を例にすると，(130a) では「ビールが」は EI-F を示し，FocP 指定部に移動する．また，「僕は」は TopP 指定部に移動する．しかし，この移動は局所性に違反する可能性が生じる．なぜならば，目的語が TP 指定部と vP 指定部の主語の痕跡を超えて移動するからである．

(130) a. ビール**が** 僕は 飲みたいです

b. [$_{FocP}$ ビール**が** [$_{TopP}$ 僕は [$_{TP}$ t$_{subj}$ [$_{vP}$ t$_{subj}$ [$_{VP}$ t$_{obj}$ 飲み] たい] です] Top] Foc]

この問題に対しては，Rizzi (2013: 179) の修正された相対的最小性（131）により解決することができる．[67]

(131) 相対的最小性（修正版）： …X…Z…Y… の構造形式で，Z が X と Y の間に介在し，かつ，関連する形態統語素性において Z が X と**完全に適合する**（fully match）なら，X と Y の間には局所的な関係（例えば，移動）は成立できない．

(131) を (130b) に適用すると，焦点素性が X，「ビールが」が Y である．また，vP 指定部と TP 指定部の主語の痕跡が Z となる．ここで，主語の痕跡は焦点素性を持たないため，焦点素性を持つ「ビールが」の移動を妨げることはないのである．

また，Bocci (2013) は，統語論・音調のインターフェースの観点からイタリア語のトピック・フォーカス構造を分析し，様々な実験の結果を紹介しながらピッチアクセントと狭いフォーカス・広いフォーカスとの相関関係を論じている．イタリア語やハンガリー語のように CF の解釈を受ける名詞句そのものがピッチアクセントを受ける言語と，日本語のように助詞にピッチアクセント

---

[67] Maeda (2014) の派生段階と素性に着目した相対的最小性の修正案も参照のこと．

が置かれる言語との比較対照研究が今後さらに進展すると思われる．

Féry and Ishihara (2016) が編纂したハンドブックでは意味論・語用論的観点，音調などの音声的観点，さらには統語的観点から情報構造が分析されている．また，実験的研究の成果，ゲルマン語系，ロマンス語系，ウラル語系，さらには中国語，日本語に関する研究も紹介されており，理論の精密化につながる研究が期待される．

3.3. ラベル理論とカートグラフィー

第1節で，2つの研究には共有する課題や相補する部分があることに触れた．本節では，その具体的な事例を中心に概観する．

3.3.1. 最大性の原理

Rizzi の最近の研究（Rizzi (2015a, 2015b, 2016)）においては，移動には最大要素（maximal object）のみが関わるとして，次のような最大性の原理が提案されている．

(132) 最大性（maximality）：
    ラベルを持つ最大要素に限り移動できる．　　　(Rizzi (2015a: 327))

最大要素の「最大」とは，バーレベルを想定しない裸句構造（bare-phrase structure）における概念で，ラベルを用いて動的（dynamic）に定義される．ある節点 α にラベルが付与され，また，α を直接支配する節点が α と異なるラベルをもつ場合に α が最大要素となる．

ここで凍結現象（つまり停止問題）を (133) で再検討してみよう．補文の CP 指定部で wh 基準を満たす wh 句が，主節の CP 指定部に移動すると非文になる（(12) と (58) の例も参照）．

(133) a.　John wonders *which book* Bill read.
    b.　*Which book* does John wonder Bill read?

この最大性の原理によると，(134) に表したように，wh 句と補文の CP が内的併合すると，wh 句と C は Q 素性を共有する．そのため，wonder の補文 α のラベルは Q となる．α が Q の最大要素となるが，wh 句は α のラベル

と同じQという素性を持つため，定義上，最大要素Qの一部になる．その結果，最大性の原理 (132) により which book は移動できなくなり，この位置に凍結されることになる．

(134)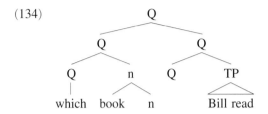

(134) から分かるように，最大性の原理によると間接疑問文全体が最大要素ということになり，これ全体が移動可能であると予測する．実際，イタリア語 (135) では，間接疑問文が分裂文のフォーカス位置や話題化によって文頭に生じることがある．また，オランダ語 (136) においても間接疑問文全体を移動することは可能である

(135) a. E' [[quale libro Q Gianni abbia letto ___] che [Piero non ha capito ___]
"It is which book Gianni read that Piero did not understand"
b. [Quale libro Q Gianni abbia letto], non so proprio ___
"Which book Gianni read, I really don't know.
(Rizzi (2015a: 329))
(136) a. Ik weet echt niet wie of Marie ontmoet heeft
I know really not who if Marie met has
b. [Wie of Marie ontmoet heeft] weet ik echt niet
who if Marie met has know I really not
(Rizzi (2015b: 23))

さらに，オランダ語のXP-YPの構造においてYPを移動できない事実，つまり，wh句を残して間接疑問文を移動させると非文となることも最大性の原理により説明できる．つまり，YPはラベル付けの結果最大要素の一部になるため移動の対象にならないからである．

(137) *[Of Marie ontmoet heeft] weet ik echt niet wie ___.

     If Marie met has know I really not who

(Rizzi (2015b: 23))

3.3.2. 架橋動詞と小節

架橋動詞の think は，その補文の CP と wh 句が併合すると 次のような構造になる．

(138)　think [$_\alpha$ which$_Q$ book [$_{CPdecl}$ that Bill read...]

この XP-YP 構造において，C$_{decl}$ と wh 句は（[+Q] のような）卓立した素性を共有しないため，α のラベルが決まらない．この wh 句は移動可能な最大要素なので，α から内的併合で移動できるが，そのコピーはラベル付け演算手順に不可視となる．そのため，α のラベルは CP$_{decl}$ となり，インターフェイスに転送され，think とその補文と選択関係は適切なものとして解釈される．

架橋動詞の場合，中間の CP 指定部を経由し連続循環的（successive cyclic）に文頭まで移動する．主節の CP に移動する際に（139b）のように途中の CP 内に前置詞を残留する（strand）ことが許されない．この事実もラベル理論を用いて説明できる．

(139) a.　Who do you think [t C [we should talk [to t]]]?

    b. *Who do you think [[to t] C [we should talk t]]]?

    c.　To whom do you think [t C [we should talk t]]]?

前置詞が途中の CP 内に残留すると，XP-YP 構造（PP-CP）である α が形成される．しかし PP と CP には共有する卓立した素性がなく，α のラベルが決まらない．このまま転送されるとインターフェイスにおいて適切に解釈されず非文となる．

(140)　[$_\alpha$ [$_{PP}$ P <who>] [$_{CPdecl}$ that$_{decl}$ [T]]] → α = ?

一方，（139c）は，前置詞句が α の外に移動し，残ったコピーはラベル付けには不可視となるため，α のラベルは C$_{decl}$ となり問題は生じない．

(141)　[$_\alpha$ [$_{PP}$ <to whom>] [$_{CPdecl}$ that$_{decl}$ [T]]] → α = C$_{decl}$

第 3 章　応用進展編　　　　　65

　次に，架橋動詞の補文の 1 つで，ECM 構文と類似した小節（small clause）の主語のラベルの問題を考察してみよう．

(142) a.　I consider [$_\alpha$ John intelligent]
　　　b.　John is considered [$_\beta$ ___ intelligent]
　　　c.　A man who I consider [$_\beta$ ___ intelligent]

　ラベル理論では，小節の主語が留まる場合のラベル α と主語が移動した場合のラベル β は異なると分析される．α と β はラベルが異なるというこの分析を支持する経験的な根拠が指摘されている．例えば，think が従える小節の主語位置には顕在的な主語が生じないが，これが移動すると文法的になる．

(143) a.　*I think [$_\alpha$ John intelligent]
　　　b.　John is thought [$_\beta$ ___ intelligent]
　　　c.　A man who I think [$_\beta$ ___ intelligent]

　(142) と (143) の相違点から，think は β を選択するが，α を選択しない動詞ということになり，consider は α と β のどちらも選択する動詞であるということになる．Rizzi (2015b) によると，α を選択する consider の場合，α には主語基準を満たす構造を作る Subj 主要部が関わり，そのため小節の主語は α 内の主語位置に留まるとしている．一方，β に関しては，述部の形容詞（あるいは，φ 素性の一致を担う機能範疇）がラベルとなり，小節の主語と述部の主要部は卓越した素性を共有しないため移動すると論じている．

　(144a) のような小節に類似した ECM 構文の場合においても，Subj という主語基準を満たす位置 Subj が関わり，何らかの基準が満たされていると仮定されている．そうすると，Foc や Top など他の基準位置同様，なんらかの解釈上の影響があることになる．

(144) a.　John believed/*alleged [Bill to be a liar]
　　　b.　Bill was believed/alleged [___ to be a liar]
　　　c.　Who did Bill believe/allege [___ to be aliar]

　Rizzi (2015b) は，Belletti (1988) で観察されているイタリア語の無冠詞複数形（bare plural）の解釈がその影響であると指摘している．無冠詞複数形の名詞句は目的語に生じることは可能であるが，小節の主語にはなれず，より高

い位置へ移動する．

(145) a. Gianni frequenta amici
'Gianni sees friends'
b. *Gianni considera [[amici][aimpatici]]
'Gianni considers friends nice'
c. Gianni frequenta amici [che considera [＿ [simpatici]
'Gianni sees friends that he consider nice'

(Rizzi (2015b: 42))

つまり，小節はその指定部（主語位置）が随意的に基準を満たす位置になり，その際，主語に対して無冠詞複数の解釈を許さない．したがって，(145b) は解釈上矛盾するため排除され，(145c) では基準を満たす Subj が関わらないため，解釈上の問題は生じない．しかし，小節が XP-YP 構造となるため，さらに高い基準を満たす位置へと移動しなければならなくなるとしている．

3.3.3. 裸句構造における主要部と句

裸句構造では主要部，中間投射，最大投射の区別がなく，みな同じ単一のラベルを持つ．X バー理論で仮定されていたバーレベルは語彙目録で指定されていない特質を派生の過程で加えることになり，包括性条件の違反になる．したがって，ラベルは主要部の範疇または共有する素性でなければならない．

ラベル理論においてもやはり主要部と投射は区別する必要がある．例えば，主要部と句が併合してできた構造 (146) は，バーレベルを仮定しない裸句構造では X-Y 構造 (147) となる．

(146)

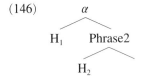

(147)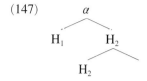

　主要部は根要素と品詞を決める範疇決定子が併合して派生されるため，単純に，「併合されていない要素を主要部」，「何かと併合されて派生した要素を句」と定義して区別することはできない．
　そこで，Rizzi (2016) は，語彙目録から引き出された要素が主要部であり，また，その要素は lex 素性を持つと提案している．

(148)　語彙目録から引き出された要素は lex という素性を持つ．
(Rizzi (2016: 111))

　つまり，主要部は lex 素性を持つ要素であり，この素性を持たない要素はすべて句となる．また，lex 素性を持つ要素が他の要素と併合した場合，lex 素性がラベルに継承され，複合的な主要部 (complex head) となるが，lex 素性が継承されないと句となる．lex 素性の継承は随意的であるが，語彙的統一性の条件に従うとしている．

(149)　語彙的統一性 (Lexical Uniformity)
　　　 lex 素性を持つ範疇の中には lex 素性を持たない範疇が含まれてはならない．　　　　　　　　　　　　　　　　　　(Rizzi (2016: 112))

　例えば，複合名詞 trita carne と動詞句 trita la carne を比べてみよう．(150a) は (151) の構造を，(150b) は (152) の構造を持つ．

(150) a.　Questo strumento è un trita carne
　　　　　'This instrument is a grind meat = a meat grinder'
　　 b.　Questo strumento trita la carne
　　　　　'This instrument grinds the meat'
(Rizzi (2016: 113))

(151)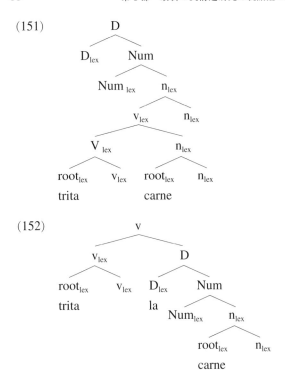

(152)

　(151) の trita carne は主要部が繰り返し併合してできた複合的な主要部である．語彙的統一性により，最上位の n_{lex} が支配している要素は皆 lex 素性を持つ．一方，trita la carne は，動詞 v_{lex} と目的語 D が併合して派生した動詞句であり，したがって lex 素性は継承されず，そのラベルは v となる．

　ここで，book the flight を例にして，動詞句におけるラベル付与を検討してみよう．(153) に示したように，動詞 book は，語彙目録から引き出された根要素と v が併合してできたもので，lex 素性を持つ主要部である．目的語は，辞書から引き出した要素ではないので句である．つまり，lex 素性を欠く D である．v_{lex} と D が併合し，α が形成される．

(153)
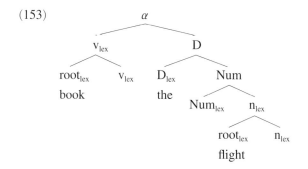

　ラベル付け演算手順により α は直近の主要部 v となる．v_{lex} が lex 素性のない D と併合する際，語彙的統一性条件により v の lex 素性が α には継承されないためである．もし lex 素性が α に継承されると，lex 素性を持つ範疇 α の中に lex 素性を持たない範疇 D が含まれるので，語彙的統一性条件の違反が生じてしまう．

　目的語が D でなければならないのは，機能範疇（functional category）は補部に句を選択するという性質の帰結である．[68] 辞書から引き出された機能範疇 D_{lex} は補部に句を選択するため，Num は（lex 素性を欠く）句でなければならない．そのため D_{lex} と Num が併合してできた要素は，語彙的統一性条件により句となり，lex 素性はその要素のラベルに継承されることはない．

3.3.4. 句と主要部の区別

　句の移動は句と句の内的併合と見なされるが，併合は主要部にも適用するので，主要部同士の内的併合である主要部移動も存在することになる．そこで，(154) を例として，ラベル理論から主要部移動について考えてみよう．

(154) a.　T_{lex} [[$_{vlex}$ root$_{lex}$ v_{lex}] DP] → head movement
　　　b.　[$_\beta$ [$_{vlex}$ root$_{lex}$ v_{lex}] T_{lex}] [$_{t_{vlex}}$ ~~root$_{lex}$ v$_{lex}$~~] DP]

　(154a) から (154b) への主要部移動による派生で，併合の出力 β のラベルは，Chomsky (2013, 2015) のラベル付け演算手順では未決定となる．従来，v が T へ移動して派生する β のラベルは T とされていたが，主要部移動で

---

[68] もちろん，範疇を決める機能的な要素が補部に根要素を選択するので，この主張は強すぎると Rizzi 自身も認めている．

H₁-H₂ の構造が派生するため，H₁ と H₂ どちらも β から直近の主要部となり，ラベルは決まらないからである．

　Rizzi (2016) の提案のもとでは，この問題を解消する可能性が2つある．1つは，v と T との違いに着目した解決法である．

(155)

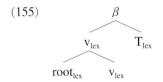

　(155) からわかるように，v_{lex} は，根要素と品詞を決める範疇決定子の v_{lex} が併合して派生した複合的な主要部である．一方，T_{lex} は他の主要部と併合していない単一の主要部である．このような状況では，単純な主要部 T_{lex} が β のラベルになるとする分析である．

　もう1つの可能性は，主要部移動で派生した H₁-H₂ 構造を成す2つの主要部に共通した素性がラベルになるという分析である．つまり，v も T 素性を持ち，v と T が共有する素性 T が β のラベルとなる．T 素性を持つ v が主要部移動で T と併合した構造は (156) のようになる．

(156)

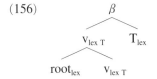

　この分析は，{XP, YP} のラベルと決める手順の1つとして，素性の共有に着目したのと類似の考え方である．

　最初の可能性，つまり，単純な主要部がラベルになるとする分析をさらに検討してみよう．v が T へ移動し，複合的な主要部ができ，これがさらに上位の主要部へ移動すると，新たに派生した複合的な主要部のラベルは，単純な主要部 C となる．

　また，最大性の原理 (132) の観点からも興味深い帰結が得られる．この原理によると，移動可能な要素は最大要素でなければならないため，主要部移動は必然的に問題となる．そこで，Rizzi (2016) は，フランス語の v-to-T 移動を取り上げ，この問題の解決を試みている．例えば，mang- は単独で T へ移

動し屈折動詞になるが，その説明に Rizzi (2016) は lex 素性を援用している．具体的には，最大性の原理に沿うように，主要部移動が可能な主要部とは最大の lex 素性の範疇であると仮定している．(157) の構造を検討してみよう．

(157)

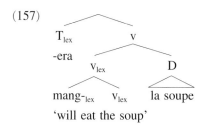

主要部における最大性は，lex 素性を担うか否かによって相対化され，移動が可能な主要部は lex 素性を共有する最大の範疇ということになる．したがって，(157) では上位の v_{lex} が最大の範疇と見なされる．つまり，上位の v_{lex} 節点 [v_{lex} mang$_{lex}$- v_{lex}] が lex 素性の点で最大となり，(158) のように T に移動することが可能になる．

(158)

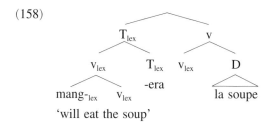

次に，主要部移動で派生した（上位の）T_{lex} が lex 素性で最大の範疇となり，C へ主要部移動する．結果として，(159) の疑問文が派生する．

(159)　Mangera-t-il la soupe?
　　　'Will he eat the soup?'　　　　　　　　　　　　(Rizzi (2016: 122))

従来の句と主要部は X と X_{lex} という 2 種類のラベルに対応し，また，X と X_{lex} はそれぞれラベルの最大性という概念によって相対化されることになる．つまり，主要部移動は，X_{lex} が最大の範疇で移動するケースである．また，句移動は，X が最大の範疇と見なされ移動するケースである．このように移動には必ず最大性の原理が遵守されることになる．

3.3.5. 主語基準と that 痕跡効果

主語も場合によってはその位置に留まり，移動すると非文なることがある．これは主語基準の違反のためである．主語基準とは，（VP 内主語仮説を前提として）VP の上位に基準位置 SubjP があり，主語が SubjP 指定部に移動すると基準凍結が起こり，そこから移動できなくなるというものである．

Cardinaletti（2004）に従い，Rizzi（2015b）は Subj という機能範疇が主語を構造的に定義するとしている．

(160) …Fin…Subj…Phi…T……

(161) a. Subj は指定部に名詞的要素（nominal element）を要求する．

b. Subj はインターフェイスで提題（Aboutness）の解釈となる．

(Rizzi (2015b: 26))

主語接辞（subject clitic）を用いるミラノ方言（Milanese）で一致（agreement）とは異なる形態素が動詞に生じる．これは Subj が具現化した現象として分析している．

(162) Ef fio *el* mangia I pom

'The boy *Subj* eats the apple' (Rizzi (2015b: 26))

主語凍結の事例として，次のような that 痕跡効果もラベル理論と最大性の原理による説明が可能であると Rizzi は論じている．

(163) a. *Who do you think [that [___ Subj will come]]?

b. Who do you think [that [Mary Subj will come]]?

(164) a. *Which mechanic do you wonder whether ___ Subj could fix the car?

b. ?Which car do you wonder whether the mechanic could fix ___?

主語凍結は，ラベル理論と最大性の原理によって捉えられる．つまり，補文の主要部 Subj とその指定部にある主語が素性を共有し，ラベルが決定され，その結果，SubjP 指定部の主語 wh 句が最大要素でなくなり，それ以上移動ができなくなるためと説明される．

3.3.6. 空主語言語

　イタリア語のようなロマンス語は空主語言語（null subject language）と呼ばれ，that 痕跡効果を示さず，間接疑問文から主語も目的語も抜き出しが可能である．つまり，主語の凍結現象が観察されない．

(165)　Chi credi che abbia telefonato?
　　　　'Who do you think that has telephoned?'

(166) a.　Che meccanico non sai se potrebbe riparare la macchina?
　　　　　 'Which mechanic don't you know if could fix the car?'

　　　b.　Che macchina non sai se il meccanico potrebbe riparare?
　　　　　 'Which car do you wonder if the mechanic could fix?'

(Rizzi (2015b: 31))

　この事実は，主語 wh の抜き出しと主語が自由に文末に生じる現象（free subject inversion）とを関連づけて論じられ，本来の主語位置には pro が生起し，ECP 違反を引き起こさない文末の位置から主語は移動していると分析されてきた．

(167) a.　Credi che *pro* abbia telefonato Gianni
　　　　　 'You believe that has telephoned Gianni'

　　　b.　Chi credi [che [*pro* abbia telefonato ＿＿]]?
　　　　　 'Who do you believe that has telephoned?'

(Rizzi (2015b: 31))

　カートグラフィーにおいても pro が主語基準を満たしているため，主語の wh 句は文末の位置から移動していると仮定されている（Rizzi and Shlonsky (2007)）．

(168)　Chi credi [che [*pro* Subj abbia telefonato ＿＿]]?
　　　　'Who do you believe that has telephoned?'

(Rizzi (2015b: 31))

　空主語言語の主語は文末に自由に生じるが，ミニマリスト・プログラムの経済性に関する指針からすると，移動が起こるには何らかの引き金（trigger）が必要とされる．カートグラフィーの研究において，このような主語の倒置は，

情報構造上主語を焦点化する効果を持つことが明らかにされている．例えば，Belletti (2001, 2004) によると，倒置された主語は本来の位置から vP 周辺部の Foc 指定部へ移動し，さらに動詞は形態素を得るために移動する．

この分析のもとでは，vP 周辺部の Foc の指定部も基準凍結が成立する位置であるなら，凍結現象が生じると予測する．しかしながら，空主語言語の中には，主語倒置を許さないが，that 痕跡効果を示さない言語，すなわち，主語倒置はないが主語が自由に補文から抜き出せる言語がある．そのため，主語倒置と that 痕跡効果の有無には直接的な関わりがないことになり，空主語言語における that 痕跡効果が見られない理由は別にあることになる．

その可能性の 1 つとして，このような言語においても pro を仮定する分析がある．主語の代わりに pro が主語基準を満たし，また，主語は vP 周辺部の Foc 位置からではなく，主語の元々の生起する位置から移動する．そう考えると，空主語言語では，主語倒置とは関係なく，主語が自由に抜き出せることになる．

Chomsky (2015) は，ラベル理論の観点から空主語言語を分析している．具体的には，空主語言語では T が強いので単独でラベルになれるので，T の指定部に（主語となる）要素が（生起しても構わないが）生起することは強要されない，と論じている．また，補文標識の生起に関わらず（また，フェイズ性の継承と無関係に），補文 TP のラベルは決定されるので，内的併合による移動は自由に生じることになる．いずれの分析がより妥当であるのか，今後の研究が待たれる．

3.3.7. 焦点位置での凍結現象

Belletti (2001, 2004) が指摘した，vP 周辺部の焦点位置における凍結現象を示す現象を概観してみよう．(169) の主語と述語的 DP (predicative DP) を入れ替えた倒置コピュラ文 (inverse copular sentence) (170) では，文末の主語が焦点要素となる．[69]

(169)　Gianni è il direttore
　　　　'Gianni is the director'

---

[69] 逆行代名詞化 (backward pronominalization) がその根拠となると指摘されている．

第 3 章　応用進展編　　　　　　　　　　　　　　　　　75

(170)　Il direttore è Gianni　　　　　　　　　　　　　(Rizzi (2015b: 34))

　基本語順のコピュラ文では主語が SubjP の指定部に移動し，α のラベルは PredP となる．

(171) a.　Subj è [$_\alpha$ Gianni [Pred [il direttore]]]
　　　 b.　Gianni Subj è [$_\alpha$ ___ [Pred [il direttore]]]　$\alpha = $ PredP

　基本語順のコピュラ文は，(172) のように主語と述語的 DP のどちらも抜き出しが可能である．

(172) a.　Chi (hai detto che) *pro* Subj è [___ [Pred il direttore]]]?
　　　　　　'Who (did you say that) is the director?'
　　　 b.　Il direttore, ciò che (ho detto che) Gianni è [___ [Pred ___]] e
　　　　　　sarà sempre …
　　　　　　'The director, which (I said that) Gianni is and will always be
　　　　　　…'　　　　　　　　　　　　　　　　　　　(Rizzi (2015b: 35))

　Rizzi によると，倒置コピュラ文が (169) の構造から派生されるとすると，述語的 DP が SubjP 指定部に移動するとき主語 Giannni を超えるため，相対化最小性 (Relativised Minimality) の違反が生じるとしている．この違反を回避するために，Gianni がまず下位焦点位置へ移動し (173b)，その後 α 全体が移動する (173c)．そして，その位置から述語的 DP が SubjP 指定部へ移動する (173d)．このような派生をすることにより，述語的 DP は，Gianni を超えることはなく，そのため相対化最小性の違反が生じることはないとしている．

(173) a.　Subj è [$_\alpha$ Gianni [Pred [il direttore]]]
　　　 b.　Subj è [$_{FocP}$ Gianni Foc [$_\alpha$ ___ [Pred [il direttore]]]]
　　　 c.　Subj è [$_\alpha$ ___ [Pred [il direttore]]] [$_{FocP}$ Gianni Foc ___]
　　　 d.　Il direttore Subj è [$_\alpha$ ___ [Pred ___]] [$_{FocP}$ Gianni Foc ___]

　次に，倒置コピュラ文の凍結現象を検討してみよう．Longobardi (1985)，

76 第 I 部　最新の文構造研究と統語論の進展

Moro (1997, 2000) によると，後置主語は移動できない．

(174) a.　Chi credi che sia il direttore?
　　　　　'Who do you think that is the director?'
　　b. *Chi credi che il direttore sia ___?
　　　　　'Who do you think that the director is?'

(175) a.　Ecco l'uomo che credo che sia il direttore
　　　　　'Here is the man who I believe that is the director.'
　　b. *Ecco l'uomo che credo che il direttore sia ___.
　　　　　'Here is the man who I believe that the director is.'

(176) a.　E' Gianni che è il direttore
　　　　　'It is Gianni that is the director.'
　　b. *E' Gianni che il direttore è ___
　　　　　'It is Giannni that the director is.'　　　　　(Rizzi (2015b: 36))

　この事実は，倒置コピュラ文の主語は FocP 指定部に移動すると，その位置で基準を満たし，凍結されると説明できる．この事実を Rizzi のラベル理論で分析すると次のようになる．まず，主語が FocP 指定部に移動すると (177) にあるように β は XP-YP 構造となる．しかし，共有する素性 Foc があるため，これが β のラベルとなる．したがって，最大性の原理により主語 Gianni は移動可能な最大要素でなくなり，移動できず凍結される．

(177)　Il direttore Subj è [$_\alpha$ ___ [Pred ___]] [$_\beta$ Gianni $_{+Foc}$ [Foc ___]]

　ところが，分裂文の焦点は wh 移動で抜き出すことが可能である．

(178) a.　E' Gianni che hai visto ___
　　　　　'It is Giannni that you saw'
　　b.　Chi è ___ che hai visto ___?
　　　　　'Who is it that you saw?'　　　　　(Rizzi (2015b: 37))

　興味深いことに，(179) のように否定要素が介在すると焦点の抜き出しはできなくなるが，(180) から分かるように前提節では否定要素が介在しても wh 句は抜き出せる．

第3章 応用進展編

(179) a. **Non** è Gainni che ho incontrato ___
'It is not Giannni that I met ___'
b. *Chi **non** è ___ che hai incontrato ___
'Who is not it that you met ___?'

(180) a. E' Gianni che **non** ho incontrato ___
'It is Gianni that I didn't meet ___'
b. Chi è ___ che **non** hai incontrato ___
'Who is it that you didn't meet ___?' (Rizzi (2015b: 38))

通常の wh 句は FocP 指定部まで基準凍結を起こさず移動することが可能であるが，分裂文の焦点要素は，Foc_Cleft という基準位置にあるため，基準凍結を引き起こし，焦点位置にある wh 句の移動は禁止される．しかし，wh 句を含む FocP 全体が移動することで基準凍結の回避が可能となる．

具体的には，Belletti (2009, 2015) に従うと分裂文の派生は以下のように進む．まず，焦点要素は分裂文の左周辺部にある Foc_CleftP 指定部に移動する（この焦点位置では，他の Foc とは異なる焦点の解釈を受ける）．分裂文の焦点要素が Foc_Cleft へ移動したのちに，分裂文の前提節は外置される．

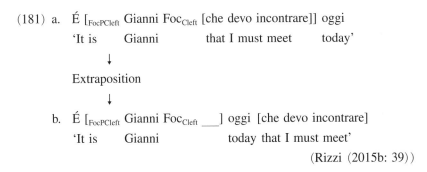

(181) a. É [_FocPCleft Gianni Foc_Cleft [che devo incontrare]] oggi
'It is   Gianni   that I must meet   today'
↓
Extraposition
↓
b. É [_FocPCleft Gianni Foc_Cleft ___] oggi [che devo incontrare]
'It is   Gianni   today that I must meet'
(Rizzi (2015b: 39))

分裂文の焦点位置からの wh 句の抜き出しは，最大性の原理より許されないが，FocP_Cleft 全体であれば，抜き出せることになる．つまり，(182b) では，一見すると移動しているのは wh 句の chi だけのように思えるが，構造的には FocP_Cleft 全体が移動しているのである．

(182) a. Foc_Q è [_FocPCleft chi Foc_Cleft ___] [che devi incontrare]
　　　　'It is　　　who　　　　that you must meet'
　　b. [_FocPCleft Chi Foc_Cleft ___] Foc_Q è [_FocPcleft ___] [che devi incontrare]
　　　　'Who　　　　　　is it　　　　that you must meet?'
(Rizzi (2015b: 39))

この分析を踏まえると，否定要素が介在すると抜き出せる場合とそうでない場合があるのは，wh 移動で動く要素が項なのか，そうでないのかによることになる．つまり，分裂文の焦点位置にある wh 句は，最大性の原理より移動の対象とならず，その位置で凍結される．それを回避するために wh 句を含む FocP 全体が移動するのである．FocP 全体は項的な要素でないため，否定要素が介在すると相対化最小性により抜き出しが阻止される．一方，前提節からの wh 移動は，通常の項の wh 移動であるため，否定要素が介在しても相対化最小性には抵触せず問題なく抜き出せる．

(183) [_FocPCleft Chi Foc_Cleft ___] FocP **non** è [_FocP cleft ___] [che devi incontrare]
　　　 Who　　　　　　　　　　isn't it　　　　that you must neet
　　　　X　　　　　　　　　　　　Z　　　　　Y

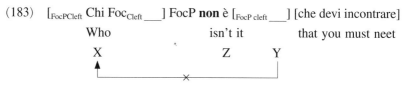

(Rizzi (2015b: 39))

FocP 全体が移動することで分裂文の焦点は基準凍結を避けることができるが，そうすると，倒置コピュラ文でも倒置された主語を含む FocP 全体が移動する可能性があって然るべきである．その可能性が無いのはなぜかという疑問が生じる．それは Foc の種類に起因すると考えられる．

Foc は生起する位置に応じて，つまり，下位焦点位置（vP 周辺部）と上位焦点位置（左周辺部）によって解釈が異なる．下位焦点位置の要素は，新情報を担う焦点の解釈（つまり wh 疑問文に対する答えに相当する部分）である．

(184) Q: Chi è arrivato?
　　　　 'Who arrived?'
　　 A: E' arrivato Gianni　　　　　　　　(Rizzi (2015b: 40))

一方，左周辺部の焦点要素は対比の解釈となり，wh 疑問文に対する答えに

は使えず，前文の内容を訂正する場合に使われる．

(185) Q: Che cosa hai comprato?
          'What did you buy?'
      A:*#UN LIBRO ho comprato
          'A BOOK I bought'

(186) S1: So che hai comprato un disco …
           'I know that you bought a record …'
      S2: Ti sbagli! UN LIBRO ho comprato …
           'You are wrong!　A BOOK I bought …'

(Rizzi (2015b: 40))

　Rizzi (2015b) は，このような焦点の解釈上の違いは Belletti (2009, 2015) に従い，焦点要素が生起する Foc 主要部のタイプが異なるために生じるとしている．つまり，倒置コピュラ文の主語が生じる位置は，VP 周辺部の Foc_VP の指定部であり，Foc_V は左周辺部の焦点 FocC とは異なる．一方，分裂文の焦点要素が生起する位置は，$Foc_{cleft}P$ の指定部であり，Foc_C と同じタイプの Foc 主要部の指定部にあたる．分裂文の焦点を wh 疑問化すると，左周辺部の Foc_C は，基準凍結（つまり，最大性の原理の違反）を回避するために，wh 句単体ではなく，それを含む，Foc_C と同じタイプの $Foc_{cleft}P$ 全体を指定部に牽引する．一方，倒置コピュラ文の主語を wh 疑問化すると，基準凍結を回避するために wh 句を含む FocP 全体を移動することはできない．というのは，倒置コピュラ文では，異なるタイプの焦点 Foc_VP が Foc_CP 指定部に牽引されてしまうからである．つまり，指定部に生起する要素のタイプと，Foc が指定部に要求するタイプとのミスマッチが生じることになり，適切な解釈が得られなくなる．結果的に，分裂文の焦点要素の場合とは異なり，倒置コピュラ文の主語の wh 疑問化は，基準凍結の回避ができず，非文となる．

3.3.8.　補文と生起位置

　中島 (2016) の補文に関する統語分析はミニマリスト・プログラムとカートグラフィーの分析を融合する興味深い研究である．例えば，補文標識 that は V や A の補部では省略が可能であるが，N や P の補部，主語の位置，話題化

の位置，外置化の位置では省略できない．（187）に一例を示した．[70]

(187) a.　I think {that/φ} he's awake.　（V の補部）
　　　 b.　{That/*φ} he's awake, I don't know.　（話題化の位置）

　これと同様の関係が，whether と if の交替でも考察される．つまり，V や A の補部では交替が可能であるが，N や P の補部，主語の位置，話題化の位置，外置化の位置では交替できない．（188）に一例を示した．

(188) a.　I wonder {whether/if} he's awake.　（V の補部）
　　　 b.　{Whether/*If} he's awake, I don't know.　（話題化の位置）

　これらの事実を，Nakajima（1996）は統語素性 [＋V] を担う主要部による補部の照合等によって統一的に説明した．一件落着かに思えた研究であるが，中島（2016）は自らの提案を再考し，さらに広範囲の事実をラベル理論やカートグラフィーの分析を援用しながら，包括的な分析を行っている．具体的には，中島（2016）は等位構造の等位項は（187）と同じパタンを示し，叙実的補文，分裂文の焦点，同格文の焦点，付加部位置は（188）と同じパタンを示すことを指摘している．その提案の中核となるのは，Chomsky（2013: 18）に拠る内的併合の適用対象原則である．

(189)　内的併合は，フェイズに対してのみ適用する．　　（中島（2016: 34））

　that 節と whether 節は CP を成すのでフェイズであるが，φ 節と if 節は TopP なのでフェイズではない．その結果，that 節と whether 節は外的併合によって導かれた V や A の補部位置に生起するだけでなく，内的併合の適用を受けて移動先の位置に生起することも許される．これに対して，φ 節と if 節は内的併合の適用を受けられないので，外的併合による V や A の補部位置に生起することしか許されない．

　CP タイプの補文が内的併合の適用を受けて移動することから，これらの補文が（統語）島を成すという事実も予測可能となる．また，CP タイプの補文は移動した位置に留まることから，Rizzi（1996, 2006）の基準凍結が思い起こされる．中島（2016）は δ 役割（δ は discourse のラテン語頭文字に依る）

---

[70] 例は中島（2016）から引用した．φ は省略された that を表す．

を導入して，凍結する理由までも解き明かしている．δ 役割には話題，焦点，提題，作用域に関わる質問の Q などが含まれ，θ 役割と以下のように異なる．

(190)

		θ 役割	δ 役割
a.	付与される段階	基底構造	表層構造
b.	付与子	語彙的主要部	機能的主要部
c.	被付与子	項	移動フェイズ
d.	付与子と被付与子の関係	(主に) 主要部・補部	主要部・指定部
e.	付与子と被付与子の対応	1 対多	1 対 1
f.	付与が行われる位置	θ 位置	非 θ 位置
g.	付与に与る併合	外的併合	内的併合

(中島 (2016: 81))

　一般に，島の環境ではルート変形 (root transformation) が適用しないが，常に不可能となるわけではない．その適用の可否を中島 (2016: 118-137) は δ 役割とその継承に依って説明している．

　記述的説明の射程の広さ，理論構築への貢献といった点で評価される研究であり，世界へ向けて発信される時が待たれる．

第 II 部

最新の音声学・
音韻論研究の進展[*]

都田青子	（津田塾大学）
近藤眞理子	（早稲田大学）
西原哲雄	（宮城教育大学）

---

[*] 第 II 部の第 1 章は都田が担当し，JSPS 科研費 JP26370577 の助成を受けて行った研究の一部を紹介している．第 2 章は近藤が担当し，JSPS 科研費 JP15H02729 と 2017 年度早稲田大学特定課題研究助成費（B）2017B-322 の助成を受けて行った研究の一部を紹介している．第 3 章は西原が担当し，西原（2013）の内容の一部に加筆・修正を施し，発展させたものである．

第1章

音の世界への誘い

1.1. はじめに

　第 II 部「最新の音声学・音韻論研究の進展」では，言語音を対象とする学問領域である音声学および音韻論に関連するテーマを扱う．本セクションは基礎編と発展編から構成されており，第 1 章は基礎編，第 2 章，第 3 章はそれぞれ音声学と音韻論の最新知見を含めた発展編である．

　本章では，発展編の理解の手助けとなるよう，音声学および音韻論に関連する基本概念を中心に紹介していくことにする．詳細に入る前に，まずは我々が言語に関して持ち合わせている「知識」を言語学ではどのように捉えているのかについて簡単におさらいをしておくことにしよう．

1.2. 「言語能力」と「言語運用」

　サル学兼子ども学の第一人者である研究者が対談の中で「言語学者は結局のところアームチェア・ディテクティブでいろいろなことを整理してくれるのですが，新しいものは彼らからは何も生まれない気がする」と述べていた（正高・辻 (2011))．つまり，言語学者は，言語行動に目を向けることなく，ただ理屈で言語の整理をするだけで，あまり生産的な役割を果たしていない安楽椅子探偵（事件現場に赴くことなく，椅子に座って推理だけをしている探偵）と同じだ，ということをおそらくは主張したかったのであろう．

しかし，言語学は本来「観察したありのままのことば」を分析対象とし，それに基づいて音韻体系や文法を構築するという手法をとっている学問分野のはずだ．では，なぜこのような「アームチェア・ディテクティブ」というレッテルを貼られることになったのだろう．この問いに対する答えを考える上で鍵を握るのが生成文法の提唱者であるノーム・チョムスキー (Noam Chomsky, 1928-) の言語観であろう．

すでに 19 世紀の頃から「科学」としてのことばの研究がさかんに行なわれるようになった．特に，19 世紀末のヨーロッパでは，それまでの文献を中心とした研究から，音声の研究の重要性が認識されるようになった．さらに，アメリカにおける言語研究も，特にアメリカ原住民の言語に関する研究が文化人類学的観点から行なわれるようになった．こうした原住民は，文字を持っていないことから，文献学に基づいた手法を適用することができず，自ずと実地調査で得られた原住民の話しことばを主体とした手法で研究活動が実施されることになった．

このようにヨーロッパでもアメリカでも客観的言語分析法を重んじるという傾向があった．ただし，観察したありのままのことばを研究するという手法にあまりにも固執したために，ことばの「本質を追究する」という姿勢よりも，ことばの「表面的な現象を記述する」ということに終始するきらいがあった．

このような言語観に異議を唱えたのがチョムスキーである．チョムスキーの言語観は，次の 2 つのことばに対する問いかけが出発点にある：

(1) a. 人間のことばの本質とは何か？
    b. ことばはどのように獲得されていくのか？

この 2 つの問いに答えるために，チョムスキーは現実の「言語使用」(performance) と人間がことばについて知っている「言語能力」(competence) とを分けて考えた．

「ことばについて知っている能力」というのは，我々が無意識のうちに有している言語に関する抽象的な能力のことをいう．チョムスキーによると，我々人間だけが他の動物と違って言語を自由に操ることができるのは，そもそも先天的（つまり，生まれながら）にそのような「ことばに関する能力」，すなわち「言語能力」が備わっているからだという．この先天的言語能力というややわかりにくい概念を，鳥の「飛ぶ能力」に喩えて考えてみよう．

カラスやムクドリ，すずめなどが自由に空を飛ぶことができるのはなぜかといえば，もともとこうした鳥は生まれながらに「飛ぶ能力」を有しているからだ．同じ鳥類でも，例えばペンギンは飛ぶことができない．ペンギンはれっきとした鳥の仲間ではあるのだが，先天的に「飛ぶ能力」を持っていない．もともとそのような能力を有していなければ飛ぶことはできない．カラス，ムクドリ，すずめたちの真似をいくらしようとしても，先天的な能力が違うのだからそれは無理な話だ．

チョムスキーのいうところの「言語能力」もこの「飛ぶ能力」と同じで，我々人間だけが他の動物と違って言語を自由に操ることができるのは，そもそも先天的にそのような「ことばに関する能力」が備わっているからだというのがチョムスキーの主張である．この「言語能力」は人間という種に与えられた特殊な能力であり，他の動物にはない能力とされている．たしかに，オウムのようなしゃべる鳥や，人間の話すことばを理解するチンパンジーなどの動物は存在する．しかし，これらの鳥や動物の「ことば」は人間が普段用いている「ことば」とは明らかに違う．オウムやチンパンジーは過去や未来のことについて語ることはできないだろう．また，新語を生み出すこともないだろう．つまり，彼らの「ことば」は，ある一定のパターンにしたがって固定化されたものにすぎない．

これに対し，人間のことばは，挨拶など一部の固定化された例外を除いて，日常会話の中で全く同じ形の文がパターン化され，繰り返し使用されるということはめったにない．通常，話し手は常に新しい文を作り出し，聞き手はこれまで自分が耳にしたこともないような「未知」の文に出あい，理解することが求められる．要するに，我々がことばを使ってコミュニケーションをとるための前提としてあるのは，無際限に新しい文を産出したり，理解したりすることを可能にしていることばの知識，すなわち「言語能力」である．

以上のような抽象的な「言語能力」は，実際のことばの使用，すなわち「言語運用」とは区別して考える必要があるというのがチョムスキーの主張である．つまり，実際の発話などは人間のことばの言語運用の実体を表すものではあるが，我々の先天的な言語能力を正しく反映したものとは必ずしもいえないとされる．それはなぜかというと，実際の発話においては，さまざまな要因から，自分の言いたいことを自分の思っていたとおりには言えていないことが多々あるからだ．例えば，極度の緊張により，言いたかったことを忘れた，あるい

は，聞き手に話を遮られ，不完全な文のまま発言を終えてしまったということは日常生活においてはよくあることだ．言い間違いを例にみてみると「言語運用」の実態がより明確になるかもしれない．例えば，「パジャマ」と言おうとして「パまき」[1]と言ったとしよう．この場合「パまき」は実際に我々が観察している「言語運用」の能力を反映したものではあるが，「言語能力」そのものではない．もちろん，「言語能力」と「言語運用」は似て非なるものではあるのだが，互いに密接な関係にあることはたしかだ．実際我々の脳内に存在する「言語能力」は直接観察することはできない．その正体を知るためには，実際の「言語運用」から得られたデータを手がかりとしていくことになる．先の「パまき」の例でいうならば，「言語運用」から得られた「パまき」を手掛かりとしながら，「言語能力」について考察をすることになる．なぜ「パジャマ」が「パまき」になったのか，仮に「パジャマ」と「ねまき」の混成エラーとして出てきたのであれば，なぜ「ジャマねま」にはならないのであろうか．言語運用上の「失敗」から「言語能力」について考察し，その本質に迫るということも言語研究の重要な手法の1つである．

　以上みてきた「言語運用」と「言語能力」という概念に基づいて「音声学」と「音韻論」の関係を捉えてみるならば，前者はどちらかというと「言語運用」に軸足をおきながら言語音を研究対象とするのに対し，後者は，より「言語能力」に軸足をおいていることになる．

　次節では，この2つの研究領域についてより詳しく取り上げてみることにしよう．

1.3. 「音声学」vs.「音韻論」

　音声におけるコミュニケーションは基本的に図1に示すように，話者が音声器官を駆使して音声を発し，その音声が空気に波動（音波）を生じさせながら聴者の聴覚器官を刺激することで成立するプロセスである（杉森ほか（1996: 7））．

---

[1] 寺尾（2002: 158）．

図1 音声コミュニケーション

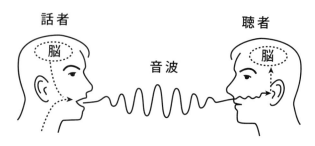

表面的には話者が音声の送信者，聴者が受信者というごくシンプルな関係に基づいてコミュニケーションが行われているようにみえる．しかし，我々が音声を生成し，知覚するためには図2に示すような「ことばの鎖」とよばれる一連の情報交換の通路が実は背後に存在する（Denes and Pinson (2015)）．

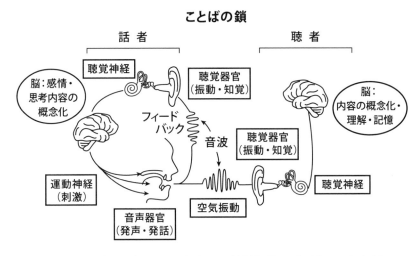

図2　ことばの鎖（Denes and Pinson (2015: 7) に基づき，一部改変）

音声学も音韻論もともに言語音を研究対象としていることから，両者はもちろん密接な関係にあり，明確な境界など存在しない．しかし，敢えて両者を区別するならば，図2内の四角で示した箇所が音声学の対象とする領域であり，楕円で示した箇所が音韻論の対象とする領域である．四角で囲った音声・聴覚器官や運動・聴覚神経の箇所は，比較的観察しやすい，より表層的な「言語運

用」と関連した領域である．これに対し，楕円で示した概念化に関わる箇所は，それよりも抽象度の高い，より深い，「言語能力」と深く関わる領域である．

　以上のことを踏まえ，音声学と音韻論をそれぞれ定義すると以下（2）のようにまとめることができる（Spencer (1996: 2)）：

(2)　Phonetics is essentially the study of the physical aspects of speech. Phonology is concerned with the linguistic patterning of sounds of languages.

すなわち，音声学とは音の物理的特性を研究する分野で，主に話しことばの音の調音や知覚，認知と深い関わりを持っている．これに対し，音韻論は言語音を体系的に捉え，さまざまな言語に共通する仕組みや規則について研究する分野である．同じ音に関する現象を研究対象にしているとはいえ，音声学と音韻論とではこのように軸足を置く領域に違いがあり，それゆえ音に対する見方も若干異なっている．音声学が心理学や医学，工学の分野と相性がよく，また論文で波形やスペクトル，周波数といった音響的な特性を示す図や表が多用されるのも頷ける．一方，音韻論は音声学よりも抽象的なレベルに着目していることから，取り扱う概念も必ずしも我々がその存在を直接実感できるものとは限らない．具体例に基づいてもう少し両者の違いに目を向けてみよう．

　英語における wanna 縮約（wanna contraction）は，want to という 2 語間にみられる一種の同化現象であるが，本来であれば want to という連鎖に一律に観察されてもよいはずだ．しかし，（3a）のように起こる場合と（3b）のように起こらない場合とがあることはよく知られている．

(3) a.　Who do you want to see? → Who do you wanna see?
　　　　（（あなたは）誰に会いたいと思っているの？）
　　b.　Who do you want to see Bill? → Who do you *wanna see Bill?
　　　　（（あなたが）ビルに会って欲しいと思っているのは誰？）
　　c.　Do you want to see who → Who do you want to see *t*?
　　d.　Do you want who to see Bill → Who do you want *t* to see Bill?

音声学的アプローチでは，まず実際の音声データを音響的手法で分析し，縮約の有無を検証することになるであろう．これに対し，音韻論的アプローチでは，実際の音声データに当たり，分析するというよりは，そもそも同じ want to の連鎖がなぜ縮約を起こす場合と起こさない場合とがあるのかに焦点を当て，その背後にある原則や規則を解明しようとする．時には，実際観察することができないような抽象的な単位や概念を用いて説明を試みることもある．wanna 縮約に関していうと，(3a) では許されて (3b) では許されないということを説明するために，痕跡 (trace: *t*) という抽象的な概念を用いて考察する．すなわち，(3a) の Who は文頭に移動する前はもともと see の後続位置にあり，移動の際，セミの抜け殻のようにその元の位置に痕跡 *t* を残すと考える ((3c))．同様に，(3b) の Who も痕跡を残すのだが，移動前の位置は want と to の間である ((3d))．つまり，(3c) と (3d) の下線部を比べるとわかるとおり，want と to は (3a) では隣接しているので縮約が許容されるのに対し，(3b) では間に痕跡 *t* が介在していることから阻止される（詳細は本書西原論文（第3章）を参照されたい）．

　上述に加え，言語学の入門書などではしばしば音声学的見方を「音の物理的な側面から観察する」とし，対する音韻論的見方は「音の機能面に注目する」と説明することもある．すなわち音声学と音韻論の研究手法の違いは換言するならば，「絶対的価値」と「相対的価値」のどちらに重きを置くかという違いともいえる．つまり，前者は言語音の物理的特性を含めた「絶対的価値」に，後者は言語音が当該個別言語において持つ「相対的価値」に焦点を当てている学問分野であることを意味する．以下，この「絶対的価値」と「相対的価値」の関係を，具体例に基づいて少し詳しく考えてみよう．

　言語音は図3に示したような音声器官に基づいて分類することができる．調音位置を示す［両唇］［歯茎］［硬口蓋歯茎］［硬口蓋］［軟口蓋］［口蓋垂］［声門］の7つの基準は，舌が接近する口腔内の受動調音器官の名称が基準となっている．

第1章 音の世界への誘い　　91

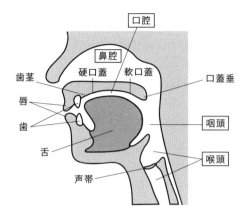

図3　音声器官

これは「音声学的」見方に基づいた「絶対的」な基準である．これらの基準を活用することで，例えば，/t/ や /d/ のような「歯茎音」は舌を歯茎に当てることで作り出せるなど，口腔内の「どこで」狭めをつくるのかがわかる．しかし，その狭めの起こる位置がわかっても，調音位置同士が互いにどういった関係にあるのかといった「相対的」な関係までは読み取ることができない．

今取り上げた調音位置に基づいた7基準を，音韻論的素性で整理しなおすとどうなるだろうか．図4をみてみよう（Ladefoged (1982: 248) に基づき，一部改変）．

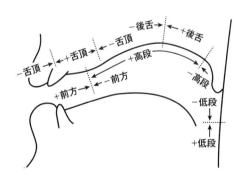

図4　「音韻素性」に基づいた音声器官の分類

図4内の素性は（4）に示す特性をそれぞれ持つ．各素性の特徴を有していれ

ば［＋］を，有していなければ［－］を付与する：

(4) 音韻素性に基づく分類に必要な5素性
　　［前方性］(anterior)
　　硬口蓋歯茎より前の部分に阻害があれば［＋］，なければ［－］
　　［舌頂性］(coronal)
　　舌端を持ち上げて発音すれば［＋］，そうでなければ［－］
　　［後舌性］(back)
　　舌の本体が後方へ引かれれば［＋］，そうでなければ［－］
　　［高段性］(high)
　　舌の本体が中立の位置より上に上がれば［＋］，上がらなければ［－］
　　［低段性］(low)
　　舌の本体が中立の位置より下に下がれば［＋］，下がらなければ［－］

7つの音声的調音位置を（4）の音韻素性に基づいて分類すると，以下の表1のようにまとめることができる（井上ほか (1999: 151)）：

表1　(音声学的) 調音位置と音韻的素性

	両唇	歯茎	硬口蓋歯茎	硬口蓋	軟口蓋	口蓋垂	声門
前方性	＋	＋	－	－	－	－	－
舌頂性	－	＋	＋	－	－	－	－
後舌性	－	－	－	－	＋	＋	＋
高段性	－	－	＋	＋	＋	－	－
低段性	－	－	－	－	－	－	＋

　7箇所の調音位置に基づく音声学的素性は，5つの音韻素性に基づいて捉え直すことができる．表1をよくみるとわかるように，音声学的素性に比べ，こうした音韻的素性は抽象的で，その存在を実感しにくい反面，調音位置同士の類似性や相違性が＋と－の値を比較することで相対的に読み取れる利点がある．こうした音韻論が前提とする相対的な関係性がわかると，音韻規則の適用の有無などの予測が立てやすくなり，言語現象をより俯瞰的な観点から捉えることが可能となる．
　一般的に素性に基づいて分析を行う際には，表1にある調音位置に関与す

る素性のほか，［子音性］や［共鳴性］といった主要音群に関する素性や，［継続性］，［鼻音性］，［粗擦性］といった調音方法に関する素性なども合わせて用いる．ただし，音韻素性は必ずしも絶対的かつ固定的な唯一無二の素性群が存在するわけではない．表1のように調音面の特徴に基づいて設定された素性もあれば，［低音調性―高音調性］，「集約性―拡散性」など，音の音響的特性に基づいて設定された素性群もある (Jakobson et al. (1951))．さらに，統率音韻論など一部の音韻理論では，独自の原子要素的素性を提唱し，＋や－の値を各素性に付与する二項的素性を認めない場合もある (Harris (1994))．

　素性以外にも，音声学や音韻論ではさまざまな単位を用いながら分析を行う．次節では，これらの中から言語音の分析において特に重要な役割を果たしている単位に目を向けてみよう．

1.4.　音の世界におけるさまざまな単位

　我々の身の回りには，実にさまざまな単位が存在する．重さを測りたければグラムやキログラム，長さを知りたければセンチやメートルなどを使って測ることになる．これらの単位は広く一般に認知されているが，なかにはメガバイト，ギガバイトなど，特定の分野でしか使われない特殊な単位も存在する．

　音の世界にも，音固有の単位が存在する．音の単位とはまったく無縁，と思っている人でも，実は日常生活において無意識のうちに音の単位に触れている可能性は高い．例えば，お気に入りのラジオ放送局は音波の1秒あたりの振動回数を表す周波数（ヘルツ Hz）をもとに選んでいるだろうし，工事現場付近では音の大きさを表す単位としてのデシベル（dB）で表示された数字を目にしているかもしれない．意外と身近なところに音の単位は潜んでいるものだ．

　音の単位はヘルツやデシベルといった音響的な単位だけではない．言語音にまつわるさまざまな現象を説明するために，いろいろな種類の単位を用いている．もちろん普段からその存在を実感しやすい単位もあれば，言われるまでまったく気づかない単位もある．例えば，一般的に我々が言語音を考える時に，一番意識しやすい単位といえばおそらく「音素」であろう．実際，「英語の /l/ と /r/ の区別がしにくい」というようなことは，別に言語学を専門としていない中学生でも，ごく普通の会話の中で言っていることである．また，「音節」という単位も，英単語のアクセントを覚える時に少し意識させられる

ことがあるかもしれない．これに対し，「モーラ」や「フット」はどうであろう．よほど言語学好きでない限り，これらの用語を聞いてすぐにその正体がわかる人はいないはずだ．

言語音の分析に用いる音の単位のうち，まずは語よりも小さいレベルの単位を次節で取り上げていく．

1.4.1. 語よりも小さい単位

一般的に音の単位は階層を成しているとされている（Selkirk (1986), Nespor and Vogel (2007)）．詳しい説明に入る前に，まずは語より小さいレベルに存在する音の単位を (5) にまとめておこう（Selkirk (1986) に基づき一部改変）：

(5)　音韻階層（語よりも小さい単位）

(5) に示してある音韻階層（Phonological hierarchy）では，（音韻）語が最大単位であり，逆に最小の単位が前節でも取り上げた素性である．[2] この２つの単位の中間に位置しているのがフット，音節，モーラ，分節音（音素）という単位である．

階層上の音韻単位同士の関係は，喩えるならば重量を表す単位間にみられる

---

[2] （音韻）語は語と同じと考えて問題はない．ただし，形態的１語が必ずしも音韻的に１語とはならない場合があるので（音韻）語と記す．詳細は後述 (1.4.1.3 節)．

関係に似ている．重さの単位においては，例えばトンの単位より小さいのがキログラム，キログラムより小さい単位としてグラムが存在している．つまり，これら3つの単位は以下（6）のような階層を成していると考えることができる：

(6)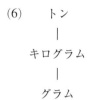

(6) のような階層関係にあることから，我々は1トン＝1,000キログラム＝1,000,000グラム，あるいは1グラム＝0.001キログラム＝0.000001トンといった形でこれらの単位を関連づけることができる．(5) に挙げた音韻階層も同様に，各音韻単位が互いに関連しており，例えば最大単位を出発点とするならば，1（音韻）語はフットという単位に分解でき，フットはさらに音節やモーラに分解できるということだ．逆に最小単位である素性を出発点とするならば，素性の束でできているのが分節音（音素），分節音が組み合わさってモーラや音節を成し，モーラや音節が組み合わさることでフットが形成される．

以下，(5) の音韻階層の内訳についてもう少し詳しくみてみよう．

1.4.1.1. 分節音（音素）vs 音韻素性

音韻素性については1.3節でも取り上げたが，これは別名「示差的素性」もしくは「弁別素性」ともいう．言語音同士の相対的な関係を捉える上では威力を発揮する素性ではあるが，一般的に，我々がこうした素性レベルを意識することは日常生活においてはないであろう．むしろ，一番意識しやすいレベルは，これらの素性の束によってできている，より大きい単位としての分節音（または音素）のはずだ．

　分節音と音素はともに1つの言語音を指し示す用語であることから，どちらも「単音」の意味で使われていると解釈して一般的にまず問題はない．ただ，厳密にいうと，音素とは，特定言語の中で「対立」している音，すなわち意味の違いを出す最小の音声単位のことをいう．これに対して分節音はこうした意味的対立を必ずしも前提としておらず，連続した発話から切り出した単音を指

し示す.

意味的対立が生じれば独立した音素とみなすということは，2 つの音が異なる意味を有する 2 語を生み出せば，その 2 つの音は「異なる 2 つの**音素**」になるということだ．このことを以下の（7）に挙げた例を用いながら具体的にみていくことにする.

   （7） a. /ka__a/
           b. /kana/ vs. /kara/
           c. /kara/ vs. /kala/

（7b）の /kana/ と /kara/ ように，1 音（つまり下線部の /n/ と /r/）だけが異なる語彙項目を最小対立語（ミニマル・ペア，minimal pair）という．最小対立語は，異なる音声特性をもつ 2 つの音が 2 つの「音素」であるかどうかを決定する際の基準となる．すなわち，（7a）の /ka_a/ の下線部に，異なる音声特性をもつ音を挿入し，意味の対立が生じれば，それは独立した「音素」となるが，たとえ音声特性が異なっていても，意味の対立が生じなければ，それは独立した「音素」にはならない．（7b）に挙げた例でいうと，日本語の場合，/kana/ は例えば「仮名」，/kara/ は「殻」に対応しており，意味の対立が生じる．これに対し，（7c）の /kara/ と /kala/ を比べると，音声特性（つまり音質）の違いを感じ取ることができたとしても，日本語においては意味の違いまでは生じさせることはなく，どちらも「カラ」として認識されるはずである．この結果，意味の対立が生じる /n/ と /r/ は日本語における 2 つの独立した音素とみなされるが，意味の違いのない /r/ と /l/ は 2 つの独立した音素とはみなされない.

異なる音声特性を有する 2 つの音が 2 つの音素であるかどうかは言語によって異なる．先の /r/ と /l/ は日本語の場合は独立した 2 つの音素としてはみなされないが，例えば英語においては 2 つの独立した音素となる．その証拠に，read/lead（読む／導く），right/light（右／軽い）などのミニマル・ペアが英語には存在する．2 つの音が 2 つの音素であるかどうかが言語によって異なるという点は，外国語学習の際に考慮すべきポイントの 1 つとされている．つまり，母語話者にとって「別もの」と認識される 2 音が，外国語において「同じもの」と認識される場合は特に問題はないが，母語話者にとって「同じもの」が外国語において「別もの」と認識される場合は厄介だ.

上記 /l/ と /r/ のほか，日本語母語話者にとって習得が難しいとされるペアと

してよく知られているのは, /v/ と /b/ (例：very/berry), /θ/ と /s/ (例：think/sink), /ð/ と /z/ (例：then/zen) である. これらはいずれも英語では独立した2つの音素としてみなされるが, 日本語では独立した音素ではない. 日本語母語話者でもそれぞれのペア間で「音質」が異なるということまでは感じとることができても, 意味の違いまでを生じさせることはない. つまり, 英語母語話者にとって, 「別もの」と認識される2音が, 日本語母語話者にとっては「同じもの」, すなわち, 独立した2つの音素とみなすことができない. たしかに, 英語母語話者にとって very '非常に' と berry '食用小果実, ベリー' はまったく意味の異なる2つの独立した語として認識されるが, 日本語母語話者にとっては, very と berry を聞き分けることは至難の業である. 習得が遅れるのも無理のない話だ. ただし, /v/ と /b/ で苦労するのは実は日本語母語話者だけではなく, 例えばフランス語母語話者など他の言語においても習得に困難が伴うとの報告がある (第2章参照). フランス語で /b/ と /v/ は独立した2つの音素のはずだが (bout /bu/ '端, 終わり', vous /vu/ 'あなた'), それでも苦労するとなると, 従来のように, 学習者の母語 (L1) の知識が外国語 (L2) に (悪) 影響を及ぼし, 負の転移 (negative transfer) 現象が生じるという見方だけでは外国語習得についての妥当性のある説明ができないことを示唆している. 実際, 近年の外国語教育においては, L1 に関係なく, 学習者にとって習得が困難な事項はおおむね共通している, という視点で学習上の困難さを捉える動きがある (Broselow et al. (1998)). このような言語の普遍性 (language universals) の観点から L2 習得を考える理論では, 有標性 (markedness) という概念を中心に据えることが多い.

　有標性 (markedness) は, 物事の「序列」を前提とした考え方である. 序列関係にある2つのもののうち, より基本的あるいは一般的な方を「無標」(unmarked), より特殊な, あるいは応用的なものを「有標」(marked) という. より応用的なものが存在するためには, それよりもより基本的なものが存在することが前提となる. このような含意 (implicational) 関係について「加減乗除」という概念を用いて考えてみよう.

　加減乗除という語自体が実は有標性に基づいた漢字配列を成している. 我々はまずたし算ができるようになり, その後に引き算ができるようになる. 引き算ができてからたし算ができるようになった, という人はおそらく皆無のはずだ. かけ算とわり算についても同じで, かけ算ができてからわり算ができるよ

うになる．すなわち，四則演算のうち，一番応用的なのはわり算で，かけ算，引き算，たし算の順により基本的な概念へと向かっている．応用的なわり算ができるためには，かけ算や引き算，たし算ができなくてはいけない．かけ算の場合は，引き算とたし算はできている必要があるが，わり算までは前提としなくてもよい．引き算はたし算ができる必要があるが，わり算，かけ算は前提としていない．すなわち，加減乗除は，もっとも基本的で無標な「加（たし算）」を出発点とし，「減」→「乗」→「除」の順に有標性のスケールに則って漢字が並んでいる．このような一般対特殊という関係は日常生活のさまざまな場面で観察されるが，同様の関係が言語構造においても存在するとされる．例えば，分節音の中には，諸言語に広く見られるものもあれば，まれにしかみられないものがある．母音について言えば，[a] はほとんどすべての言語に見られる一般的な分節音であるが，[æ] などはごく一部の言語にしか存在しない．さらに，通言語的にみて，幼児がはじめに獲得する母音は [a] であり，獲得言語に [æ]（例：英語の apple [æpl] 'りんご'）や [ö]（例：ドイツ語 shöne '美しい，素敵な'）が存在する場合，その獲得時期は遅れるということがよく知られている．有標性の考え方によると，このような分節音間の分布差は，その「自然度の差」に起因する．より特殊な [æ] や [ö] は，より広く分布している [a] を前提としており，この場合，より特殊な [æ] や [ö] は有標のもの，より一般的な [a] は無標のもの，ということになる．

　こうした有標性の考え方は母音だけでなく，子音にもみられる．摩擦音と閉鎖音を例に挙げて考えてみよう．例えば，日本語を母語とする幼児の発話には，破裂音化現象がしばしば観察される（おさかな→おたかな）．ところが，その逆の現象，すなわち，破裂音を摩擦音で代用する例はほとんど観察されない（たんぽぽ→ *さんぽぽ）．この傾向は，一部の幼児のみにみられる現象ではなく，日本語を母語とするほとんどの幼児の発話内において観察されるものである．さらに，この現象は決して日本語特有の現象ではなく，他の言語の獲得過程においても一般的によくみられる現象といわれている．英語でもthis > [dis] と置換するパターンは初期の音現象の代表的なものとされている（Parker and Riley (2005: 45))．しかし，その逆のパターン（/d/ > [ð]）は報告されていない．これは単なる偶然ではなく，もともと摩擦音よりも閉鎖音の方がより基本的なものであり，より複雑な応用的なものを基本的なもので代用することはあっても，その逆（つまりより基本的なものをわざわざ複雑な，応

用的なもので代用するということ）はない．

　もし外国語学習を有標性で捉えることが妥当であるとするならば，例えば，/b/ と /v/ の場合，/v/ を /b/ で代用することはあっても，/b/ を /v/ で代用することはない，と予測できる．実際のデータはどのようなことを語っているのだろうか（詳細は 2 章を参照されたい）．

1.4.1.2.　音節 vs モーラ

　日本語は 16 個の子音，5 個の母音，合計 21 個の音素から成り立っている．これに対して英語は 24 の子音と 15 の単母音と二重母音から成り立っている（Hammond （1999b: 2-3)）．音素の種類や数は言語ごとに異なるが，これらの音素は制約なしに自由に組み合わさっているわけではない．音素の組み合わせを規定する「型」が言語ごとに決まっており，この「型」を音節とよぶ．

　音節は母音（もしくはそれに準ずる要素）[3] を中心とする音のまとまりのことで，母音もしくは母音に準ずる要素が単独で音節を構成することもあれば，その前後に子音を伴って構成することもある．それぞれの音は特有のパワーを持っており，このパワーを「聞こえ度」（sonority）とよぶ．聞こえ度とは「ほかの分節音との比較における大きさ（loudness）のこと」と定義することができる（窪薗，本間 （2002: 113)）．(8) に示すように，子音的な性質が強ければ強いほど聞こえ度は低くなり，逆に母音的な性質が強ければ強いほど聞こえ度は高くなる（都田 (2014: 47)）：

(8) 　　　　　　　　　　　　　聞こえ度と音群の関係

（パワー小）　　　　　　　　　　　　　　　　　　（パワー大）

（聞こえ度低）　　　　　　　　　　　　　　　　　（聞こえ度高）

子音　　　　　　　　　　　　　　　　　　　　　　　　母音

⟵──────────────────────────────⟶

閉鎖音[4]　　摩擦音　　鼻音　　流音　　渡り音　　低母音　　高母音

一般的にどの言語においても，以下のような配列を原則としながら音素が並んでいる：

---

　[3] 共鳴性の高い渡り音，流音，鼻音など
　[4] 閉鎖後の開放の際に生じる破裂部分に着目して破裂音（plosive）ともいう．聞こえ度は主に声道の共鳴（閉鎖）度合との対応で考える概念であることから，ここでは閉鎖音を用いる．

(9) 閉鎖音―摩擦音―鼻音―流音―〈母音〉―流音―鼻音―摩擦音―閉鎖音

(9)のような音配列は母音を頂点とした「聞こえ度の山」を成しており，聞こえ度がもっとも高い母音を頂点としてその前では聞こえ度の小さいものから大きいものが並ぶ．母音の後ろでは，逆に聞こえ度の大きいものから小さいものへと並ぶ．今，便宜的に(8)の各音群の聞こえ度を数値化すると(10)のようにまとめることができる：

(10) 聞こえ度のスケール（＜は聞こえ度の大小を表す）
　　　閉鎖音 ＜ 摩擦音 ＜ 鼻音 ＜ 流音 ＜ 渡り音 ＜ 母音
　　　　1　　　3　　　5　　 6　　　7　　　 8

この聞こえ度のスケールに基づいて英語の plan '計画' の音節構造を記述すると(11)のようになる：

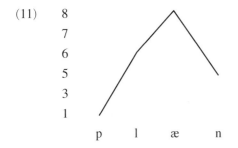

(11)において，語頭の閉鎖音 /p/ に続くのは，/p/ よりも聞こえ度の大きい /l/ であり，/l/ はさらに聞こえ度の大きい母音 /æ/ へとつながる．この頂点となる母音を境に，後続の音は徐々に聞こえ度が小さくなり，山の裾野へと向かう形をとる．スケール上の数字でいうと，閉鎖音 /p/ ＝ 1 → 流音 /l/ ＝ 6 → 母音 /æ/ ＝ 8 → 鼻音 /n/ ＝ 5 の連鎖となる．

このように，聞こえ度という基準を用いて分析をすると，「聞こえ度の山（ピーク）の数＝音節数」の関係にあることがわかる．つまり，音節とは，聞こえ度の高い要素が単独で，もしくはその前後に子音（群）を伴って形成されるものと定義することができる．英語の plan は山が1つなので，1音節語である．

聞こえ度と密接な関係にあるのが音節であるのに対し，それではモーラとは

いったいどのような単位なのだろうか．このことを考えるに当たって，まず聞こえ度のスケールに基づいて日本語の「プラン」を分析してみよう．

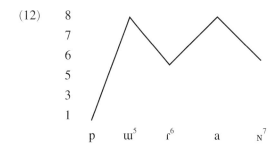

聞こえ度の山の数が音節の数に対応しているということなので，(12) の「プラン」は山 2 つ，すなわち 2 音節語である．英語では 1 音節語であった plan が日本語で 2 音節語となるのは，日英語で許容される音節構造の違いによる．つまり，日本語のほとんどの音節が「子音 (Consonant) + 母音 (Vowel)」連鎖から成っており，英語のようにさまざまな子音連鎖を認めることがない．従って，子音連鎖を含む英単語を日本語に取り込む際には，日本語の音節の型に合わせて子音の間に母音を挿入することが一般的だ．(12) は英語の子音連鎖 pl の間に母音が挿入され，その結果，英語とは異なり，日本語では山が 2 つとなる．[8]

ところで，「プラン」は 2 音節と聞いて不思議に思った人がいるかもしれない．どう考えても日本語母語話者にとって「プラン」は「3 のもの」であって「2 のもの」ではないはずだからだ．実はこの日本語母語話者の直感とのずれが「音節」と「モーラ」の正体を知る手がかりとなる．

音節が，聞こえ度という相対的な音の大きさに基づいた概念と深く関わっているのに対し，モーラは「長さ」の単位であるといわれている（窪薗・太田 (1998: 6)）．伝統的に，自然言語は英語のような「音節言語」と日本語のような「モーラ言語」に大別されるという見方が主流であった（Trubetzkoy

---

[5] 日本語のウ音（非円唇）を表す．
[6] 日本語のラ行音（弾音）を表す．
[7] 日本語の撥音を表す．
[8] /l/ → [ɾ], /n/ → [ɴ] という変化も伴う．

(1969)).しかし,近年では,このようないずれか一方に属するという"either or"的な発想ではなく,どの言語にも音節もモーラも必要,という立場をとる研究が目立っている.つまり,(5)の音韻階層は普遍的なものであり,モーラはもはや日本語特有の単位ではないという考え方が一般的になってきている.ただし,音節とモーラの違いを捉えやすいという理由から,以下,日本語の例を中心に,両者の関係について掘り下げてみることにする.

日本語においては,次の4種類の音が関与した際にモーラと音節のカウントが一致しなくなる:

(13) a. 撥音 kin 1音節2モーラ
b. 促音 kip(pu)(下線部のみ対象) 1音節2モーラ
c. 長音 kii 1音節2モーラ
d. 二重母音 kai 1音節2モーラ

上記(13a-d)はいずれも聞こえ度を基準にすると1音節であるが,実際に日本語を母語とする者であれば「キン」,「キッ」,「キー」「カイ」はいずれも「2のもの」という直感が働く.この「2のもの」は音韻的には2という「長さ」を感じ取っていることになり,この長さの単位こそが「モーラ」ということになる.

日本語においては通常モーラと音節の数は一致するが,(13)に挙げた撥音,促音,長音,二重母音の4種の音が関与すると,モーラと音節数が一致しなくなる.そのため,これら4つをまとめて「特殊モーラ」という.(12)の「プラン」も語末に撥音を含むので,音節とモーラの数が一致せず,(14)に示すように3モーラ2音節語となる:

(14)
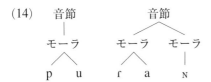

こうした音節とモーラの関係を踏まえ,日本語の音節を(15a)のように形式化する場合がある(Kubozono (1989)).英語の音節(15b)と比べると,英語は音節内の母音が右側に位置するコーダ子音と結びついてライムを形成する.これに対し,日本語の音節は母音が同一音節内の左側の子音との結びつきが強く,英語などのゲルマン語系言語の音節と比べると特殊な内部構造を有してい

ることがわかる．こうした構造を仮定することに慎重な立場もあるが (Labrune (2012) など)，少なくとも日本語母語話者の直感を反映した構造であるということはいえそうだ．

(15)　　a.　日本語の音節　　　　　　b.　英語の音節

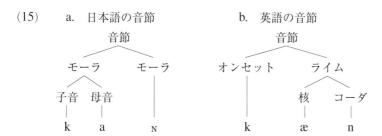

音節は月齢14か月ですでに獲得されるという報告もあるが (Mazuka et al. (2011))，モーラに関してはこれよりもかなり獲得が遅れているといわれている．3歳児から6歳児45名を対象とした産出および知覚実験では，5歳児でも長母音および促音がまだ安定していないという結果が得られている (Miyakoda and Kuriyama (2004))．また，ダウン症児を対象とした音韻分解操作課題では，「さ・る」「う・さ・ぎ」など音節数とモーラ数が一致している語の正答率のほうが，「パ・ン」「ぶ・ど・う」「はっぱ」など音節数とモーラ数が不一致の語の正答率よりも高いという報告もある (長並 (2011))．特に，誤答パターンに注目してみると，モーラよりも音節単位で分解が行われていることが示唆される結果が得られていることから，音韻操作能力が弱いとされるダウン症児の場合も，モーラに先行して音節が獲得されている可能性が高い．

　有標性との関係で音節を考えてみると，分節音同様に，音節構造にも，より自然な構造とそうでないものがあるとされている．もっとも多くの言語で観察され，なおかつ幼児が最初に獲得するといわれている「自然」な無標音節構造は「子音＋母音 (CV)」である．これ以外の構造，例えば尾子音がついたCVC 構造や頭子音を欠いた V 構造は，いずれも CV 構造の存在を前提とした，より有標な音節構造ということになる．日本語よりもはるかに複雑な音節構造を有しているオランダ語においても，音節構造の獲得はこのような有標関係に沿った過程を辿るようだ：

(16)

$$CV \rightarrow CVC \rightarrow V \rightarrow VC \begin{array}{c} \nearrow CVCC \rightarrow VCC \rightarrow CCV \rightarrow CCVC \searrow \\ \\ \searrow CCV \rightarrow CCVC \rightarrow CVCC \rightarrow VCC \nearrow \end{array} CCVCC$$

(Levelt and van de Vijver (2004: 209))

(16) をみると，オランダ語を母語とする子どもはまず無標構造である CV を出発点とし，その次に CVC → V → VC を順次習得していく．ここまではどの子も共通のパターンを示すが，この先から習得パターンは 2 通りある．一方のグループはまずコーダ位置の子音連鎖を獲得し，他方のグループはオンセット（出だし部）の子音連鎖を獲得する．要するに，子音連鎖を音節内のどの位置から獲得するかに応じて 2 通りの発達過程が観察される．そして最終的にはどちらのグループもオンセットとコーダ位置の両方の子音連鎖を獲得する．

1.4.1.3. フット（韻脚）

フットは，もともと詩の韻律を構成する基本単位である．英語などの強勢言語の場合，「1 つの強勢をもつ音節と，強勢をもたない 1 つ以上の音節から成る」単位を指し示す（窪薗・太田（1998: 175））．つまり，強勢を担う音節から，次の強勢を担う音節の直前までのひとかたまりがフットということになる．

　フットを理解する上で，強勢という概念が重要となる．そこで，まずは語強勢（word stress）と文強勢（sentence stress）の関係について整理しておくことにしよう．

(17) a.　Hump.ty, Dump.ty, sat, on, a[9], wall
　　　　S[10]　w　　S　w　　S　　S　　S　　S

　　 b.　Humpty　Dumpty　sat　on　a　wall.
　　　　| S | w | S | w | S | w | w | S |

英語においては，1 語内の特定の音節に必ず強勢が結びついている．これを語

---

[9]　一般的に文中などに現れる際は強勢を伴わない弱形（weak form）[ə] と発音するが，ここでは独立した 1 語であることから，強勢を伴った強形（strong form）[eɪ] と発音する．

[10]　強勢が付与される位置を S（Strong），強勢が付与されない音節を w（weak）と記す．

強勢という．つまり，各語が単独で発音される場合，1 音節語であればその母音に強勢が置かれ，2 音節以上から成る語は，その中の特定の音節の母音に強勢が置かれることになる．(17a) のように，列挙された語を発音する際には，1 語ずつが独立しているため，各語は必ず語強勢を伴って発音される．つまり，2 音節語の Hump.ty[11] や Dump.ty はそれぞれ第 1 音節の母音に強勢が付与され，1 音節語の sat, on, a, wall の場合も，それぞれの母音に強勢が付与される．ところが，これらの語が (17b) のように文（ないし句）の中で連続して用いられる際には，本来付与されていた強勢が置かれないまま発音される語が出てくる．つまり，文の中での強勢は，必ずしも語強勢と一致しているわけではなく，このような文の中で語が受ける強勢を文強勢という．(17a) と (17b) を比べてみると，Humpty, Dumpty, sat, wall は単独の場合と変わらず強勢を伴って発音されるが，on と a は (17a) では S を担っていたのに対し，(17b) では w，つまり強勢を伴わずに発音される．単独で発音する際には付与されていた強勢が句もしくは文中で置かれなくなる現象は，前置詞 on や冠詞 a などの「機能語」と呼ばれる語群で観察される．

　機能語とは，内容語と対を成す概念である．名詞，形容詞，副詞，動詞など具体的な意味を担う内容語に対し，機能語は，それ自体具体的な意味を担うというよりは，文構造等を成り立たせるための文法的な役割を果たしている語群のことをいう．前置詞や冠詞のほか，人称代名詞，接続詞，be 動詞，助動詞などはいずれも文中においては，特殊な意味を持たない限り，強勢が置かれずに発音される．すなわち，文強勢は内容語のみに与えられ，機能語には与えられない．

　(17b) では強勢を担う音節から次の強勢の出現箇所の直前までのひとかたまりを四角で囲ってある．この $\boxed{\text{S+w}}$ や $\boxed{\text{S+w+w}}$ 囲い 1 つ分が 1 フットに相当する．これらの構造をみると，フットは強勢を担う強音節 (S) が必ず 1 つ含まれているが，その条件さえ整っていれば，弱音節の数に関しては無頓着であることがわかる．Humpty や Dumpty のように w が 1 つでもよし，sat on a のように w が 2 つでもよし，さらには，wall のように w を含んでいなくてもよい．これに加え，フットは同一語内でまとまりを成すこともできるし（例：Humpty），また語よりも大きな単位でまとまりを成すこともできる（例：

---

[11] ‘.’ は音節の切れ目を表す．

sat on a).要するに，フットは英語のリズム単位であり，強勢のある音節の現れる間隔が時間的にほぼ等しいという英語の等時性の性質（isochrony）を反映した単位といえる．当然，強音節 S が重要な役割を果たすことになる．

ここで，(5) の音韻階層を思い出して欲しい．なぜ語ではなく，カッコつきで (音韻) 語と表示されているかがもうおわかりだろう．フットという単位は，上述のように，強音節から次の強音節が登場するまでの範囲を対象としているので，形態的な語という枠内にはとどまらない．つまり，(18a) と (18b) を比べてみると，どちらも韻律構造がまったく同じであるが，前者は語内，後者は (形態的) 語を越えている：

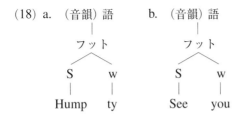

(18a) は正真正銘の「1 語」である Humpty のフット構造を表している．一方，(18b) は同一のフット構造ではあるが，対象となる "See you!"（'また会おうね！'）は厳密にいうと，形態的には see と you の 2 語から成るが，音韻的には「1 語」扱いとなる．つまり，(5) の音韻階層はあくまでも音韻的な「かたまり」を「語」とみなしており，このかたまりは必ずしも形態的な語に対応するわけではない．だからカッコ付きの (音韻) 語と記すことになる．

もともとフットは強勢との関係で想定された単位であったことから，強勢言語でない日本語においてはフットという単位は存在しないとされていた．しかし，フットの S w という「二項性」という特徴に着目してみると，日本語は 2 モーラを基本単位とする言語現象が多く存在することが指摘されるようになった (Poser (1990))．2 モーラが「ひとかたまり」として行動をしている例を挙げると (19) に挙げたような短縮形がある：

(19) a. 借用語の短縮形 (2 モーラに短縮)
  オペレーション ＞ オペ
  キャラクター ＞ キャラ

b. 複合語の短縮形（各要素の出だし2モーラの組み合わせ）
プリント・倶楽部　＞　プリ・クラ
マンガ・喫茶　＞　マン・キツ

現在，フットは言語によって2音節をひとかたまりとする場合と，2モーラをひとかたまりとする場合があると考えられている．「2のもの」を表す単位というふうに拡大解釈することで，強勢言語ではない日本語においても，フットという単位が，英語とは異なる形で用いられていることになる．

　以上，（音韻）語よりも小さいレベルの音韻単位を取り上げたが，次節では，語よりも大きい単位に目を向けてみよう．

1.4.2. 語よりも大きい単位

　（音韻）語よりも大きいレベルにおいてもさまざまな音韻単位が存在するといわれている (Nespor and Vogel (2007))．[12] 語よりも大きい単位は統語範疇の影響を受けていることから，韻律範疇 (prosodic categories) と一般的には呼ばれる．統語的「文」単位に匹敵する韻律範疇の最大単位を発話 (Phonological Utterance) といい，その下位範疇として音調句 (Intonational Phrase)，音韻句 (Phonological Phrase)，音韻語 (Phonological Word) が続く．それぞれの単位間の関係は (20) のように表すことができる：

(20)

(20) の各音韻範疇は階層を成しており，音韻語が組み合わさることで音韻句

---

[12] Nespor and Vogel (2007) では，音韻句と音韻語の間に，接語群 (Clitic Group) という韻律単位を想定している．さらに Vogel (2009) では接語群の代わりに心理言語学的根拠に基づき，CG (Composite Group) の導入を提案している（定訳はないが，「複合群」，「合成群」の意）．ただし，どちらもここでの例文には直接関与しないため，含めないこととする．

を形成し，音韻句が組み合わさることで音調句を成し，音調句が組み合わさることで（音韻的）発話となる．（（音韻的）発話を出発点とするならば，発話は音調句に分解でき，音調句は音韻句に，音韻句は音韻語に分解可能となる．）

韻律構造は，通常統語構造に対応して決定されるといわれている（つまり写像（mapping）関係にある）．しかし，両者がいつもまったく同一かというとそうではなく，時に統語構造とは独立した音韻的な「かたまり」を想定することが求められることがある．統語構造とは独立した音韻範疇を設けることの妥当性を (21) の例に基づいて確認してみよう．(21a) も (21b) も同じ内容を表している（ただし，煩雑さを避けるため，(21b) は (21a) の S と NP 以外の構造は省略してある）．(21a) のような表示は文の統語構造を読み取りやすいというメリットはあるものの，1 ページのかなりの行数を占めることになることから，通常は (21b) の形で記述することが多い．

(21)

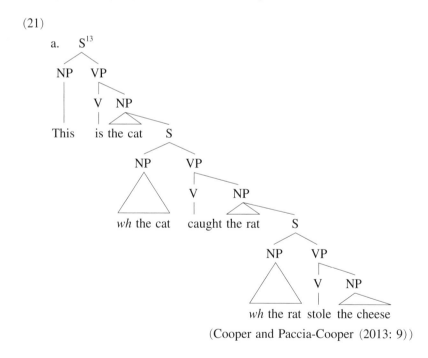

(Cooper and Paccia-Cooper (2013: 9))

---

[13] S＝文，N(P)＝名詞（句），V(P)＝動詞（句），wh the cat/rat＝関係代名詞 (that).

b.

[$_S$ this is [$_{NP}$ the cat [$_S$ (*wh* the cat) caught [$_{NP}$ the rat [$_S$ (*wh* the rat)
  ‖   ‖
  that   that

stole the cheese]$_S$]$_{NP}$]$_S$]$_{NP}$]$_S$

(21) の 1 文は一般的には（22）に示した「かたまり」ごとに発音される
(Nespor and Vogel（2007））：

(22)　[$_{IP}$ This is the cat] [$_{IP}$ that caught the rat] [$_{IP}$ that stole the cheese]

(IP＝音調句)

(21) において，出だしの 8 語には [$_S$ this is [$_{NP}$ the cat [$_S$ that caught [$_{NP}$ the rat]]]] のような統語的境界が存在するのに対し，（22）の音韻的な構造では 8 語が 2 つの音調句としてのまとまりを成している．もし統語範疇と音韻範疇がまったく同一であれば，わざわざ両者を別立てで設ける必要はないのだが，統語構造と韻律構造を分けて考えなければ説明ができない音現象が英語のみならず，さまざまな言語で観察されている（詳細は第 3 章を参照されたい）．

1.5.　まとめ

　1.4 節では，大小さまざまな言語音に関係する単位を中心に取り上げてきたが，言語単位というものは，その言語の使用者がその存在を比較的自覚しやすいものもあれば，その存在を自覚することなく，無意識のうちに脳内の知識（＝言語能力）として身に付けているものもある．言語研究で扱う単位の多くは，直接的にその実在性を証明することが困難であり，言語運用において観察される現象をもとに，「こういう単位を認めることでこの現象を正しくとらえることができるのではないだろうか」といった間接的なアプローチしかとることができない場合が多い．そういった意味では，ある言語単位の妥当性を見極めることは重要でありつつも，極めて困難な作業であるともいえる．また，このような言語学の研究手法が，ややもすると，言語能力そのものの解明に終始するあまり，言語学は実際の言語行動や言語事実を無視しているという印象を与え，本章冒頭部の「アームチェア・ディテクティブ」としての言語学者への厳しいコメントにつながるのかもしれない．

さらに，外国語学習との関係で考えるならば，これまで紹介してきたさまざまな単位のどの側面がその言語を習得する上で重要なのか，つまりどの項目を優先して学習すべきかというのは指導する側も学習する側にとっても最大の関心事ではないだろうか．

従来の日本における発音指導は，英語母語話者のみを想定し，標準アメリカ英語（General American（GA））や標準イギリス英語（Received Pronunciation（RP），General British（GB））にしか関心を持たずにいた．しかし，英語が国際共通語，世界共通語（English as an International Language（EIL），International English，Global Englishes）として使用されている昨今，我々が英語の母語話者とコミュニケーションをとる機会と同じくらい，あるいはそれ以上に，非母語話者と英語でやりとりをしなければならない場面が今後ますます増えていくであろう．そうなると，非母語話者間でも意思の疎通がはかれるよう，新たな視点で発音指導を行う必要が出てくる．

Jenkins（2000）によって提唱されている「共通語としての英語の核」（Lingua Franca Core（LFC））では，以下のような項目を優先的にまず身に着ける必要があるとされている：

(23) a. /θ/ と /ð/ を除く子音すべて
　　 b. 語末位置を除く子音連鎖
　　 c. 緊張母音と弛緩母音（例：seat vs. sit）
　　 d. 強勢位置

Jenkins によると，子音の誤りは聞き手の理解の妨げとなりやすいので，th の発音を除いてきちんと発音できるようにすることを推奨している（(23a)）．また，子音連鎖に関しても，特に語頭と語中のものについては，簡略化してはいけないと主張している．例えば，語頭に子音連鎖を含む string を sting やtring などと発音しては聞き手との意思疎通に支障をきたすことになるので気を付けないといけない（(23b)）．母音に関しては緊張と弛緩の違いをはっきりとさせることのみに触れている（(23c)）．緊張と弛緩の違いが母音の分類として有効かどうかは研究者間でも意見の分かれるところではあるが，少なくとも英語においては，緊張母音と，それよりもより「弛緩」な母音から成るミニマル・ペアは多く存在する（例：bead-bid，peak-pick，seat-sit や cooed-could，fool-full，pool-pull など）．そういった意味では，母音習得の際には優先的に

取り上げるべき事項なのかもしれないが，そもそも母音は子音よりも方言差や個人差が大きいため，学習の際にはこの点も考慮する必要がありそうだ．日本語母語話者の英語音声習得に限っていうと，緊張と弛緩の違い以上に，母音の弱化や挿入に関する問題のほうが，韻律特徴への影響が大きく，「日本語訛りの英語」から脱する際の鍵といえよう（詳細は第2章を参照されたい）．

　韻律レベルでの注意事項としては，強勢を正しい位置に付与することを挙げている（(23d)）．実際，sécondary（'副次的'）の強勢位置を誤って第1音節ではなく第2音節に付与すると（つまり secóndary），cóuntry（'国'）と誤解されてしまうといった事例は多く報告されている．(23a-c) はいずれも分節音レベル（segment）の注意事項で，韻律（prosody）に関する注意事項は (23d) のみであり，どちらかといえば LFC は韻律よりは分節音に重きを置いている点が特徴といえる．これに対して異論を唱える研究者もいるが（例：Dauer (2005)），LFC の核（core）を見出す基準は母語話者の発音モデルではなく，非英語母語話者同士が相互に理解し合える要素に着目している．こうした非英語母語話者同士が円滑にコミュニケーションを行う際の発音は，母語話者にとって理解しやすい発音とは必ずしも一致するとは限らない．この点を考慮するならば，LFC は新しい発音指導のあり方を考える上で大いに参考となる点があるといえよう．

　次章では，LFC を含め，「世界の共通語としての英語」の視点を考慮した日本語母語話者の英語音声習得について取り上げる．

第2章

第一・第二言語の音声特性と音声習得

2.1. はじめに

音声学は話し言葉の音の調音や発声，音の知覚や認識，また音の物理的特性を研究する分野である．音声学は大きく分けて，調音音声学，聴覚音声学，音響音声学の3つの分野からなり，言語学の観点からの音声研究，心理学や言語習得の観点からの音声研究，医学や工学の分野からの研究と非常に学際的である．それぞれの分野は相互に関連しあい，個々の言語の音や，人間の音声理解，母語（以下 L1 とする）や第二言語（以下 L2 とする）の音声習得，音声教育への応用，また昨今では人間と機械，機械と機械の音声理解などの研究が行われている．

本章では言語学的見地からの音声研究，特に第二言語習得を中心とした音声研究を軸として，理論と研究方法を交えながら，日本語話者の英語音声，特に分節音の習得を中心に考察する．英語音声の習得を中心に取り上げるのは，2020 年の小学校3年生からの英語必修化を踏まえ，様々な研究の需要が見込まれるからである．コミュニケーションを中心とした英語音声教育の必要性が求められているが，実際の教育現場では必ずしも十分な発音教育が行われているとはいいがたい．外国語の音声習得において，特に臨界期以降において母語の影響は通常避けられない（Lenneberg (1967)，Patkowski (1989)）．小学校からの英語教育が始まっても，これまでと同じ音声習得の問題は引き続き起きるだろうし，日本語が母語でない生徒に対する英語の音声指導も必要となろ

112

第2章　第一・第二言語の音声特性と音声習得　　　113

う．また昨今の世界英語（World Englishes）の研究を見据えて，これまでのように英語母語話者にどう聞こえるか，英語母語話者にどう評価されるかといった対英語母語話者とのコミュニケーションだけを想定した英語音声学習，音声教育だけを想定した研究は，あまり現実的ではない．世界共通語としての英語（International English, Global Englishes）の中での日本語話者の英語の特徴を検証し，理解しておく必要がある．

　本章では，言語の多様性の観点から，世界英語に軸を置き，従来のような標準アメリカ英語（GA: General American）や標準イギリス英語（RP: Received Pronunciation または GB: General British）などだけが正しいとはとらえず，第二言語としての英語も英語の一部という立場をとる．しかし以下の節では，一般的な第二言語音声習得研究や教育，また工学的応用の現実的立場も考慮し，アメリカ英語などの *Inner Circle*（Kachru（1985））の英語を便宜上規範のモデルとし，その発音との比較をしつつ，様々な英語音声の特徴も考察する．

2.2.　日本語母語話者にとって習得が困難な英語の音

2.2.1.　日本語話者の英語音声エラー

　日本語母語話者の英語音声習得には，どのような問題があるのだろうか．中学・高校の英語学習者に英語の音で習得が難しいものを尋ねると，子音を挙げる学習者及び教員が多い．[14] しかし，実際に日本語話者の英語の発音が，モデルとなる英語母語話者の発音と比較して著しく異なっている点，異なる分節音と判断された音などの結果を見ると，現実の日本語話者の英語音声習得の問題は，母音に関わる問題のほうが多い．

　音声発話コーパスを用いて，日本語話者の英語の発音を英語母語話者（アメリカ英語）の発音と比較・検証した研究（Kondo et al.（2015））によると，日本語話者の英語の発音の問題点は，子音よりも母音の問題のほうが圧倒的に多い．日本語母語話者の英語音声発話を収録した J-AESOP コーパス（Meng et al.（2009），Visceglia et al.（2009），Tsubaki and Kondo（2011），Kondo et

---

[14] この調査は，著者が英語プログラムに関わっている群馬県の公立中学校と埼玉県の県立高校の生徒へのアンケート調査による．

al. (2015)) の中から，英語習熟度が初級（かろうじて言っていることの意味が分かる程度）から上級（ほぼ英語母語話者並み）にわたる 94 名がイソップの寓話の "The North Wind and the Sun"（日本語訳『北風と太陽』）を音読したものを用い，分節音の発音が英語母語話者の発音とは異なると判断されたものを集計した．"The North Wind and the Sun" の英語のテキストには，英語の音素がすべて網羅されているため，音声研究ではよく用いられる（International Phonetic Association (1999))．このコーパスは，隠れマルコフモデルツールキット（HTK)[15]を用いて，録音された連続音声データを自動的に分節音に区切る強制自動アラインメントをほどこし，さらに正確さを増すためにアラインメントのエラーを手修正したものである．英語の自動アラインメントのために参照した辞書は DARPA TIMIT Acoustic-Phonetic Continuous Speech Corpus (Garofolo et al. (1993)) で，標本数に片寄りはあるものの，(a) アメリカの主要な八つの方言（New York City, West, North East, North, North Midland, South Midland, South, Army Brats）と (b) 異なる人種と文化背景を持つ男女と (c) 20 代から 70 代までのアメリカ英語母語話者 630 人の発話からなる（Keating et al. (1994))．この英語母語話者の発音を想定した辞書だけでは，日本語訛りの英語の強制自動アラインメントには対応できないため，日本語訛りの英語の音素列を推測した別の辞書を作成し，HTK の辞書に組み込んだ（Tsubaki and Kondo (2011))．この自動アラインメントも必ずしも 100％正しいとは限らないが，人間が判断するよりも一定の基準を保って分節音の種類を判断できる．

---

[15] 統計データを元に確率的にデータを扱うことで音声を認識する "隠れマルコフモデル" による音声認識のツールキット．

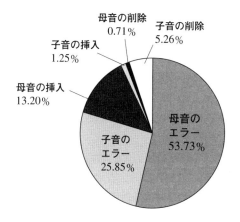

図1 アメリカ英語の発音と比較してエラーと判断された日本語話者の英語の発音．総数 6,620 例のうちの割合（％）．

エラーの内訳は図1の通りで，規準としたアメリカ英語の発音と異なるエラーと判断された子音は 6,620 例中 1,711 例（25.85％），母音のエラーは子音のエラーの2倍以上で，3,557 例（53.73％）あった．

以下の節ではまず，日本語話者の子音の習得の問題について考察し，続いて母音習得の問題について論じる．最後に音声発話コーパスを用いて日本語話者の英語音声発話を検証した結果を紹介する．

2.2.2. 英語子音習得の問題
2.2.2.1. 子音の分類

子音は，音韻的には数少ない例外を除いて音節の中心を担わない音であり，音声的には産出時に気流の流れが調音器官によりさえぎられ生成される音である．音声的には子音は，（i）気流が肺で生成されるか（肺臓気流（pulmonic air stream mechanism））否か（非肺臓気流），（ii）気流が調音器官の内から外に向かって流れる外向的産出法（egressive）か，外から内に向かう内向的産出法（ingressive）をとるか，（iii）生成に声帯の振動を伴う（有声音）か否（無声音）か，（iv）軟口蓋が下がって気流の一部が鼻腔から外に出る（鼻音）か，軟口蓋が上がって気流が口腔のみから外にでる（口音）か，（v）調音器官のどこで狭めまたは閉鎖が起きるか（調音位置），（vi）調音位置でどのような閉鎖やどの程度の狭めが起きるか（調音法），で分類される．

基本的にこのような調音による分類によって，世界の言語に存在するほとんどの子音が類型化できるが，非肺臓器流音と内向的産出法は有標な特性，つまり一般的な調音ではない．日本語も英語も他の多くの言語と同様，言語音としては肺臓気流音しか持たず，産出法も外向的産出法しか使わない．しかし，日本語と英語は子音体系が大きく異なるため，日本語話者が英語の音を習得するうえで，様々な問題が生じる．以下に具体的に述べる．

2.2.2.2. 日本語話者の英語子音の習得の問題点

日本語との音素体系の違いにより，/l/, /r/, /v/, /θ/, /ð/, /ʒ/ などの日本語では独立した音素でない英語の分節音は，音声的に近い日本語の他の子音で代用したり，他の似た音と聞き間違えるなどの混乱が生成・知覚の両面で起きる．特に，/l/ は /r/ と，/v/ は /b/ と，/θ/ は /s/ と，/ð/ は /z/ との区別が難しいことはよく知られている（小泉・杉森 (1988)，Collins and Mees (2013)，Rogerson-Revell (2011)，Cruttenden (2014) 等）．音声的に似ているが物理的特性が異なる複数の音が同一の音素に該当する時，これらの音はその音素の異音（allophone）という．例えば [θ] は無声歯間摩擦音，[s] は無声歯茎摩擦音と，音声的には似ているが物理的には異なる音である．しかし，日本語母語話者にとってはどちらも同じ音素 /s/ の範疇の音と認識され，[θ] と [s] を交替しても意味の違いは生じない．つまり日本語では [θ] は /s/ の異音である．日本語話者のこれらの音素の習得の問題は，他の L2 音声習得でも指摘されており，フランス語における /b/-/v/ の習得（Detey and Racine (2017)）やパンジャーブ語における流音 /ɾ/-/ɽ/-/l/-/ɭ/ の知覚（Shinohara et al. (2015)）などの研究が報告されている．また日本語に存在する音素でも，音素配列規則の関係で音韻環境によっては習得が難しく，他の音素との区別が困難になる場合がある．例えば，歯茎摩擦音 /s/ は日本語話者にとって通常難しい音ではないが，後続母音が /i/ の時に後部歯茎摩擦音 /ʃ/ と生成と知覚の両方で混乱が生じる．日本語では /s/ に /i/ が続くときは硬口蓋化が起き，[s] ではなく異音の歯茎硬口蓋摩擦音 [ɕ] となるため，/si/ は普通 [ɕi] と発音される．英語には /ɕ/ はないが，[ɕ] と調音的に近い後部歯茎摩擦音 /ʃ/ があり，/ʃ/ も /s/ も独立した音素であるため，どちらも前舌高母音 /i, ɪ/[16] の前に起き，/si/ と /ʃi/，/sɪ/ と /ʃɪ/

---

[16] どちらも日本語話者にとっては /i/ の認識である．2.2.3.2 節参照．

は音素的に対立する組み合わせである．しかし，日本語で [s] は /i/ の前には起きないため，[ɕi] に近い /ʃi, ʃɪ/ と異音 [ɕ] が起きる /si, sɪ/ の環境では /s/ と /ʃ/ の区別が難しい．同様に，/h/ も /u, ʊ/[17] と /ɔ, ɒ, ou, əʊ/[17] が後続する時は，/f/ との区別が難しい．日本語に /h/ はあるが，日本語の /h/ は後続母音が /i/ のときは硬口蓋摩擦音 [ç]，/u/ のときは両唇摩擦音 [ɸ] となる．日本語には /f/ はないが，[ɸ] は唇歯摩擦音 [f] と調音が近いため，日本語話者にとって [ɸ] は英語の /f/ の代用とされる．しかし，日本語で [ɸ] には最近日本語に取り入れられた外来語以外では /u/ 以外の母音は続かないため，英語で /f/ と /h/ に /u, ʊ/ が続いたときに /f/ と /h/ の区別が困難になる．これらは，英語からの外来語のカタカナ表記で *hood* と *food* がどちらも "フード" と表記される例からも分かる．また，/f/ に /ɔ, ɒ, ou, əʊ/ が続く英語からの外来語も *headphone* は "ヘッドホン"，*platform* "プラットホーム"，*foil* "ホイル"，*siphon* "サイホン" とハ行 /h/ で書かれることが多く，実際に *holder* と *folder* の区別が難しいなど，/h/ と /f/ の区別は，素配列規則の影響により習得が困難な英語の子音の 1 つである．同様の例は他にも /t(i, ɪ)/ vs. /tʃ(i, ɪ)/，/z(u, ʊ)/ vs. /dz(u, ʊ)/ などがあり，数多くの研究がなされている (Lovins (1975)，小泉・杉森 (1988)，Collins and Mees (2013)，Cruttenden (2014) 等)．

　実際，2.2.1 節の図 1 にあるように，日本語話者の英語音声のエラーには多くの子音のエラーが含まれる．しかし，このエラーの判断では "モデルの発音としている TIMIT の辞書と比較して，異なる音素と認識されるか否か" が基準であるため，L2 英語音声研究上重要で多くの研究事例があっても，標準アメリカ英語で同じ音素の異音の範疇である場合は，自動アラインメントでは異なる音とは認識されない．例えば，/p, t, k, b, d, g/ のような破裂音[18]は，調音体同士の閉鎖が開放された時点を基準とし，後続母音や接近音の声帯の振動が始まるまでの有声開始時間 (voice onset time (VOT)) により，各言語で有声・無声が区別される．閉鎖の開放よりも声帯の振動の開始が遅れる場合，VOT は正の値とし，閉鎖の開放よりも声帯の振動が早く始まる場合，VOT は負の

---

[17] 日本語話者にとって /u, ʊ/ はどちらも /u/，また /ɔ, ɒ/ と二重母音 /ou, əʊ/ の最初の母音 /o/ と /ə/ は日本語の /o/ の認識である．2.2.3.2 節参照.

[18] "破裂音" は生成時に必ずしも破裂を伴わないものもあり，"(口腔) 閉鎖音" と呼ぶ研究者もいるが，閉鎖音は厳密には "鼻音 (鼻腔閉鎖音)" も含むため，本章では破裂音を用いる.

値とされる．一般的に，無声破裂音は VOT が正の値で，有声破裂音は VOT が負の値であることが多いが，英語の有声破裂音は，強勢が置かれる音節の頭や語頭の場合は，有声音でも声帯の振動の開始が閉鎖の開放よりも若干遅れるのが一般的で，有声・無声の区別は VOT の正・負ではなく，正の値の大きさによる．また，英語の無声破裂音 /p, t, k/ は，同じ無声音であっても現れる環境により VOT の長さが異なる．特に強勢の置かれる音節の頭に現れる場合は，通常強い気息を伴うため，破裂時を基準として有声開始時までの時間が長く [pʰ, tʰ, kʰ]（上付きの ʰ は気息を伴うことを表す補助記号）となるのが普通である．一方，日本語の /p, t, k/（[p, t, k]）は若干気息は伴うものの，英語の [pʰ, tʰ, kʰ] ほど有声開始時間は遅れないので，英語母語話者の /p, t, k/（[pʰ, tʰ, kʰ]）とは音声的には異なるが，/b, d, g/ と認識されるほど VOT は短くなく，/p, t, k/ の異音の範疇なのでエラーとはならない．図 2 の子音のエラーは，J-AESOP コーパスのうち "The North Wind and the Sun" の音読を分析したものであり，各分節音の数は制御されていないため，日本語話者が苦手とする英語の分節音のエラーの割合を正確に表しているとは限らないが，先行研究で指摘されてきた問題のある分節音と大体一致する．

　しかし詳細を検証すると，/l/ と判断されなかった標本は 418 例あったものの，/r/ と判断されなかった標本は 124 例で，そのうちの多くが歯茎たたき音の [ɾ] であった．日本語のラ行子音の典型的な発音である [ɾ] は，英語でもスコットランド方言やフィリピン英語など，方言によってはよく使われる /r/ の異音の一つである．アメリカ英語では一般的ではないが，必ずしも間違った発音とは言いきれない．一方，このコーパスで発音のモデルとしているアメリカ英語では，[ɾ] は音素ではないものの，/t/ と /d/ の異音として起きる．いわゆる tapping と言われる現象で，*better* の /t/ や *ladder* の /d/ のように，/t/ と /d/ が母音間でかつ強勢のない音節末に起きるとき [ɾ] となるが，どちらも [t] または [d] で発音しても間違いではない．また，学習者や教育現場で指摘が多い /v/ についても，学習者が感じているほど間違いは多くなく，特にこのコーパスに限っては，/v/ を /b/ で発音する例は見られたが，/b/ を /v/ で代用した例は見られなかった．

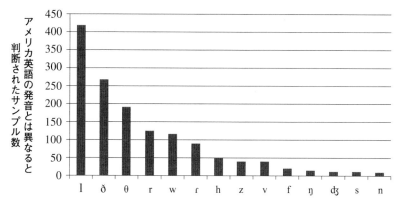

図2 アメリカ英語母語話者の子音の発音と異なると判断された日本語母語話者の英語の子音の数（総数1,404標本）

歯間摩擦音の /ð/, /θ/ も /l/ についでエラーが多かった分節音で, /ð/ は /z/ ([dz]), /θ/ は /s/ の代用が一番多かった．しかし /ð/ と /θ/ に関しては，いわゆる *Outer Circle* (Kachru (1985)) と言われる新興英語圏の英語では使われないことが多い．例えば，シンガポール英語，フィリピン英語，ブルネイ英語や，ナイジェリア英語では /θ/ を [t] で発音し，同じナイジェリアでもハウサ語圏の英語では日本語話者と同様に [s] で代用する (Wells (1982), Gut (2005))．また，イギリス，アメリカ，ニュージーランドなどの *Inner Circle* の英語でも /ð/, /θ/ がそれぞれ [v], [f] と発音される *th*-fronting と言われる現象も起きている (Wells (1982), Labov (1994), Wood (2003))．つまり，学習者も歯茎摩擦音 /ð, θ/ が使えなくても，コミュニケーション上致命的ではない．このように，このコーパスに関しては，日本語話者の英語子音の発音は，モデルの発音とは異なるものの，間違いとは言い切れない発音を多く含み，純粋な間違いの例はもっと少ない．

2.2.3. 母音
2.2.3.1. 母音の分類

母音とは，音韻的には音節の中心を担う分節音である．音声的には生成時に，声道内に閉鎖や明らかに気流を妨害するような狭めを作らずに調音する音であり，通常生成時には声帯の振動を伴う有声音である．同一条件下では子音

よりも音圧が強く，聞こえ度が高い．母音は音声的には，(i) 開口度または舌
の最高部の高低により，狭母音（高母音）・半狭母音（半高母音）・半広母音
（半低母音）・広母音（低母音），(ii) 舌の最高部の前後の位置により前舌・中
舌・奥舌，(iii) 唇の丸めの有無により円唇・非円唇，と分類される．その他
にも，(iv) 舌根が前に移動することにより，咽頭が広げられる前方舌根性
(advanced tongue root (ATR)) の有無，(v) 同一音節内で母音に /r/ が後続す
ることで，母音に /r/ の音色が加わる R 音化 (rhotacization) の有無，(vi) 母
音に鼻音が隣接することで起きる鼻音化の有無，なども母音の特性を表す．し
かし，2.2.2.1 節の冒頭で述べたように，子音の違いは基本的に調音により説
明・類型化できるが，母音の違いは上の (iv)，(v)，(vi) のように調音の仕方
が一様ではない特性もあるため調音だけでは説明できず，聴覚的印象によると
ころが大きい (Ladefoged and Johnson (2015)，Cruttenden (2014))．以下
に述べるように分類の仕方も様々で，音声学や音韻論で伝統的に用いられてき
たものの，音声的，音響的定義が確立していないものもあり，ほぼ同じ事実や
概念に対し，複数の異なる分類方法が存在するなど一様ではないが，本節の理
解に役立つよう，基本的概念についてまとめて解説をしておく．

　母音は上記の音質 (quality) の違いだけでなく，/i/ と /iː/，/a/ と /aː/ のように，
長短を表す音量 (quantity) の違いもある．英語の場合，*feet* /fiːt/ と *fit* /fɪt/，
fool /fuːl/ と *full* /fʊl/ の各組の母音は，音質と音量の両面で異なり，*/ɪː/ や
*/ʊː/ は存在せず，/i/–/iː/，/u/–/uː/ といった対立もないため，長さを表す /ː/ の
記号は不要という考え方もある．音質と音量以外の母音の分類法としては，緊
張母音 (tense) と弛緩母音 (lax) の区別がある．緊張母音と弛緩母音は，母音
の弁別素性として音韻論で使われてきた概念で，緊張母音は生成時に調音器官
の緊張を伴う母音で，英語では /i/，/ɑ/，/ɔ/，/o/，/u/，/ɝ/ などと二重母音がこれ
にあたる．弛緩母音は緊張母音に対立する母音で，英語では /ɪ/，/e/（/ɛ/），/æ/，
/ʌ/，/ɒ/，/ʊ/，/ə/ 等がある．この緊張母音・弛緩母音は，音声的には厳密な定義
があるわけではなく，弛緩母音は緊張母音と比較して "弛緩" なだけであり，
必ずしも生成時に筋肉が弛緩しているというわけではない．一般的に他のすべ
ての条件が同じ場合，弛緩母音は同じ高さの緊張母音と比べて調音が中央寄り
で，緊張母音は同じ舌の高さの弛緩母音よりも継続時間が長い傾向がある．し
かし，英語など言語によっては，後続子音などの音声環境により，母音長は変

化する．同じ音節内で無声子音（硬音[19] fortis）の直前の母音は，有声子音（軟音[19] lenis）の直前の母音に比べて継続時間が短くなる硬音前母音短縮（pre-fortis clipping）と言われる現象が起きる．例えば，他の条件が同一の場合，硬音 /k/ の前の *back* /bæk/ の /æ/ のほうが軟音 /g/ の前の *bag* /bæg/ の /æ/ よりも継続時間が短く，硬音 /f/ の前の *leaf* の /i:/ のほうが，軟音 /v/ の前の *leave* の /i:/ よりも短い．また，*beat* /bi:t/ の長い緊張母音 /i:/ と *bid* /bɪd/ の短い弛緩母音 /ɪ/ の長さを比べると，硬音 /t/ の前の緊張母音 /i:/ のほうが軟音 /d/ の前の弛緩母音 /ɪ/ よりも，実際は継続時間が短い場合が多い．つまり，長さとも対応する緊張−弛緩の違いによる母音の分類はあまり有効ではない．従って昨今では，音声的に明確な定義ができない緊張母音・弛緩母音に代わって，前方舌根性を用いて，緊張母音は [+ATR]，弛緩母音は [−ATR] で表すほうが一般的であるが，この分類法も異論が多い．

　緊張母音と弛緩母音は音声的な定義は明確ではないものの，英語など言語によっては，緊張母音か弛緩母音かにより，分布上の制約があるため，英語音声学では伝統的に区別されてきた．英語や他のゲルマン語系言語では，/ə/ と /ʌ/ や /i/ と /ɪ/ の違いは，単に調音位置が若干異なるという問題だけでなく，強勢のある語末の開音節に抑止母音（checked vowel）は現れないという分布上の制約がある．抑止母音は開放母音[20](free vowel) と共に英語音韻論で伝統的に使われている母音の概念で，抑止母音は弛緩母音とほぼ一致する．開放母音（free vowel）も緊張母音とほぼ一致する．したがって，*/kæ/ や */pə'te/ や */ti:'dʌ/ のような単語は英語では存在しない．つまり，抑止母音と開放母音の区別がつかないということは，単なる母音の調音の問題だけでなく，強勢の位置や音節構造を正しく聞き手に伝えられないなど，韻律などにも影響を及ぼす．詳細は 2.2.3.3 節で述べる．

---

[19] 硬音（fortis）と軟音（lenis）は子音の特性を表す用語で，硬音は調音器官の筋肉を緊張させ，強いエネルギーを伴って産出される音で，軟音は筋肉の緊張を弱めた状態で産出される音であるが，母音の緊張母音（tense）・弛緩母音（lax）と同様，音声的に明確な確証は得られていない．英語では，硬音は無声子音，軟音は有声子音と一致するが，どの言語でも硬音・軟音が無声・有声で区別されるわけではない．

[20] 自由母音とも呼ばれる．

2.2.3.2.　日本語話者の英語母音の習得の問題点

　英語の綴りと発音は，日本語の平仮名と片仮名のように一対一の関係ではないため，英語の綴りから発音を判断するのは非常に難しい．特に母音はローマ字の母音を表す *a, i, u, e, o* の文字と発音の関係とは異なるため，一応綴りと発音の規則はあるが，例外も多く，語末の *e* などのように綴りには入っていても発音をしない文字もあり，[21] 学習者にとってとても厄介である．英語の母音の発音は，元々は日本語のローマ字のように綴りと発音がほぼ対応するものであったが，14 世紀から 17 世紀にかけて起きた大母音推移（The Great Vowel Shift）の期間に，強勢のある長母音の調音が一段ずつ高くなり，一番高い母音の [iː] と [uː] が二重母音化したため，綴りと発音の対応関係が複雑になった．つまり，Middle English から Early Modern English を経て現代の英語の発音への変遷は，[iː] → [əɪ] → [ai]，[eː] → [iː] → [iː]，[21] [ɛː] → [eː] → [iː]，[aː] → [ɛː] → [eɪ]，[ɔː] → [oː] → [əʊ]，[oː] → [uː] → [uː]，[21] [uː] → [oʊ] → [aʊ] となり，例えば *bite* の発音は [biːtə][22] → [bəit] → [baɪt]，*east* は [ɛːst] → [eːst] → [iːst]，*cow* は [kuː] → [koʊ] → [kaʊ]，*boat* は [bɔːt] → [boːt] → [boʊt] と移り変わった（Ashby and Maidment (2005)，Cruttenden (2014)）．この大母音推移の影響もあり，特に初級学習者にとって綴りと必ずしも一致しない英語の母音の発音は子音よりも難しい．

　母音の発音に関しては，図 1 にあるように，子音よりもエラーと判断されるものが多く，分析した J-AESOP コーパスでは子音のエラー数の約二倍以上である．図 3 (a)，(b) にあるように英語は日本語よりも母音の音素体系が複雑で，方言によってカナダ英語の 14 母音から標準イギリス英語やオーストラリア，ニュージーランドの英語の 19 母音まで音素数は異なるものの，総じて母音の数は日本語よりも多い（Wells (1982)，Rogerson-Revell (2011)，Yavaş (2016)，Cruttenden (2014) 等）．

---

[21] [eː] と [oː] は，Early Modern English でそれぞれ [iː] と [uː] に変化した後は，発音の変化は起きていない．

[22] 語末の *e* が発音されないことと，大母音推移とは無関係である．

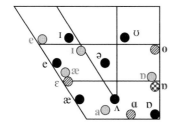 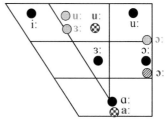

図3　(a) 主要英語方言の短い単母音　　(b) 主要英語方言の長い単母音
- ●：標準イギリス英語，標準アメリカ英語，オーストラリア英語，カナダ英語に共通の母音
- ◎：標準アメリカ英語特有の母音
- ⊗：標準オーストラリア英語特有の母音
- ○：標準ニュージーランド英語特有の母音

注：(i) 標準イギリス英語の /æ/ は近年 /a/ へと変化してきている．
(ii) /uː/ は多くの方言で円唇を失いかけており，二重母音化しているか中舌化し [ʊ] との対立を失っている．特にイングランド南東部方言では /ɪ/ との対立も失いつつあり，room /ruːm/ と rim /rɪm/ の違いはほとんど失われている（Cruttenden (2014)）．

一方，図4 に示されているように，標準語を含むほとんどの日本語の方言は5母音体系である．特に，日本語では母音を緊張・弛緩で分類をする音韻上の理由がなく，/ə/ のような中央中舌母音や弛緩母音（lax vowel）を持たないため，英語の弛緩母音と，弛緩母音に調音位置が近い緊張母音との識別が困難となる．UCLA Phonological Segment Inventory Database (UPSID) (Maddieson and Precoda) によると，世界の言語の中で5母音体系の言語は一番数が多く，次いで6母音体系，7母音体系が多いので，日本語話者の英語母音習得の問題は，他の多くの言語話者にも共通した問題と言えよう．

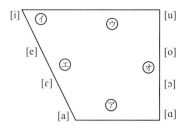

図4 標準日本語の母音ア ([a̠])，イ ([i̠])，ウ ([ɯ̟])，エ ([e̞])，オ ([o̞]) の典型的な調音位置（斎藤 (2006)，Vance (2008) に基づく）

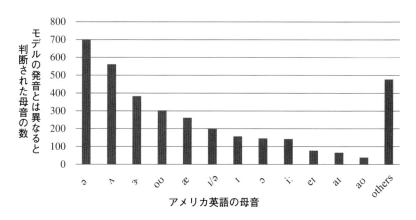

図5 アメリカ英語母語話者の母音の発音と異なると判断された日本語母語話者の英語の母音（総数 3,557 標本）

図5は，モデルとなるアメリカ英語母音と，音質が異なるエラーと判断された母音の数を音素ごとにまとめたものである．子音（図2）と同じく，分析をしたのはコーパスのうち "The North Wind and the Sun" の音読であるため，母音の種類や数は制御されておらず，図5の割合が一般的な日本語話者の英語の発音上問題となる分節音の割合を正確に表しているとは限らないが，弱音節の中舌母音 /ə/ と，同じ音節内で /ə/ に /r/ が後続する R 音性 (rhotic) の /ɚ/，また中舌広母音の /ʌ/ のエラーが多い．また前舌広母音の /æ/ のエラーも比較的多い．さらに，これらの英語の母音は，日本語話者が日本語の /a/（「ア」）と認識する母音で，生成・知覚共に区別が難しい母音である（小泉・杉森 (1988)，Rogerson-Revell (2011)，Cruttenden (2014) 等）．

他にエラーと判断された母音は /ɪ/ や奥舌中半広母音の /ɔ/，二重母音があるが，単母音も二重母音も弛緩母音が関わっているものが多い．英語の /ɪ/ は日本語の /i/ と比較的調音位置が近く，異音の範疇であるため，区別が難しい．英語の /ʊ/ と /u/ も比較的調音位置が近く，特に日本語の /u/ は円唇が非常に弱く中舌寄りであるため，日本語話者は /u/ と /ʊ/ の区別に問題があることも指摘されているが，この分析では J-AESOP の "The North Wind and the Sun" を使っており，/ʊ/ 自体の出現が少なく，データとして挙がっていないだけだろうと思われる．二重母音の /oʊ/, /eɪ/ は日本語の母音の連続の /ou/, /ei/ と調音が近く，日本語では /ou/ は [oː]，/ei/ は [eː] と長母音化するため，その慣習を英語に持ち込んだのであろうが，英語の場合二重母音は長い単母音と対立する音素であるので，単母音で発音するとエラーと認識される．他の二重母音 /aɪ/, /aʊ/ も弛緩母音の /ɪ/, /ʊ/ の調音が問題になっているのであろう．

以上のように，日本語話者にとって英語の母音の習得には様々な問題があるが，他の要因として，方言による母音の違いがある．広く世界中で話されている英語には様々な方言があるが，英語の方言の違いは主に母音の体系と調音であり，同じ記号の音素であっても，実際の発音はかなり異なる場合が多い（図 3 参照）．上に述べたように世界の言語では 5 母音体系と 6 母音体系の言語が一番多いことと合わせて，この方言による母音の違いも英語の母音の習得・教育，また母音の研究を困難にしているのであろう．従って，Jenner（1995），Jenkins（2000）や Cruttenden（2014）など，世界英語（World Englishes）や共通語（Lingua Franca）としての英語（International English, Global Englishes）の立場に立つ研究者は，10 母音体系や中舌母音の /ə/ や二重母音を排除した母音体系での L2 英語音声教育を提唱している．しかし現実には図 3 (a) (b) のような母音体系を元に，図 5 のような母音の発音エラーの分析が行われているのが現状で，これは L2 英語教育のみならず，自動音声認識や自動翻訳システム開発などの工学の分野でも，まだまだ一般的な傾向である．

2.2.3.3. 母音のエラーと韻律との関係

2.2.3.1 節で述べたように，/i/ と /ɪ/ や /ə/ と /æ/ などの母音の間違いは，単なる調音の問題ではなく，韻律ともかかわる重要な問題である．特に英語の /ə/ と /ɪ/ と /ʊ/ は，英語のストレスやリズムと母音の弱化と密接な関係がある（Roach（2009），Knight（2012））．英語の母音は生起する音節の強勢の有無

により音質が変化し，強勢のある音節では完全母音（full vowel）または強形
（strong form），強勢のない音節では弱化母音（reduced vowel）または弱形
（weak form）となる．例えば，(24)にあるように，綴りの同じ単語 *frequent*,
present, *subject* などは，強勢の位置により品詞が変わり，下線の母音が異な
る（二重下線は強形，一重下線は弱形）．[23]

(24) *frequent* /ˈfriːkwənt/ /frɪˈkwent/
　　 present /ˈprezənt/ /prɪˈzent/
　　 subject /ˈsʌbdʒɪkt/ /səbˈdʒekt/

　また，冠詞，前置詞，助動詞，接続詞，関係代名詞，人称代名詞などの機能
語は，強形と弱形があり，通常は強勢が置かれないため弱形をとるが，意味が
強調されたり，対比や縮約形の時は強形を取る．(25)と(26)の例のように，
肯定文と否定文では，単に構文上 *not(-n't)* がついているかいないかの違いだ
けではなく，母音が弱形か強形の違いがある．英語母語話者にとって，肯定文
か否定文かの判断は，/-nt/ を聞く以前の問題で，*are/aren't, can/can't* の母
音を聞いた時点で肯定・否定の判断をしている（＿は強形，＿は弱形）．

(25) *You are going.* vs. *You aren't going.*
　　 /ər/ /ɑːrnt/
(26) *I can do it.* vs. *I can't do it.*
　　 /kən/ /kænt/

　また，英語と日本語の音節構造の違いから，日本語話者は子音の間や語末の
子音の後など，元々母音が存在しないところに母音を挿入するという問題も数
多くみられる．日本語の音節構造は基本 (C)V 構造であるが，子音の連続は
多くの言語で許容され，英語も音節構造は (C)(C)(C)V(C)(C)(C)(C) と
様々な子音連続が起きる．外来語形成の規則では，日本語で許容されない語末
の子音の後や子音の連続を断ち切るために母音が挿入される（Dupoux et al.

---

[23] アメリカ英語やイギリス英語など，伝統的な英語国の英語では韻脚（foot）がリズムの単
位（stress-timed rhythm）であるが，インド英語，カリブ諸国の英語，シンガポール英語，
フィリピン英語，ナイジェリアの英語など，新興の英語国（Outer Circle）の英語のリズムは
音節を基本単位とする音節拍リズム（syllable-timed rhythm）であり，よって母音の弱化もあ
まり起こらない（Gut (2005)，Cruttenden (2014) 等）．

(1999)，Masuda and Arai（2010）等）が，挿入される母音は /tʃ, dʒ/ の後は /i/（例えば，*change* /tʃeɪndʒ/ は"チェンジ"(/tjeNzi/)，*peach* /piːtʃ/ は"ピーチ"(/piiti/))，/t, d/ の後は /o/（例えば，*note* /noʊt/ は"ノート"(/nooto/)，*drone* /droʊn/ は"ドローン"(/dorooN/))，/n/ 以外のその他の子音の後は /u/（例えば，*fry* /fraɪ/ は"フライ"(/furai/)，*cheese* /tʃiːz/ は"チーズ"(/ti:zu/)，*milk* /mɪlk/ は"ミルク"(/miruku/)）という規則がある．この挿入母音の種類の規則は，英語以外の言語からの外来語でも基本同じである．実際に挿入されている母音の音質については 2.3.3 節で述べるが，重要なのは，母音が挿入されることで音節構造が変わる．音節構造の変化は母音長や発話リズムなど，様々な韻律特徴にも影響を与えるのでその影響は大きい．

2.3. 日本語話者の英語音声発話の特徴

2.3.1. 母音の弱化と挿入問題

　本節では，第 2 節で述べた日本語母語話者の英語の母音の習得に関わる研究の中から，筆者がこれまで行った研究から分節音と韻律の両方の習得に関わる 1）母音の弱化と 2）母音の挿入に関する研究を紹介する．

　これらの研究は，上記で触れた J-AESOP コーパスを使った研究の一環であるが，コーパスは現在も構築中であるため，それぞれの研究の時点により，標本数は異なるが，どの時点においても，数十人以上の初級から上級まで幅広い英語習熟度の発話標本を元にした研究ができるため，結果の信頼性が高い．また，コーパスには方言の異なる英語母語話者の発話データも含まれているので，英語母語話者の発音との比較も可能である．

　日本語話者の英語音声発話の特徴として，母音の弱化と挿入を扱う理由は，習熟度の低い初級レベル話者だけでなく，英語の発音レベルはほぼ母語話者並みと判断された上級話者でも，完全にはなくならないエラーの 1 つだからである．また前節で触れたように，母音の弱化と挿入の問題は，韻律の習得とも深くかかわっており，L2 英語音声習得の中では重要度が高い．

　この節ではまず，日本語話者にとって英語のリズムと関連した母音の弱化の何ができて，何ができないのかを検証した研究の結果を紹介し，次にそれらの問題が英語習熟度とどう関係しているか考察する．

2.3.2. 日本語話者の英語母音の音響特性

　英語は強勢拍リズム（stress-timed rhythm）をとる言語で，リズムの単位（ほとんどの英語方言では韻脚（foot））の中の無強勢音節の数にかかわらず，ほぼ一定の時間間隔で強勢が生じるという韻脚の等時性（isochrony）という音声特徴がある．これに伴って，強勢がおかれない音節の母音は，韻脚の等時性を保つために弱化する．音節の強勢の有無に伴う母音の音響特性は，音圧，基本周波数（F0），母音長，音質に顕著に表れる．他の条件が一定である場合，強勢がおかれた音節の母音は強勢がおかれていない音節の母音と比べて，音圧とピッチ（基本周波数）が高く，母音長は長く，中舌化が起こらない．一方，ピッチアクセント言語である日本語は，ピッチの高低，正確には高から低へのピッチの変化でアクセントを表し，アクセントの有無による明らかな音圧の上昇や，母音長の増大，母音の音質の変化等は起こらない．

　この韻律の影響による母語の音声特性の違いから，日本語話者の英語には，強勢の有無による母音の音質の変化がみられないことは多々指摘されている．Lee et al.（2006）はアメリカ在住の日本人でほぼ日英バイリンガルの被験者を使い，Kondo（2009）も英語が大変流暢な日本在住の日本語話者を使って，英語の強勢音節の母音の音響的特徴を検証した．どちらの研究でも，英語が流暢な日本語話者は音圧，F0，母音長で英語母語話者にかなり近い制御をしているという結果が得られた．しかし，母音の音質に関しては，舌の狭めの度合い，つまり舌の高さを表す第一フォルマント（F1）と舌の前後の位置を表す第二フォルマント（F2）を比較した結果，日本語話者の英語は，英語が大変流暢でも弱音節での母音の中舌化があまり起きていなかった．

　このように，日本語話者の英語強勢の有無にかかわる母音の音響特性はよく知られている一方，英語音声習得における初級から上級レベルへの習熟度の発達的変化と母音の習得との関係はあまりよくわかっていない．Konishi and Kondo（2015）では，英語習熟度の変化により，母音の音質の制御に違いが出るかどうか，J-AESOP コーパスの中から，"*I say* テスト語 *ten times*"，"*I said* テスト語 *five times*"，"*I said* テスト語 *ten times*" の三種類のキャリア文[24]のいずれかにはめ込んだ英単語 20 語を発音したものを用いた．分析当時，

---

[24] キャリア文を三種類用いたのは，テスト語とキャリア文の境界をはっきりさせるためである．例えば，"*apartment*" のように，テスト語の語頭が母音の場合，"*I say*" /aɪ seɪ/ では

分節音の種類，強勢の置かれている音節など，音声データに関する注釈などの付与（アノテーション）が済んでいた日本語話者 70 名分 1,400 発話（20 語×70 名）と英語母語話者 16 名分の音声データ 320 発話（20 語×16 名）を用いて，強勢と母音の音響特性を，音圧（dB），基本周波数（セミトーン[25]，re = 1Hz），母音長と音質（話者ごとに母音スペースの中心から F1 と F2 のユークリッド距離[26]を産出し，z 値で正規化したもの）を使って，英語の習熟度別（初級・中級・上級）に分析した．日本語話者の英語の習熟度は，5 点満点の 0.5 ポイント刻みで 10 段階評価をしたもの（Kondo et al.（2015））を用い，最低点を基準とし，ほぼ同数になるように 2.625 点と 3.125 点を境界とし，初級グループ 23 名，中級グループ 26 名，上級グループ 21 名と分けた．同点の話者がいるため，3 つの習熟度に属する話者は同数とはならない．

/aɪseɪəpɑːrtmənt/ のように，キャリア文の /eɪ/ とテスト語 *apartment* の語頭の /ə/ の境界が分からなくなるため，子音 /d/ で終わる *I said* を用い，同様に *apartment* は語末が破裂音の /t/ なので，/əpɑːrtmənttentaɪmz/ と /tt/（[tː]）が続かないよう，キャリア文は *ten times* ではなく *five times* を使った．一方，テスト語が Japanese /dʒæpəniːz/ など語頭が破裂音・破擦音のときは，キャリア文は母音で終わる *say* /seɪ/，テスト語末が摩擦音の場合は，*five /faɪv/ times* ではなく *ten times* を用いた：*I say Japanese ten times.* /aɪseɪdʒæpəniːztentaɪmz/．

[25] セミトーン（semitone 半音）は基本周波数（F0）を対数で表す心理音響的スケールの 1 つで，1 オクターブは 12 セミトーンである．"re" は基準とする周波数の値を表す．セミトーンを使うのは，周波数（Hertz）は線形の単位であるが，人間が感じるピッチの変化は周波数と 1 対 1 の関係ではなく対数の関係であるため，男女のようにピッチ幅が異なる声の分析には必ずしも適さないからである．心理音響的スケールは，他にメル尺度（mels），バーク尺度（Bark），ERB 尺度（ERB-rate）などがある．

[26] 母音の音質は複数のフォルマント値（通常は F1 と F2）で表されるが，話者個人や性別によりフォルマント値が異なるため，各母音の F1 と F2 の値を各話者の母音スペースの中心からの距離に換算したユークリッド距離を用いて比較した．

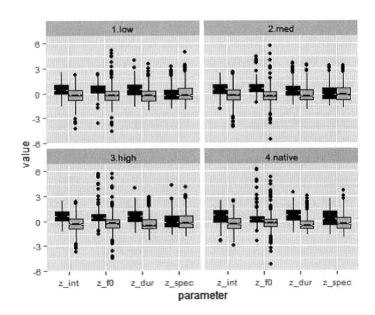

図 6 初級 (low), 中級 (med), 上級 (high) の 3 つの異なる英語習熟度の日本語を母語とする英語学習者と英語母語話者 (native) の英語の強勢音節 (黒) と弱音節 (灰色) の母音の音響特性 (int: intensity 音圧, f0: F0 (semitone) 声の高さ, dur: duration 母音長, spec: spectra 音質, "z_": z 値により正規化した値)

図 6 に示されているように,日本語を母語とする英語学習者は初級レベル話者も含めて英語母語話者グループと同様,強勢音節 (黒) と弱音節 (灰色) で音圧 (intensity, 3 グループとも p < .001),声の高さ (セミトーン) (f0, 3 グループとも p < .001),母音長 (duration, 3 グループとも p < .001) で有意な差があったが,音質 (spectra) に関しては,英語母語話者グループは強勢の有無で母音の音質に有意な差が見られたのに対し (p < .001),日本語話者は上級者グループを含む 3 グループとも有意な差が見られなかった (ps > .9, n.s.).

この結果は,多くの先行研究の結果と一致する.つまり,日本語母語話者は英語の強勢の有無を,音圧,声の高さ (F0),母音長で制御するが,母音の音質の変化は強勢リズムに関連した音響特性にはなっていない.

2.3.3. 挿入母音の音響特性

英語の母音の弱化に関連して，2.2.3.3 節で述べた日本語話者が英語で母音挿入をしたときの，挿入母音の音響特性について考察した．日本語の音節構造は基本的に（C)V であり，音節構造は月齢 14 か月という第一言語習得のかなり早い時期にすでに習得されているという研究報告もあり（Mazuka et al. (2011))，第二言語習得に少なからず影響を及ぼすことが分かっている．

Yazawa et al. (2015) は，英語習熟度が異なる日本語話者の英語発話中の母音の挿入率と挿入母音の音質について検証した．英語習熟度が上がるにつれて，挿入母音の数は少なくなったが，英語習熟度がかなり高い学習者でも，三人を除き誤挿入が完全になくなることはなかった．また，挿入が起きたときの母音の音質は，習熟度の高低による差が見られなかった．挿入母音に先行する子音の種類により，挿入母音の F1 と F2 の値には有意な差がみられたが，英語習熟度によるフォルマント値には有意な差が見られなかった．つまり，初級学習者も上級話者も，母音を誤挿入するときは，/t, d/ の後は /o/, /tʃ, dʒ/ の後は /i/，その他の子音のあとは /u/ に近い音質の母音が挿入されており，ほぼ外来語音韻規則（2.2.3.3. 節参照）に沿っていた．

さらに，Konishi et al. (2017) では，日本語話者の英語発話における挿入母音の時間長を英語の習熟度の違いにより検証した．話者や習熟度の違いにより話速に違いがあるため，挿入母音の長さを"挿入母音を含む単語の長さを音素数で割った長さ"に対する比率に換算して正規化し，誤挿入された母音の時間長を習熟度別に比較したところ，習熟度による挿入母音の時間長に有意な差は見られなかった（t (58.911) = -1.4793, p > .1)（図 7）．

つまり，英語の習熟度が高くなっても，母語である日本語の音節構造の影響が強くみられ，上級話者であっても子音の連続に母音を挿入するときはしっかりと挿入していることが分かる．英語の音の連鎖を日本語の音節構造で解読しているのであろう．

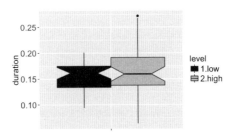

図7　初級話者と上級話者の正規化された挿入母音の持続時間長の分散
左：初級話者／右：上級話者

2.3.4. 母音の音質と文字の関係

　日本語話者が弱母音を使えないのはなぜであろうか．前述の日本語のピッチアクセントという韻律特性も理由の1つであろうが，日本語話者は英語習熟度が上がるにつれて，音圧や母音長の制御はできるようになっている．しかし，強勢の有無に合わせて母音の音質を変えきれていない．つまり上級者でも韻律の習得が完全にはできていないことになる．もう1つの理由としては，英語では母音の弱化にともなって，母音の中舌化が起きるが，日本語の母音には，中舌母音 [ɪ, ʊ, ə]，特に [ə] に当たる位置が定位置の母音がない．英語から日本語に外来語として取り入れる際に，/ə/ は決まった母音ではなく，アルファベットの綴りのローマ字読みの母音が当てられることが多い．例えば，potato /pəˈteɪtoʊ/ は日本語では /potato/（ポテト），banana /bəˈnænə/ は /banana/（バナナ），melon /ˈmelən/ は /meroN/（メロン），camera /ˈkæmərə/ は /kamera/（カメラ）である．したがって，英語の綴りが母音の発音に与える影響を検証した．

　2.3.2節と同じ J-AESOP コーパスのキャリア文に単語をはめ込んだ音声発話サンプルと "The North Wind and the Sun" を音読したサンプルの中から，分析時に音声データに関する注釈などのアノテーション済であった日本語話者72人，英語母語話者15人の音声発話を使い，弱音節で "a", "e", "o" で綴られる母音の発音が /ə/ である発音を含む内容語20語（表1）を選び，その F1 と F2 の値を測定した．日本語話者は，英語の習熟度をレベル評定値の中央値で，初級グループと上級グループの二つに分けた．弱音節の母音であっても，綴りが "i" と "u" である母音は弱音節では /ə/ でなく，それぞれ /ɪ/, /ʊ/ とな

第2章　第一・第二言語の音声特性と音声習得　　133

ることのほうが多いので除外した．また，該当する母音に /r/ が後続し，R 音
性の [ɝ] となった場合も除外した．

表1　分析語

綴り	"a"	"e"	"o"
単語	_a_¹partment, ¹hospi_ta_l, _a_¹vailable, _a_¹greed, at¹tempt	a¹partment, ¹el_e_vator de¹partment store, ¹trav_e_ler	con¹sidered, con¹fess

　図8はこれらのテスト語の母音の F1 と F2 を英語母語話者，日本人英語上
級話者，日本人英語初級話者グループごとに表示したものである．この3つ
のグループ間で，F1 と F2 の周波数値を従属変数，アルファベットの文字を
独立変数として一元配置分散分析，及び Tukey's HSD でポストホックテスト
を行った．英語母語話者グループは，"a" と "e" で綴られる母音の F1 と F2
は両方とも有意な差が見られた（ps < .002）が，"e" と "o" は F1 の値のみ有
意差が見られた（p < .004）．日本人英語上級話者グループも，"a" と "e" で綴
られる母音の F1（p < .001）と F2（p < .003）は両方とも有意な差が見られた
が，"a" と "o" の音質は F2 のみ有意に異なっていた（p < .001）．一方，日本
人英語初級話者グループは，"a" と "o"，"e" と "o" で綴られる母音の F1
と F2 の周波数に有意な差が見られ（ps < .001），英語母語話者と日本人英語
上級グループと異なり，"a" と "e" に関しては F1 のみ有意な差がみられた
（p < .001）．

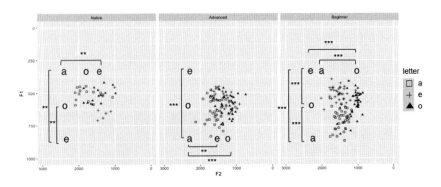

図8 英語母語話者（左）と日本人英語上級グループ（中）と日本人英語初級グループ（右）の英語母音のフォルマント値（y 軸 = F1，x 軸 = F2）（**p < .01，***p < .001）

　フォルマント値の比較から，日本人英語初級話者の英語の母音の調音には，母音の綴りの影響が強くみられ（図8右），綴りによって異なる母音を産出しようとしているらしいことが分かる．英語上級グループの母音の発音にも，英語母語話者よりも綴りの影響は強くみられるものの，F1 と F2 の両方が異なっているのは"*a*"と"*e*"のみであり，母音の分布（図8中央）をみると，初級グループほどは綴りによる母音の調音の違いは見られなくなっている．英語母語話者グループも，上級グループと同様，"*a*"と"*e*"で綴られる母音の調音には違いが見られた（図8左）が，綴りの影響は比較的少ない．英語母語話者と日本人上級グループの "*a*"と"*e*"の調音に有意差が見られたのは，"*a*"と"*e*"の母音の語中の位置が関係している可能性がある．表1にあるように，"*a*"で綴られる母音は分析語5語中4語が語頭で，一方綴りが"*e*"の母音は5語中すべて語中，特に強勢が置かれている音節の直後の弱音節であるため，母音の弱化が非常に強く，くだけた発話では省略されることが多い位置である．この語中の位置の違いが，母音の音質に影響を与えた可能性が高い．

　この結果からは，日本語話者も完全ではないものの，英語の習熟度が上がるにつれ，徐々に母音の音質の弱化も習得してきているようだ．

2.4. 日本語訛りの英語の評価

2.4.1. 非英語母語話者によるL2英語音声評価の必要性

2.2節では一般的な英語音声学に基づいた日本語話者の英語音声習得とその問題点について述べ，2.3節では2.2節で述べた問題点について，実際のコーパスのデータを元に検証した．2.1節で触れたように，世界の英語話者人口の増加に伴い，英語の音声教育に対する考え方も変化してきている．日本ではこれまで，基本アメリカ標準英語をモデルとした英語音声教育を行ってきた．しかし，すでに20年以上前から，外国語として英語を話す非英語母語話者の数は伝統的な英語圏の母語話者の数を圧倒しており（Crystal（2003），Bolton（2004），等），特にアジアはL2英語話者の数では他の地域を凌駕している．実際，英語コミュニケーションでは，英語学習者同士が英語で会話をし，意思の疎通をする機会のほうが圧倒的に多い．

言語習得の研究では，母語話者が言語学習者の言語運用を評価するのが一般的であるが，世界共通語としての英語の現状を踏まえ，英語母語話者とのコミュニケーションのみならず，他言語話者とのL2英語話者同士のコミュニケーションにおいて，日本語訛りの英語はどう聞こえるのかを検証した．2.2節で述べた一般的な日本語母語話者の英語発音の問題は，英語話者以外の非英語母語話者にとっても同様に間違った発音，良くない発音と映るのか．L1が異なっても英語の発音の評価は同じなのか，異なるのか．英語の発音にも，エスペラント語のような，どのL1話者にとっても分かりやすい発音が存在するのであろうか．L1が異なっても英語の評価が同じであれば，基本的にこれまで通りの音声教育でいいが，L1により評価が異なる場合は，音声教育の方針を検討する必要があろう．

そこで，日本語話者の英語の発話を，英語母語話者，日本語話者，その他の言語のL2英語話者が，"分節音の正確さ"，"韻律"，"流暢さ"，"母語訛りの少なさ"を判定した評定を元に，2.2節と2.3節で検証した日本語話者の英語の特徴を，英語母語話者を含む他の言語話者がどのように判断するのか調査し，聞き手の母語による違いはあるのか検証した．その結果を元に，様々な言語話者との英語でのコミュニケーションのための発音教育は，これまでの対英語母語話者のみを意識した発音教育と異なる点があるかどうか考察する．

2.4.2. 母語の異なる評価者による日本語訛りの英語の評価

　前節でも触れた "J-AESOP" 音声発話コーパスを用いたが，前節で引用した研究のあとも，引き続きコーパスの収録は行われたので，新しく収録した発話データに加えてすでに評価済みのデータの英語習熟度評定をやり直した．英語習熟度の評定は前回と同様，コーパスのタスクの中から，日本語母語話者 183 名と比較の対象として英語母語話者 25 名（アメリカ英語，カナダ英語，オーストラリア英語，イギリスのイングランド方言，イギリスのスコットランド方言話者）の計 208 名がイソップの寓話である "The North Wind and the Sun" を音読したものを使用した．"The North Wind and the Sun" は 5 文からなり，テキストを全部読むと，話者の英語レベルにもよるが，ほとんどの話者が 30 秒から 90 秒くらいの間で読み終わるが，つかえたり，間違ったところを繰り返したりし，2 分以上かかった話者もいる．各話者の音声ファイルを最初の 2 文，次の 1 文，最後の 2 文に三分割し，624 個（(183＋25)×3）の音声ファイルを作成した．ファイルを三分割にしたのは，ファイルは読み間違えやつかえなどが含まれたまま，評定者に提示されたので，テキストの最初のほうに複数回つかえたりした場合に，後半は流暢に間違えずに読んでも，最初のつかえが最後まで影響して，評価を下げる可能性があるためである．

　今回の評定者は アメリカ英語母語話者 3 名（EN01, EN02, EN04），日本語話者 4 名（JP01-04）と，その他（OT: OTher Languages）の言語話者として，スペイン語話者（OT01），ドイツ語話者（OT02），中国語（北京方言）話者（OT03），広東語話者（OT05），ポーランド語話者（OT06），フランス語話者（OT07），韓国語話者（OT08），パンジャーブ語話者（OT09），各 1 名の計 15 名である．他にアメリカ人がもう 1 名（EN03），ベトナム人（OT04）が 1 名評定を行ったが，両者の結果は今回の分析では使わなかった．理由は後述する．このほか，結果待ちの評定者もいるが，今回はこの 15 名の結果を紹介する．

　この 15 名の評定者が，(a) 分節音の正確さ（segmental accuracy），(b) リズム，イントネーション等の韻律（prosody），(c) 流暢さ（fluency），(d) 母語訛りの少なさ（nativelikeness）の四項目について，1（低い）—10（高い）の 10 段階で評定した．評定者は大学の英語の教員，音声学または英語音声学を専門とする教員・研究者または大学院生である．英語評定者は方言の影響を最小限にするため，全員アメリカ英語話者とした．非英語母語話者の残りの 12 名は英語が流暢であり，英語力は高いが，英語学習歴や環境は異なり，モデル

としている英語の方言も異なる．日本人以外の評定者のうち，日本語が流暢で日本語話者の英語にある程度慣れている評定者は，EN01，EN02，OT03，OT05 の 4 名，日本語の知識がある程度あり日本語話者の英語に少し慣れている評定者は，EN04，OT01，OT02，OT06 の 4 名，日本語の知識がほとんどなく，日本語話者の英語に慣れていない評定者は OT07，OT08，OT09 の 3 名である．データには英語母語話者の発話データも含まれていることは評定者に伝えたが，日本語話者と英語話者の人数は伝えなかった．また 624 個の音声ファイルは評定者ごとにランダム化したものを，音声分析ソフト Praat（Boersma and Weenink（2018））を使い，クリックをするとファイルの音声が流れ，画面上で各評価項目の欄に 1-10 の数字を入力できるように設定した．評定者は各音声ファイルを納得のいく評価ができるまで，何度でも再生可とした．

今回は L1 が異なる評定者による日本語話者の英語発話の評定の比較が目的であるので，全評定結果から，英語母語話者 25 名の発話の評定結果を除いた日本語母語話者の発話のみの評定値について，評定者の母語の違いにより日本語訛りの発音の評定値がどの程度異なるか，各評定項目ごとに評定に差が出るかを中心に検証し，また評定者が複数であるアメリカ人評定者と日本人評定者の評定結果の比較を行った．

2.4.3. 結果
2.4.3.1. 評定者の母語による評定の相関

図 9（a-d）は 15 名の評定者の各評定値の相関を表したものである．各評定者がつけた各話者ごとの 3 つのファイルの評定値を個別に対応させ，評定者 15 人の評定値の相関を求めた．個別各マスの数字は評定者間の相関係数（r）で，色の濃さは相関の強さを表している（負の値はない）．

結果は，全体的に見て比較的相関は高く，0.7 以上のものが多く，0.6 以下は非常に少ない．特に，（d）の母語訛りの少なさ（nativelikeness）は評定値の一致度が他の項目よりも高い傾向がみられる．（c）の流暢さ（fluency）は一致度が 0.5，0.6 台が多く，特に OT 評定者間が低目だが，これはおそらく言い直しや読みつかえなどをどう判断するか，個人差があると思われる．母語による差は OT の評定者が各言語一人ずつなので，言語による差か個人差かこの結果からは分からないが，OT 間と OT 対 JP 間の相関は若干低めである．一方，アメリカ人評定者間の相関は比較的高く，特に母語訛りの少なさ（nativelikeness）の相関は非常に高く，全員 0.81 以上である．日本人評定者間も JP04 以外の評定者の相関は安定して高めの傾向がみられる．日本人評定者間で相関値が低いものの多くは，JP04 対 JP01, 対 JP02, 対 JP03 それぞれとの間の相関である．

　評定者間で個人差はあるが，全体的には母語を共有する評定者の評価の相関のほうが，母語が異なる評定者（OT）同士，また OT と JP, OT と EN との比較よりも相関が高い．さらに流暢さと母語訛の少なさは母語による差が比較的少ないが，分節音の正確さと韻律は評定者の母語が異なると，相関が低い傾向にある．つまり正しい発音に関する基準が異なっていると思われる．OT に関しては，母語による違いか個人差かは，必ずしも明らかではないが，母語が異なると日本語訛りの英語に対する評価の判断が異なる可能性が窺える．したがって，今回は，英語話者と日本語話者の評定者がそれぞれ 3 名と 4 名であったので，両言語評定者による評定結果の平均を比較した．

(a) 分節音の正確さ

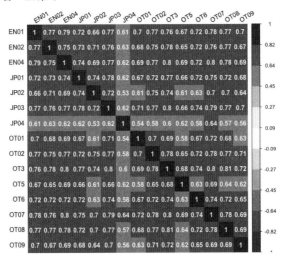

(b) 韻律

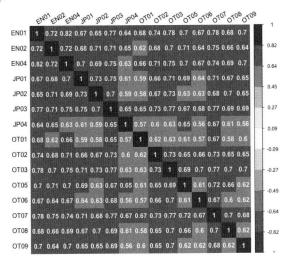

(c) 流暢さ

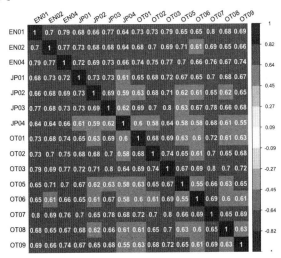

(d) 母語訛の少なさ

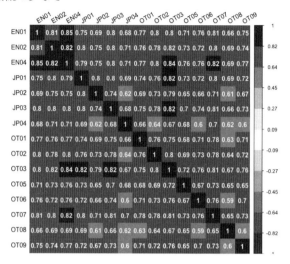

図 9　評定者間の (a) 分節音の正確さ，(b) 韻律，(c) 流暢さ，(d) 母語訛の少なさ評定値の相関 (r)

2.4.3.2. 英語話者の評定と日本語話者の評定の比較

アメリカ人評定者 3 名 (EN01, EN02, EN04) と日本人評定者 (JP01-JP04) が，各話者の発話を三分割した各ファイルにつけた評定値の平均を上記評価項目 (a)-(d) ごとに求め，それをさらにアメリカ人評定者 3 名の各項目の平均と日本人評定者 4 名の各項目の平均を求め比較した．図 10 と表 2 に示した通り，(a) 分節音の正確さ (segment)，(b) 韻律 (prosody)，(d) 母語訛りの少なさ (nativelike) は，日本人の平均評定値のほうが，アメリカ人評定者の平均評定値よりも有意に高いが，(c) 流暢さ (fluency) に関しては両者の平均評定値に有意な差は見られなかった．

流暢さの印象は変わりがないものの，分節音や韻律の正確さでは英語話者と日本語話者では評定値に有意差が見られた．項目 (b) のリズムやイントネーションなどの韻律に関しては，評定値の差が一番大きい（アメリカ人の評定値の平均のほうが 0.62 点低い．p = 2.2e-16）．日本語話者は個々の分節音の正確さのほうを気にしているが，英語話者はリズムやイントネーションなどの韻律をより重視しているようだ．これは，Anderson-Hsieh et al. (1992) や Gut

(2009) 等，また 2.3 節の研究の結果と一致している．また，日本語話者はとりわけ挿入母音に関して寛容であるという研究結果もある（近藤・鍔木 (2013)）．

表2　アメリカ人評定者と日本人評定者の日本語話者の英語の評定値の比較

	評定値の差 (JP–EN)		
(a) 分節音の正確さ	0.3150	$t(182) = 6.268$	$p = 2.58\text{e-}09$
(b) 韻律	0.6182	$t(182) = 10.867$	$p = 2.2\text{e-}16$
(c) 流暢さ	-0.0097	$t(182) = -0.173$	$p = 0.862$ (n.s.)
(d) 母語訛りの少なさ	0.4180	$t(182) = 8.039$	$p = 1.117\text{e-}13$

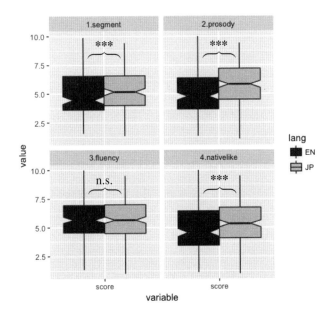

図10　アメリカ人（3名）と日本人評定者（4名）の各項目の評定値の比較．縦軸は評定値（1-10）を表す（*** $p < .001$）．

2.4.4.　考察

評価全体を俯瞰して，母語を共有する評定者同士の評価の相関は，母語を共

有しない評定者との相関よりも若干高めであったが，母語や類型的な言語の音韻の違いによる差はそれほど大きいとは見受けられなかった．ただ，OT グループは各母語につき一名しか評定者がいなかったため，母語の違いによる評価への影響がどの程度なのか，はっきりとは分からない．

この評定値の比較をするにあたり，アメリカ人評定者 EN03 と OTher Languages のベトナム人評定者 OT04 の結果を除外している．両者の結果を分析に含めなかった理由は，両者の評定値は他の評定者の評定値との相関が非常に低かった（0.3 ～ 0.5 が非常に多い）ためである．両者の評定値は単に相関が低いだけでなく，例えば英語母語話者の発話の評価がとても低い等，信頼度に欠ける面があった．特に，英語母語話者の発話であっても，アメリカ英語以外の英語母語話者への評価が平均して低かった．この結果の理由は分からないが，評定者 EN03 と OT04 は，現在は英語の教員で L2 英語音声習得の研究をしているが，元々は語用論や教育学，日本語が専門であったため，英語音声学の基礎を系統立てて学んでいない可能性がある．また，JP04 も日本語評定者を含め，他の評定者との相関が低めであったが，この評定者も現在は英語の教員で，音声学の研究をしているが，元々の専門は英文学であったため，英語音声学の知識という点では，他の評定者とは異なるのかもしれない．

2.5. まとめ

母語が異なると，当然日本語訛りの英語の対する評価や印象は異なる．特に分節音と韻律に対する評価は母語によって大きく異なるが，英語母語話者はとりわけ韻律を重視していることを考慮すると，分節音の細かい発音の正確さよりも，母音の挿入などリズムに関係する発音やイントネーションなどの指導に力をいれる等，韻律の教育を見直す必要があると思われる．

一方，母語が異なっても，音声学や英語音声学を専門としている評定者は，一定の評価基準を共有している可能性が高い．これは裏を返せば，英語音声学を学ぶ場合，世界のどこであっても，基本同じ内容の教育を受けていて，その知識を元に英語の発音を評価し，発音指導をしているからなのかもしれない．

母語の異なる評定者による英語発音評価の結果を受けて，2.2 節と 2.3 節で扱った L2 英語音声の問題も，どの L1 に関わらず英語音声学を専門としない一般の英語話者，学習者にとって，どれほどコミュニケーションに重要なのか

は未知数である．L1 が異なっても英語の評価が同じであれば，基本的にこれ
まで通りの音声教育でいいが，L1 により評価が異なる場合は，音声教育の方
針を検討する必要があろう．

　今後の課題として，専門家でない一般の英語学習者による評価や，他の言語
の評定者の人数を増やし，どの L1 言語話者にとっても分かりやすい英語の発
音とはどういうものか，検証が必要であろう．

第 3 章

音律音韻論と音韻分析

3.1. はじめに

音律音韻論 (prosodic phonology) はさまざまな音韻規則 (phonological rules) の適用領域を統語的領域 (syntactic boundary) ではなく，音律階層 (prosodic hierarchy) に基づく音律範疇 (prosodic categories) とする理論であり，Selkirk (1984) や Nespor and Vogel (1986) などによって提案され，発展してきた音韻理論である．

音律音韻論で構成される発話に基づく音律階層 (音律範疇) は統語・文法構造をもとにして写像規則 (mapping rules) を経て決定されるものであるが，これは必ずしも統語構造とは同一のものではないと指摘されている．一般に，音韻論と統語論 (意味論・語用論) との関係において，両者の構造が同一でないことは，古くは Chomsky and Halle (1968) *The Sound Pattern of English* (SPE) にてすでに指摘されていた (以下，(27) を参照).

(27) a. This is [$_{NP}$ the cat [$_S$ that caught [$_{NP}$ the rat [$_S$ that stole [$_{NP}$ the cheese]]]]]

b. [$_I$ This is the cat] [$_I$ that caught the rat] [$_I$ that stole the cheese]

(Chomsky and Halle (1968)，Nespor and Vogel (1983))

それゆえ，冒頭で述べたように音律音韻論は統語・文法構造から写像規則 (mapping rules) を用いて音律音韻論の基本概念である音律階層 (Prosodic

144

第 3 章　音律音韻論と音韻分析　　　　　　　　　　　　　　145

Hierarchy) に基づき, 音律範疇 (Prosodic Categories) を提案して, それらを, 音韻規則の適用領域として提唱している (以下 (28), (29) を参照).

(28)　Mapping Rules (写像規則)

　　　Syntactic/Morphological Structures

　　　　　　　↓

　　　Mapping Rules

　　　　　　　↓

　　　Prosodic Categories (Prosodic Hierarchy)　　　　　(西原 (2013))

(29)　U =　Phonological Utterance (音韻的発話：PU)

　　　I =　Intonational Phrase (音調句：IP)

　　　P =　Phonological Phrase (音韻句：PP)

　　　C =　Clitic Group (接語グループ：CG)

　　　W =　Phonological Word (音韻語：PW)

　　　　　　　　　　　　　　　　　　(Nespor and Vogel (1986))

このような, 音律範疇における, 最上位の音律範疇は音韻的発話 (Phonological Utterance) である. この音律範疇は基本的には, 通常, 統語範疇の 1 つの文に 1 つの音韻的発話が対応するが, 前後の文脈に関連性がある場合には, 2 つ (以上) の文から, 1 つの音韻的発話が再構築されることになり, アメリカ英語における弾音化 (Flapping) が, その適用範疇となっている. したがって, 以下のような規則適用の有無の違いが音韻的発話の構築の違いによって説明可能である (以下, (30), (31) を参照).

(30)　[t, d] → [ɾ] / [... V ___ V ...]PU

　　　Domain: Phonological Utterance (音韻的発話)

(31) a.　[Turn up the heat. I'm freezing.]PU

　　　　　(...hea [ɾ] I'm...)

　　　b.　[Turn up the heat.]PU [I'm Frances.]PU

　　　　　(*...hea [ɾ] I'm...)　　　　　　　　　　(Nespor (1987))

(31a) と (31b) の音韻規則適用の有無は, 統語・文法範疇による文の単位では説明が不可能だが, 音韻的発話という単位においては, この音韻規則適用の有

146　第 II 部　最新の音声学・音韻論研究の進展

無が的確に説明することが可能である．また，この規則適用の違いは，文の前後の文脈関係の違い（語用論的観点）によって，音韻的発話という音韻範疇の構築に違いが出てくるということからも，明確に説明されている．すなわち，(31a) では同一の話者による発話であり，前後の文脈に関係があるが，(31b) では話者が異なり，前後の文脈の関係が見出されないといえる．

　同様の現象は，イギリス英語の代表的な特徴である [r] 音挿入規則（[r]-insertion rule）にも見られ，この規則適用の有無が，音韻的発話の構築の違いによって説明される．

(32)　φ → [r] / [...V ___ V...]PU　（V = 母音）
　　　Domain: Phonological Utterance（音韻的発話）

(33) a.　[Close the door.　I'm freezing.]PU
　　　　　(...doo[r] I'm...)
　　 b.　[Close the door.]PU [I'm Frances.]PU
　　　　　(*...doo[r] I'm...)

そして，これらの音韻的発話の構築は，以下に挙げるような条件を満たさなければ適用されないと提示されている．

(34)　Pragmatic Conditions (These conditions must be met in order for restructuring to take place (Jensen (1993))
　　　（再構築のための）語用的条件
　　 a.　The two sentences must be uttered by the same speaker.
　　　　　2 つの文は同一話者によって発せられること．
　　 b.　The two sentences must be addressed to the same interlocutor(s).
　　　　　2 つの文は同一対話者に向けて発せられること．

　　　　　　　　　　　　　　　　　　　　　　（Nespor and Vogel (1986)）

(35)　Phonological Conditions(These must also be met in order for restructuring to take place
　　　（再構築のための）音韻的条件　　　　　　　　　　　　（Jensen (1993)）
　　 a.　The two sentences must be relatively short.
　　　　　2 つの文は比較的短いものであること．
　　 b.　There must not be a pause between the two sentences.

第 3 章　音律音韻論と音韻分析　　　　　　　　　　　　　147

２つの文の間にポーズ（休止）が入らないこと.

(Nespor and Vogel (1986))

音律階層の上位から 2 番目に位置している，音調句については最大の領域は
文という統語単位に相当するが，『息の切れ目』や『意味の切れ目』からさらに
小さな単位を**音調句**（IP）とする場合が，しばしばある（以下，(36) を参照）.

(36) a.　[The hamster eats seeds all day]IP

　　 b.　[The hamster]IP [eats seeds all day]IP

　　 c.　[The hamster]IP [eats seeds]IP [all day]IP

(Nespor and Vogel (1986))

このような音調句を音韻規則の適用領域とするものは，英語の鼻音同化規則
（nasal assimilation in English）などが挙げられ，以下にその例を示すことに
する. 英語の鼻音同化規則の適用領域は音韻句であるので，音韻句を超えてこ
の規則が適用される事はない（(37b), (38b) を参照）.

(37) a.　I'm going to work

　　　　　→ [I'[ŋ] [g]oing to work]IP

　　 b.　I'm glad we're shot of him

　　　　　→ [I'm glad we're shot of hi*[ŋ]]IP [[G]ood riddance.]IP

(38) a.　They want to live in Boston

　　　　　→ [They want to live i[m] Boston]IP

　　 b.　Of all the towns they want to live in, Boston is the nicest

　　　　　→ [Of all the towns they want to live *i[m],]IP [Boston is the
　　　　　nicest]IP

次に挙げる音韻範疇は，統語論における名詞句（句構造）とほぼ同じ構造が対
応している音韻句（Phonological Phrase: PP）と音韻語（Phonological Word:
PW）の間に位置する接語グループ（Clitic Group: CG）である. この接語グ
ループを音韻規則の適用領域とする音韻規則は英語の口蓋化規則（English
Palatalization）が挙げられる. この英語の口蓋化規則は，後語彙部門[27]におい

---

[27] 語を越えた句や文を扱う部門.

てはその適用領域を接語グループとしており，語彙部門においては音韻句より小さな単語レベルに対応している音韻範疇である音韻語（Phonological Word: PW）でも適用領域となっている．

しかし，語彙部門においては音韻句においての英語の口蓋化規則の適用は，範疇的（categorical）であり，この事は，この音韻規則の適用が有るか，無いかの明確な区別が存在することを示している．一方，後語彙部門における英語の口蓋化規則の適用は漸次的（gradient）であり，これは音韻規則の適用結果が完全なものから不完全なものまで段階的に現れるということを示唆している．

(39)　英語の口蓋化規則（English Palatalization）
　　　[s] → [ʃ] / [＿＿ [j]]CG
　　　Domain: Clitic Group（CG: 接語グループ）

(40)　　　　　　　　〈語彙部門〉　　　　〈後語彙部門〉
　　　　　　　　a.　[[mission]PW　　b.　[miss you]CG
　　　　　　　　　　[s] [j] → [ʃ]　　　　[s]　[j] → [ʃ]
　　　　　　　　　　　　　　　　　　　　[s]　[j] → [s] [j]
　　　適用形式：　　範疇的（絶対的）　　　漸次的（段階的）

また，Bush（2001）でも，以下に見られるように，使用頻度の低い（41a）の場合には，2語にまたがる口蓋化（palatalization）が適用されず，使用頻度の高い（41b）の例では適用されていると指摘している．つまり，口蓋化が適用される条件は（41c）のようにまとめることができる．

(41)　a.　… they didn't talk good you know.
　　　　　　　　　　（[d] [j])CG → [dj]
　　　　　　　　　　（口蓋化が適用されない）
　　　b.　Would you like me to teach you how to swim?
　　　　　　　　　　（[d] [j] → [dʒ])CG（口蓋化が適用される）
　　　c.　[W]ord boundary palatalization is more likely between two words if these words occur together with high frequency.
　　　　　　（2つの語が併用される頻度が高いと口蓋化が起きやすい．）

（Bush（2001））

第 3 章　音律音韻論と音韻分析　　149

この Bush（2001）の指摘は使用頻度に基づく，口蓋化規則適用の度合いの違いを説明する一方，発話速度の違いによって，形成される接語グループ（CG）の領域の相違に基づいて，的確に説明することが可能であり，（42）に示す口蓋化の現象は（43）のように定式化することが可能である（Φ は休止を示す）．

(42) a.　Low frequency（使用頻度が低い）： [d] [j] → [dj]

　　　　　(good) PW Φ (you) PW 　→ (good) CG (you) CG

　　b.　High frequency（使用頻度が高い）： [d] [j] → [dʒ]

　　　　　(Would) PW (you) PW 　→ (Would you) CG

(43) 　(1)　Obligatory palatalization：Internal Words（語内部）

　　　　　（義務的口蓋化）

　　(2)　Optional palatalizaion I：High frequency → applied

　　　　　（随意的口蓋化：語を越えた領域）（高い頻度）　　　（規則適用）

　　(3)　Optional palatalization II：Low frequency → not applied

　　　　　（随意的口蓋化：語を越えた領域）（低い頻度）　　（規則不適用）

また，Hayes（1989）では，接語グループ（Clitic Group: CG）が語末の [v] 削除規則（[v]-deletion rule）の規則の適用の有無を説明すると述べている．しかし，CG 内でのみ適用されていた規則が，実際には発話速度が速くなれば，CG の領域を越えても適用される例が実際には存在し（CG の再構築化），これは決して，統語・文法範疇の概念では説明できないものである．

(44) a.　[v] → φ / ___ # C　　　　　　　　　　　　　　（Selkirk (1972)）

　　b.　[v] → φ / [___ # C] CG

(45) a.　[Please]CG [leave them]CG [alone]CG

　　　　　　　　　　[v]

　　b.　[Will you save me]CG [a seat?]CG

　　　　　　　　　　[v]

(46) a.　[Give]CG [Maureen]CG [some]CG

　　　　*[v]

　　b.　[We'll save]CG [those people]CG [a seat]CG

　　　　　　*[v]

（Hayes (1989)）

(47) a. [Give]CG [Maureen]CG [some]CG
　　　→ [Give Maureen]CG ... (Restructuring: fast speech only)
　　　　[v]

　　b. [We'll save]CG [those people]CG [a seat]CG
　　　→ [We'll save those people]CG... (Restructuring: fast speech only)
　　　　[v]　　　　　　　　　　　　　　　　　　　(Selkirk (1972))

接語グループを音韻規則の適用領域とするものとして，先に述べた英語の口蓋化規則と同じように，次のような口蓋化（palatalization）も挙げることができる．この規則については，その定式化は次のように示される．

(48) a. [s, z] → [š[28], ž] / ___ [š, ž]
　　b. [s, z] → [š, ž] / [___ [š, ž]] CG

(49) a. [his shadow]CG
　　　　[ž]

　　b. [is Sheila]CG [coming?]CG
　　　　[ž]

　　c. [as shallow]CG [as Sheila]CG
　　　　[ž]　　　　　　　　[ž]

(50) a. [Laura's]CG [shadow] (normal rate of speech)
　　　　　*[ž]

　　b. [he sees]CG [Sheila]CG (normal rate of speech)
　　　　　*[ž]

　　c. [those boys]CG [shun him]CG (normal rate of speech)
　　　　　*[ž]　　　　　　　　　　　　　　　　(Jensen (1993))

(51) a. [Laura's]CG [shadow] (fast or sloppy speech)
　　　　[ž]

　　b. [he sees]CG [Sheila]CG (fast or sloppy speech)
　　　　[ž]

　　c. [those boys]CG [shun him]CG (fast or sloppy speech)
　　　　[ž]　　　　　　　　　　　　　　　　　(Jensen (1993))

---

[28] IPA の [ʃ] [ʒ] と同じ．CG については，西原 (2016)，Vogel (2018) を参照のこと．

第 3 章　音律音韻論と音韻分析　　　　　　　　　　　　　　　　151

これらの音韻現象も，[v] 削除規則（[v]-deletion rule）と同様に，接語グループの適用領域の発話速度のよる再構築化ということによって説明が可能となる．それゆえ，西原（2002）では，これらの現象を的確に説明するために，以下のような制約を新たに，提案をしている．

(52) 　Clitic Group Restructuring（CGR：接語グループ再構築）
　　　 一定の発話速度を越えた速い発話（rapid speech）において，CG は再構築される．
　　　 [X…]CG [Y…]CG → [X… Y…]CG (fast speech only)
　　　　　　　　　　　　　　　　　　　　　　　　　　　（西原（2002））

次に，英語の強勢の衝突を避けるための音韻規則として，有名なリズム規則（Rhythm Rule: RR）が挙げられる．例えば，thirtéen mén → thírteen mén（W S S → S W S）のように，本来の強勢が別の位置に移動する変化は，英語に好ましい強弱リズム（SW）を作り出すものであり，この規則は様々な観点から，その規則適用の有無が説明されてきている．

例えば，Hayes (1989) では，同じ名詞句内にある [Chinése díshes] NP は RR が適用されて [Chínese díshes] NP となるが，異なる名詞句に属する [Chinése] NP [díshes] NP は RR が適用されることはないと，統語的観点からの説明が可能であるとしながらも，音律音韻論では，先に述べた統語情報をもとにして構築される音律範疇（Prosodic Categories）の 1 つである音韻句（PP）によっても，的確に説明が可能であるとしている．この場合，前者の構造は 1 つの PP に属しているために RR が適用されるとしているが（Chínese díshes)PP，一方，後者は異なった PP に属していることから，その音韻適用が阻止されていると説明できる（次を参照：(Chinése)PP (díshes)PP）．

(53)
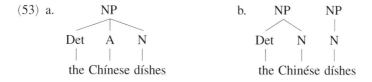

(54)

そして，Hammond (1999a) はこれらの RR の漸次的適用（条件を満たしていても規則適用を，受けやすいものとそうでないものが併存すること）を，先行する語（第一要素）の使用頻度の観点から，説明をしている．すなわち，先行する語が使用頻度の高い語である時，RR が適用しやすく（ántique book），一方，使用頻度の低い語の場合は（arcáne book），RR が適用されにくくなると指摘している．

したがって，RR の適用範囲である PP の発話速度による再構築の観点から説明を行うことができる．すなわち，上記で述べた使用頻度の高い先行語と後続語の間の休止の長さは短く，使用頻度の低い先行語と後続語の間の休止は長くなるという観点から，(55a) は 1 つの PP を構成（ántique book）PP するが，(55b) は 2 つの PP を構成（arcáne）PP（book）PP していると考えることによって，RR の適用の有無の漸次性を的確に説明できる．

(55) a. 使用頻度大（休止が短い）：(ántique book)PP
　　　 b. 使用頻度小（休止が長い）：(arcáne)PP (book)PP

英語のリズム規則においても，その規則適用の度合いは，英語のリズム特有の「等時性」とは関係なく，実際に発話に関わる「物理的時間」が関与していると，Hayes (1984) で，以下 (56) のように述べられている（太字は筆者によるもの）．

(56) Hayes also suggests in appendix that the spacing requirement of eurhythmy counts not syllables but **actual time**.　　(Hayes (1984))

また，Kaisse (1990) でも，同様の主張がなされており，(57) のような図示が行われており，実際に強勢と強勢の間の時間が長い単語連ほど，RR の適用率は低くなる（太字は筆者によるもの）．

(57) Rhythm Rule in English（英語のリズム規則）

 a. Tennessée abbreviátions   (adjustment least likely：適用率小)

 b. Tennessée legislátion   ↑

 c. Tennessée connéctions   ↓

 d. Tennessée rélatives   (adjustment most likely：適用率大)

                  (Kaisse (1990))

また，Kean（1977）では，英語の失語症患者における脱落要素の分析において，音韻範疇で最も小さな音韻単位である（音節以下の単位を除く）音韻語（Phonological Word: PW）という概念を用いて，その説明を試みていた．Kean（1977）は，Siegel（1974）によって提唱された，語（語基）との結び付きが強く，強勢移動を引き起こすことがある接尾辞を，クラスⅠ接尾辞とし，語基との結び付きが弱く，強勢移動を引き起こさないような接尾辞を，クラスⅡ接尾辞の役割を区別した．

そして，Kean（1977）は，クラスⅠ接尾辞は，（58）に見るように先行する語（語基）に取り込まれ，1つの音韻語を構築するのに対して，クラスⅡ接尾辞は，取り込まれることがなく，音韻語の外側に置かれることとなり，この部分が脱落する要素であるという予測をし，実際に，英語の失語症患者の音韻的症例と一致することとなり，音韻語の妥当性が示されることとなる．

(58) a [# [# definite +]ive #]（クラスⅠ）→ (definite ive)PW

  b [# [# definite #]ness #]（クラスⅡ）→ (definite)PW(~~ness~~)

                  (Kean (1977))

この音韻語の役割とその形成については，Booij and Rubach（1984）においても提案がなされている．彼らによれば，クラスⅠ接辞はこう着接辞（cohering affixes）とよばれ，前の音韻語に吸着されるのに対し，クラスⅡ接辞は非こう着接辞（non-cohering affixes）とよばれ，前の音韻語とは独立して，新たな音韻語を形成すると指摘されている．

(59) a. cohering affixes   : -ity

  b. non-cohering affixes : -un

  c. (un)PW (grammatical-ity)PW

               (Booij and Rubach (1984))

さらに，Szpyra（1989）においても，同じように，クラス I 接辞とクラス II 接辞の違いが，（60）のようにして定義，定式化がなされているが，その働きと機能は，Booij and Rubach（1984）とほぼ同じと考えてよい．

(60)　　　　　　　　　Suffixes　Prefixes
　　　　Class I　　　＋X　　　X＋
　　　　Class II　　［＋X］　　［X＋］
　　　　　　　　［　］　→　（［　］)PW　　　　　　　　（Szpyra（1989））

上記の定式化によって，"ungrammaticality" という語などは，以下（61）のように派生されることになる．

(61)　Lexicon　(grammatical)PW
　　　Class I　(grammatical＋ity)PW　　　　　(democrat＋y)PW
　　　Class II　(un)PW(grammatical＋ity)　　　(refuse)PW(al)PW

そして，Kean（1977）では，（62），（63）のように定義することによって，英語の失語症患者における，その他の脱落要素についても，説明を試みていた．

(62)　… function words, like the plural marker -s and the nominalization suffixes -ness and -ing, are not phonological words.（Kean（1977））

(63)　Items which are not phonological words tend to be omitted in the language of Broca's aphasics.　　　　　　　　　　　　（Kean（1977））

(62) や（63）の定義にしたがって，英語の失語症患者の脱落要素である，音韻語の外側に位置する機能語である屈折接尾辞や，冠詞などの脱落も，（64）に示されるように，的確に説明することができる．

(64) a.　[# [# look #]s #]　→　(look)PW(s)
　　 b.　[# [# look #]ing #]　→　(look)PW(~~ing~~)
　　 c.　[# the [# book #] #]　→　(~~the~~) (book)PW
　　 d.　[# [# look #]ed #]　→　(look)PW(~~ed~~)

このようにして，音韻語という単位を構築，提案することによって，失語症患者の発話を的確に説明できることから，この音韻語という音律的単位は妥当なものである．

第 3 章 音律音韻論と音韻分析 155

さらに，のち提唱される，制約を用いた音韻理論である最適性理論（Optimality Theory）でも，この音韻語という概念はまた，音律語（prosodic word）などと名称が変えられながら，その理論の枠組みの 1 つの中心的概念となる.

3.2. wanna 縮約

本章では，音韻規則の適用に関して，統語論の要素がどのように関わってくるのか，また，あるとすればどのように関わってくるのか，それとも関わりというものが無視されるべきものなのかという事を，概観することになる.

代表的な，音韻規則と統語論との関わりとしては，wanna 縮約（wanna-contraction）をとり挙げることになる. そこで，以下の例を参照していただきたい.

(65) a. want to → wanna

(66) a. Who do you want to see?

→ Who do you wanna see?

b. Who do you want to see John?

→ Who do you *wanna see John?

(65) で示された定式の条件を満たし，(66a, b) のいずれもがしたがっているにもかかわらず，(66b) の例のみが，wanna 縮約への変化が認められていない. この規則適用の違いは，統語的要素の存在によって，説明することができる. すなわち，(66a) では，want to の間には統語的な何の要素も存在せず，完全に 2 つの語は隣接しているのに対して，(66b) では，文頭に移動した Who が本来，want と to の間に介在して，文頭に移動した後にも want と to の間に痕跡（trace: *t*）を残しており，この痕跡が want と to の隣接を阻害して，規則適用を阻止していると説明される (67) を参照).

(67) a. Who do you want *t* to see you?

b. Who do you want *t* to see John?

ただ，西垣内（1996）は Native Speaker の大学生たちが，wanna 縮約はハイスクールで使用してはいけないと教えられており，大学の言語学の講義で文法的に好ましくない場合と，そうでない場合があることを知って驚くと述べてい

る．そして，文法性の概念というものの再検討が必要だと指摘している．

一方，上記と同じような例としては，以下のような代表的な例文がある．

(68) a. Teddy is the man I want to succeed.

b. Teddy is the man I wanna succeed.

この文でも，wanna 縮約は生起するが，それは，次のように，2つ文である可能性があり，それらは痕跡のある位置が異なっている．(69b) の文の解釈が可能で，痕跡位置が文末にある場合のみに縮約が可能である．

(69) a. I want Teddy to succeed.

→ Teddy is the man I want *t* to succeed.

b. I want to succeed Teddy.

→ Teddy is the man I want to succeed *t*.　　　(Dogil (1984))

しかし，実際には，以下に示されるように発話速度によって痕跡が無視されて規則の適用が見られる場合が存在するのも事実である．

(70)　We might suppose that in sloppy speech style, intervening traces are ignored, and so do not suffice to block contraction.

(Radford (1997))

それゆえ，(66) の wanna 縮約の適用は，2つの音調句 (IP) が再構築されて，1つの音調句 (IP) になるということで，音韻的観点からも，的確に説明ができる場合が以下のように存在する．

(71) a. (Who)IP (do you want)IP (*t* to kiss Bill?)IP

b. (Who)IP (do you wanna kiss Bill?)IP　　(in sloppy speech style)

3.3.　痕跡と音韻規則

前節は，音韻規則適用に統語的要素である痕跡が阻止した場合を見たが，次にあげる音韻規則類は，wanna 縮約などとは異なり，統語論の要素である痕跡の存在を無視して，音韻規則の適用が見られる類例である．

第 3 章　音律音韻論と音韻分析　　157

(72)　Flapping（弾音化）

 a.　Who did you mee[ɾ] *t* afterwards?

 b.　The man I me[ɾ] *t* afterwards was Zombaluma.

(73)　Linking-[r]（つなぎの [r]）

 a.　What do you prefe[r] *t* instead?

 b.　I can't imagine what they would wea[r] *t* otherwise.

(74)　Intrusive-[r]（かん入の [r]）

 a.　I met the man that Arthur saw-[r] *t* in the park.

 b.　Who did Picasso draw-[r] *t* on the horse?

(75)　Rhythm Rule（リズム規則）

 a.　What are they going to éxport *t* next? ($<$ éxport)

 b.　The picture that I'm going to réproduce *t* láter is that of Yanis.
  ($<$ reprodúce)

 c.　They asked me which story you are going to répresent *t* nów
  ($<$ représent)

(Nespor and Scorretti (1984))

(76)　Raddoppiamento Sintattioco（統語的子音長音化規則）

 a.　Cosa filmerá t_{wh} [d:]omani? ($<$ [d]omani)
  "What will he film tomorrow?"

 b.　Filippo è il cavallo che Monteró t_{wh} [d:]omani ($<$ [d]omani)
  "Filippo is the horse that I will ride tomorrow"

(Nespor and Vogel (1986))

(77)　Gorgia Toscana（摩擦音化）

 a.　Chi hai fotografato t_{wh} [h]ol pappagallo sulla spalla? ($<$ [k]ol)
  "Who did you take a picture of with the parrot on his shoulder?"

 b.　Questi sono I picchi che abbiamo comprato t_{wh} [h]ol sussidio
  statale. ($<$ [k]ol)
  "These are the woodpeckers that we bought with the national
  grant."

(Nespor and Vogel (1986))

(78) Nasal Assimilation in Spanish（スペイン語鼻音同化）

    a. Què come[m] t_{wh} para navidad las Tortugas? (< come[n])
       "What do turtles eat for Christmas?"

    b. Este es el coyote que fotografia[m] t_{wh} para la rivista.
       (< fotografia[n])
       "This is the coyote that they are taking a picture of for the maga-
       zine."

                                        (Nespor and Vogel (1986))

    c. Que canta[m] t wh para navidad?
       "What do they sing for Christmas?"

    d. Que cosa prepara[m] t wh para la comida?
       "What do they prepare for dinner?"

                                 (Nespor and Scorretti (1985))

(79) Stress Retraction in Italian（イタリア語強勢回避）

    a. Ho giá captio quello che fáro t_{wh} dópo. (< faró)
       "I've already understood what I will do afterward."

    b. Ci si domanda cosa fára t_{wh} dópo. (< fará)
       "One wonders what he'll do afterward."

                                   (Nespor and Vogel (1986))

(80) Brazilian Destressing（ブラジル語強勢弱化）

    a. Nao se o quem ele viu t_{wh} agora. (viu → vju)
       "I don't know who he saw now."

    b. O omen quem ele viu t_{wh} agora chegou. (viu → vju)
       "The man that he saw now arrived"

(81) Palatalization in English（英語の口蓋化）

    a. I can't understand what it i[dʒ] t_{wh} you're saying.

    b. I didn't like the apartment I looked a[tʃ] t yesterday.

                                            （西原 (1992)）

　さらに，次のような統語要素の空所化 (gapping: φ) においても，口蓋化規則の適用の有無に関して，適用の割合が異なり，空所化のある文 (82b), (83b) における口蓋化規則の適用率は，空所化のない文 (82a), (83a) よりも低く

なっている.

(82) a. The seamstress wove your hat and then ma[d]e [y]our scarf.

b. The seamstress wove your hat and the mai[d]φ [y]our scarf. (φ = wove)

(83) a. The porter took your bags and weighe[d] [y]our luggage.

b. The porter took your bags and Wa[d]eφ [y]our luggage. (φ = took)

3.4. 重名詞句移動と音韻論

一般的に，重名詞句移動（Heavy NP Shift）は Ross（1986）などにおいては，語順を決定する統語的機能であると考えられてきており，重名詞句（Syntactic Heaviness）は文の右側に移動させられることがあると，指摘されている.

そこで，次のような重名詞句移動という現象が見られる.

(84) a. John gave a book about linguistics to Mary.

→ John gave *t* to Mary [a book about linguistics.]

しかし，重い名詞句でないもの，すなわち短い名詞句などは，重名詞句移動を受けないと説明されてきた（以下を参照）.

(85) a. *He threw into the wastebasket [the letter].　　　（Ross（1986））

b. *He threw into the wastebasket [it].　　　（Golston（1995））

c. *We elected president [my father].　　　（Ross（1986））

d. *The American people recently elected to the presidency [him].

（畠山（2006））

Rochemont and Culicover（1990）や Takano（1998）は，重名詞句移動が起きるのにはある種の焦点が必要となると指摘しているが，これは英語が文末焦点（end-focus）を求めるというところから，当然であると考えられる．そして，Zec and Inkelas（1990）は統語的な条件だけではなく，移動させられる（重）名詞句は，枝分かれしている音韻句（branching at the Phonological

160　　第 II 部　最新の音声学・音韻論研究の進展

Phrases: Phonological Heaviness) であると解釈することによって，音韻論的な観点から重名詞句移動の適格，不適格を説明しようとしている．そこで，Akasaka and Tateishi (2001) もこのような音韻論的重さによる説明が妥当であるとしている（以下，(86) を参照）．

(86) a. *Mark showed to John [some letters]PP.

　　 b.　Mark showed to John [[some letters]PP [from Paris]PP].

　　 c.　Mark showed to John [[some letters]PP [from his beloved city] PP].　　　　　　　　　　　　　　　　　　(Zec and Inkelas (1990))

　　 d. *I found in the dictionary the word linguistics. (中村・金子 (2002))

　　 e.　I looked up in the dictionary *pneumonoultramicroscopicsilicovolcanoconiosis.*　　　　　　　　　　(Akasaka and Tateishi (2001))

3.5.　A-An Alternation Rule (不定冠詞交替規則)

　英語の不定冠詞である "a" は後続する単語（名詞）の最初の音が母音の場合には，異形態とされる "an" となるが，本来この不定冠詞は "an" = "one" という意味で，歴史的には，"an" のあとの "n" が子音の前では発音されなくなったことで，この交替現象が起きた．したがって，この現象は次のように定式化することが可能である（ここで # は語境界を示す）．

(87)　 a → an / ___ (#) V

　　　（歴史的背景：an → a / ___ (#) C）

そして，以下に見られるように，不定冠詞の "a" と "an" の交替現象がさまざまな音声的要素・要因に基づいて現れる．

(88) a.　I saw [an]----umm----[o]ctopus. (*a)

　　 b.　I saw [a]----umm----[v]ery large octopus. (*an)

　　 c.　I saw [an]----good lord, what was that?----[o]ctopus yesterday. (*a)

　　 d.　[an]...[E]skimo pie. (*a)　　　　　　　　　　　(Kaisse (1985))

先に指摘した例では，「ためらい」や「休止」といった音声的要因が 2 つの

第 3 章　音律音韻論と音韻分析　　　161

単語の間を分割しているにもかかわらず，不定冠詞交替規則が適用されていることがわかる．したがって，この規則は統語的に条件づけられている音韻規則であるということもわかる．

　しかし，次にあげるような英語の口蓋化規則などでは，例文に見られるように，「ためらい」や「休止」によって規則適用が不可能となるので，この規則は音韻的（音声的）に条件づけられた音韻規則である．

(89) a.　No[t]…you! (*No[tʃ]]…you!)

　　b.　I'll ge[tʃ]] (*…umm) your coat.

　　c.　I'll ge[tʃ]] (----good lord, what was that----) your umbrella.

(Kaisse (1985))

しかし，実際には，次に見るような統語的要因によって，口蓋化規則の適用の有無に影響がでる場合も存在する．

(90) a.　I know what you want.

　　　→ I know wha[tʃ] want.

　　b.　I hit your brother.

　　　→ I hi[tʃ] your brother

　　c.　I want you to leave.

　　　→ I wan[tʃ]ou to leave.

(91) a.　I know what Eunice wants.

　　　→ *I know wha[tʃ] Eunice wants.

　　b.　I hit Yorick.

　　　→ *I hi[tʃ]orick.

　　c.　I want universal freedom..

　　　→ *I wan[tʃ] universal freedom.　　　(Kaye (1989))

2 種類の例文群で，口蓋化が適用されている例文は，後続する要素が代名詞（you）であるのに対して，例文で口蓋化が適用されない場合は，後続する要素が，普通の名詞（名詞句）であるというような統語範疇の違いが見られ，口蓋化規則適用の有無に統語的要素が関係していることがわかる．

　しかし，単純に統語的範疇によって，口蓋化の規則適用が説明できないような例も存在しており，それらの例文を以下に例示する．

162   第 II 部   最新の音声学・音韻論研究の進展

(92) a. I miss Europe.

→ I mi[ʃ]urope（動詞＋名詞）

b. This is Miss Europe.

→ *This is mi[ʃ]urope.（名詞＋名詞）   (Mohanan (1986))

3.6.   音韻規則適用と強勢・焦点付与

先の節は，音韻規則適用と意味論との関連性について概観をしたが，ここでは音韻規則適用と（対照）強勢や焦点付与との関連性を概観することにする．

そして，まずは先の章で見たハンガリー語の L- 口蓋化が，普遍的数量詞の影響だけでなく，文中における焦点付与（[＋F]）によっても，音調句の再構成が行われて，L- 口蓋化の音韻適用の有無に変化が生じることが，次の例からもわかる．

(93) a. l → L / [... __ j]IP

b. [IP minden nyúL Júliát   szerti a   legjobban]

every   rabbit Julia-acc likes the best

"For every rabbit, it is Julia that it likes best"

c. [IP minden nyúl]   [IP Júliát szerti a legjobban]

[＋F]   (Vogel and Kenesei (1990))

(93c) では，Júliát に焦点が当てられることによって，その右側で，音調句が再構築されることになるので（左側に新たな音調句ができる），この場合，(93b)のような 1 つの音調句は分割され，(93b) とは異なり，(93c) では nyúl の "l"は最初の音調句に属し，"j" は 2 つめの音調句に属することになるので，口蓋化が適用されないということになる．

この焦点が，音韻規則適用に重要な役割をしているのは，イタリア語においても見る事ができる．それは，Raddoppiamento Sintattioco（統語的子音長音化規則）であり，この音韻規則の適用領域も音韻句であるが，具体例として，前者のように 2 つの音韻句にまたがっている場合，この規則は適用されないが，音韻句内の後続する語（CÁNTANO）に焦点 [＋F] が当てられると，音韻句の再構築が行われ，音韻句が 1 つとなり，音韻規則が適用されることになる．

第 3 章　音律音韻論と音韻分析　　　163

(94)　Raddoppiamento Sintattico (RS)

　　　C → C: / [V [+stress]#＿＿ [+son]]PP

(95)　a.　[PP I colibrí] [PP cántano]

　　　　　"Hummingbirds sing"

　　　b.　[PP I colibrí CÁNTANO]

　　　　　　　　　　[+F]

　　　　　→… [k:]ANTANO

また，イタリア語の強勢調整規則 (Stress Adjustment Rule) にも同様の現象
が見られる (以下を参照).

(96)　a.　[i colibrí vérdi]PP　　　　→ cólibri vérdi (強勢移動あり)

　　　　　"the green hummingbirds"

　　　b.　[I colibrí]PP [cántano]PP　→ no change (強勢移動なし)

　　　　　"Hummingbirds sing"

　　　c.　[I colibrí CÁNTANO]PP　→ …cólibri…. (強勢移動あり)

　　　　　　　[+F]

　　　　　"Hummingbirds SING"　　　　　　　　　(Vogel (1994))

さらに，上記でみた 2 つの音韻規則である，統語的子音長音化規則 (RS) と
強勢調整規則 (SA) が，適用条件を満たせば，焦点付与によって音韻規則の
適用がなされるような例も以下に見られる.

(97)　a.　Lo fará [k]arla　　　(Neutral: no rules apply)

　　　　　"Carla will do it"

　　　　　　　　↓

　　　b.　Lo fará [k:]ARLA　　(Focus [+F]: RS applies)

　　　　　　　　or

　　　c.　Lo fára CÁRLA　　　(Focus [+F]: SA applies)

　　　　　　　　　　　　　　　　　　　　　(Vogel (1994))

　このように，ある語 (音韻句) に焦点 (focus) が当てられることによっ
て，音韻規則の適用が行われ，それは音韻句の再構築によるものであると，
Kenesei and Vogel (1993) は提案している．そこで，焦点を受けた語 (音韻

句）は左側の音韻句に融合して，1つの新たな音韻句を構成することによって，英語のリズム規則（Rhythm Rule: RR）の適用が行われるとも主張している（以下を参照）.

(98) a.　[The racketéer]PP [ácted]PP [innocent]PP, but he really wasn't.

　　　　　　　　　　　　　　　　　　　　　　　　(not applied：不適用)

　　 b.　[The rácketeer ÁCTED]PP [innocent]PP, but he really wasn't.

　　　　　　　[+F]　　　　　　　　　　　　　　(applied：適用)

　　　　　　　　　　　　　　　　　　(Kenesei and Vogel (1993))

また，英語の以下の例文でも，焦点が付与されることによって音律範疇である音調句（IP）が再構築されると Nespor and Vogel (1986) では指摘されている．彼女らの主張によれば，以下のような通常，強勢を受けない代名詞が対照強勢（Contrastive Prominence: CP）を付与されると，単一の音調句が分割されるとして，次のような例文を提示している．

(99) a.　[$_{IP}$ Paul called Paula before she called him]

　　 b.　[$_{IP}$ Paul called Paula] [$_{IP}$ before *she*] [$_{IP}$ called *him*]

　　　　　　　　　　　　　　 [+CP]　　　　 [+CP]

　音律音韻論における音律範疇と統語論における統語範疇の一番大きな違いは，音律範疇が様々な要因によってその領域を拡大したりすることができるが，統語範疇では，決してそのような変化が生じないという点である.

　これらの現象から，Frascarelli (2000) も，以下に挙げるような，焦点付与（[+F])による音韻句の再構築規則を提案している.

(100)　[Y1 Y2]PP [X$_{[+F]}$ ...]PP → [Y1 Y2, X$_{[+F]}$ ...]PP

　　　　　　　　　　　　　　　　　　　　(Frascarelli (2000))

さらに，Kenesei and Vogel (1993) でも，焦点付与（[+F])に基づく音韻句の再構築が以下に見られ，行われると，指摘している.

第3章　音律音韻論と音韻分析　　　　　165

(101)　　　[X1　X2]　　[X3　X4]　　[X5　X6]
　　　　　　　　　　　[＋F]
　　　→[X1　X2　　X3]　[X4]　[X5　X6]
　　　　　　　　　　[＋F]
　　　→[X1　X2　　X3]　[X4　　X5　X6]
　　　　　　　　　　[＋F]

(Kenesei and Vogel (1993))

焦点付与 ([＋F]) によって，細区分化されていた音韻句が再構築されることによって，拡大化された音韻句が形成されていることがわかる.

　ゆえに，これらの再構築によって，次に挙げる2つのリズム規則の適用も的確に説明できる.

(102)　a.　They managed [to outcláss] [DÉLAWARE'S cantéen] [éasily]

　　→ b.　… [to óutclass DÉLAWARE'S] [cantéen] [éasily]

　　→ c.　… [to óutclass DÉLAWARE'S] [cánteen éasily]

(Kenesei and Vogel (1993))

また，重名詞句移動 (Heavy NP Shift) は，語順を決定する統語的機能であると考えられており，重名詞句 (Syntactic Heaviness) は文の右側に移動させられることがあると，指摘されていた. したがって，重い名詞句でないもの，すなわち短い名詞句などは，文末への (右側への) 移動を受けないと説明されてきている (以下を参照).

(103)　a. *He threw into the wastebasket [the letter].　　　(Ross (1986))

　　　　b. *He threw into the wastebasket [it].　　　(Golston (1995))

　　　　c. *We elected president [my father].　　　(Ross (1986))

　　　　d. *The American people recently elected to the presidency [him].

(畠山 (2006))

しかし，Rochemont and Culicover (1990) や Takano (1998) は，重名詞句移動が起きるのにはある種の焦点が必要となると指摘しているが，これは英語が文末焦点 (end-focus) を求めるという観点から考えれば，当然のことであるといえる. Zec and Inkelas (1990) は統語的な条件ではなく，移動させられ

る（重）名詞句は，枝分かれしている音韻句（branching at the Phonological Phrases: Phonological Heaviness）であると規定することによって，音韻論的な観点から重名詞句移動の適格性を説明している．

しかしながら，Guasti and Nespor（1999）は，移動させられた名詞句が音韻的に枝分かれしている重いものだけではなく，軽い名詞句でも対照強勢（contrastive stress）を受けたとき，容認可能になると指摘している（以下を参照）．

(104) [T]he heaviness of the NP may be measured not only in terms of the number of phonological phrases it consists of, but in terms of stress …. (Guasti and Nespor (1999))

(105) I put on the table [some BOOKS]. (not a Christmas card)
(Guasti and Nespor (1999))

このような対照強勢として，ある語（音韻句）に焦点（focus）が当てられることによって，焦点の当たった語が含まれる音韻句が英語母語話者によって，この音韻句はその前方で下降調が，そして後方で軽い上昇調で発話される．このことから，この移動してきた焦点を受けた軽い名詞句は音韻句を構成しており，意味論的重さ（Semantic Heaviness）を受けており，文末に移動することが認められるという考え方をここでは援用できる．

(106) a. He threw [[into the wastebasket]PP [the LETTER]PP].
(not the book)

b. He threw [[into the wastebasket]PP [THAT]PP]. (not others)

c. We elected [[president]PP [my FATHER]PP]. (not my mother)

d. The American people recently elected [[to the presidency]PP [HIM]PP]. (not her)

e. I put [on the table]PP [some BOOKS]PP]. (not a Christmas card)

さらに，Wheeldon（2000）は，それほど重くない句構造（107a），（108a）である音韻句が先行する音韻句に融合され，その結果，リズム規則が適用されている例を以下のように挙げている．このように統語範疇の違いからでは説明がつかない現象からも，軽い名詞句を含む音韻句が先行する音韻句と融合する

第3章　音律音韻論と音韻分析　　　167

という Kenesei and Vogel (1993) の枠組みがある程度正しい提案であると考えられる.

(107) a. [She could not tolerate the nòtoríety]PP [of bánkruptcy and divorce]PP

→ b. [She could not tolerate the notóriety of bánkruptcy]PP

(108) a. [Given the chance rabbits reprodúce]PP [véry quickly]PP

→ b. [Given the chance rabbits réprodùce quíckly]PP

(Wheeldon (2000))

上記に挙げたのと同じような例として，Vogel and Kenesei (1990) では，ハンガリー語 (Hungarian) においても，意味部門の数量詞が音韻規則適用に重要な役割りをしていると指摘している．具体的には以下に述べる L-口蓋化 (L-Palatalization) が，Nespor and Vogel (1986) などで提唱された音律音韻論の基本概念である音律範疇の1つである音調句 (Intonational Phrase: IP) の内部において音韻規則は適用されるが，2つの IP にまたがって音韻規則が適用されることはないと指摘している.

(109)　L-Palatalization (L- 口蓋化)

l → L / [... ___ j...]IP (L = Palatalized (口蓋化))

(Vogel and Kenesei (1987))

そこで，以下に見られるように焦点 ([F+]) があてられると，その右側の IP が再構築されることがわかる.

(110) a.　[[　]PP]IP [[+F]PP [　]PP [　]PP]IP

b.　[[　]PP]IP [[　]PP [[+F]PP [　]PP]IP

c.　[[　]PP]IP [[　]PP]IP [[　]PP]IP [[　]IP]IP

(Vogel (1989))

したがって，(111a) の先頭の単語 (IP) に焦点があてられることで，その右側の IP が新たに，再構築されることで，(111b) のように，口蓋化が適用される.

(111) a. [Pál]IP [fel]IP [Jánostól]IP

"Paul-nom fears John from"

(Paul is afraid of John)

b. [Péter féL Jánostól is]IP

[F+]

"Peter fears John-from even"

(It is Peter that is afraid even of John)

(Vogel and Kenesei (1987))

ハンガリー語においても普遍的数量詞が音韻部門に関与し，音韻規則適用領域である音調句（IP）が音調句再構築原則にしたがって，次のように音調句が再構築されることになる．

(112) a. [$_S$ [$_{IP}$ PP] [$_{IP}$ PP] [$_{IP}$ PP] …]

b. [$_S$ [$_{IP}$ PP] [$_{IP}$ QP PP PP] …]

(QP＝Quantifier Constituent: 数量詞構成素)

(Vogel and Kenesei (1990))

上記の原則にしたがえば，(113a) の IP は "only" によって IP が再構築されることになるので，(113b) のような IP が導きだされて，L-口蓋化が適用されることになるが，(113a) では最初の L-口蓋化は適用されないこととなる．

(113) a. [$_{IP}$ Pál] [$_{IP}$ játszik] [$_{IP}$ az angoL játékkal]

"Paul plays the English toy-with"

(Paul is playing with the English toy)

b. [$_{IP}$ csak PáL játszik az angoL játékkal]

only

"Only Paul is playing with the English toy"

3.7. まとめ

以上，本章では，音律音韻論とそれに関わる音韻分析について概説をした．また，音律音韻論における音律階層に基づくさまざまな，音韻論における音韻現象の分析を行うとともに，音律音韻論の枠組みの有効性を明確に提示した．

第Ⅲ部

最新のレキシコンと
形態論の進展*

長野明子（東北大学）

---

　* 第 III 部のための研究の一部は，科学研究費補助金基盤研究 （C）（課題番号 16K02754）
と挑戦的萌芽研究（課題番号 16K13234）の援助を受けている．

序　章

はじめに

　第 III 部では，語に関わる部門であるレキシコンと形態論について学ぶ．レキシコン (lexicon) とは，「人が母語の語彙についてもっている知識の総体」（伊藤・杉岡 (2016: 113)) であり，メンタル・レキシコンとも呼ばれる頭の中の辞書である．一方，**形態論** (morphology) とは，語の生成や解釈に関わる文法の一部門のことをいう．「形態論」という用語は，これに加えて，「形態論の進展」のように研究分野を指すこともあるし，「この言語は形態論が豊かだ」のように現象を指すこともある．

　日本語で書かれた分野の概説書としては，竝木 (1985)『語形成』，大石 (1988)『形態論』，影山 (1999)『形態論と意味』，伊藤・杉岡 (2002)『語の仕組みと語形成』，吉村（編）(2003)『認知音韻・形態論』，上原・熊代 (2007)『音韻・形態のメカニズム』，斎藤・石井（編）(2011)『これからの語彙論』，漆原（編）(2016)『形態論』などがすでにある．よって，本書では，『語彙素に基づく形態論』にターゲットを絞り，屈折・派生・借用のそれぞれに関して，レキシコンと形態論の役割分担がどのようになっているかについて，基礎的かつ中核的な事項を説明する．基体，語根，語幹，接辞といった形態分析の諸概念についても丁寧に説明する．また，日英語以外の言語からも積極的に事例を紹介する．通読することで分野の全体像がつかめるようになっている．

　『語彙素に基づく形態論』は，形態論研究の潮流のなかで位置付けるならば，ラテン語やスラブ諸語など欧州の屈折言語を土台とする研究の流れを汲んでいる．中心的に紹介する Lexeme-Morpheme Base Morphology はスラブ系

の言語学者 Robert Beard による理論であり，欧米ではよく知られている．LMBM は，ten Hacken and Thomas (2013: 12) が指摘するように，生成文法の言語観を基盤としながらも，東欧の onomasiology の考え方の影響を強く受けている．

5つの章の構成と概要は次の通りである．

第1章「語彙素とその語形，内容語と機能語」では，語を分析する際の基礎となる語彙素とその語形という区別について学ぶ．また，この区別と，内容語と機能語という言語学で広く使われる区別の関係について学ぶ．語彙素はレキシコンの単位であるのに対し，語形を構成する文法的形態素や機能語は形態論の単位である．形態論にとって重要なのは，機能の具現（morphological realization）という働きである．

第2章「語彙素のレキシコン表示と語形変化」では，語彙素がレキシコンでどのように表示されているかを具体的に見たうえで，その語形変化について，名詞語彙素の場合と動詞語彙素の場合に分けて概観する．語彙素に内在する統語情報（G_L 情報と呼ぶ）による語形変化と，句構造のなかで与えられる統語情報（G_I 情報と呼ぶ）による語形変化を区別する．これら2種類の語形変化の区別の基準は，同一機能を有する機能語の存在である．

第3章「レキシコンの拡大 I：語形成」では，既存の語彙素から新しい語彙素を作る語形成の現象について考える．語彙主義の考え方によれば，レキシコンは語彙素を蓄積しておく記憶装置であるだけでなく，独自の生産的・創造的操作を行う場所である．本章では派生に焦点をあて，レキシコンでどのような操作が行われるかを説明する．基体となる既存語のレキシコン表示の統語情報を変更する操作，意味情報を変更する操作，それらを組み合わせた操作がある．これらの操作と，接辞付加や転換といった形式面の対応についても見る．

第4章「レキシコンの拡大 II：借用」では，語形成と並んでレキシコンを拡大する方策として使われる借用について学ぶ．この章の内容は，前掲の概説書にはないものであり，「最新のレキシコンと形態論の進展」という第 III 部表題の「最新」という部分に最もかなう章である．借用に関する言語接触学の知見を紹介し，そこで見つかっている興味深い事実を第1章から第3章の枠組みの中に位置づけていく．キーワードとなるのは，借用と強制の区別，語彙的借用と文法的借用の区別，接辞借用の可能性とそのプロセス，そしてマター借用とパターン借用の区別である．

第 III 部　最新のレキシコンと形態論の進展

第5章「総括」では，全体の総括を行い，語彙素基盤の形態理論における今後の研究課題について述べる．

表記方法について述べておこう．専門用語は，「**語彙素** (lexeme)」のように**太字日本語**（対応英語表現）という形で表記する．訳語は亀井ほか（1995），中野ほか（2015），斎藤ほか（2015）を参考にした．「表示 (representation)」のように，太文字ではない日本語に英語表現が続く場合は，理解を助けるための日英両語併記である．英語の用語に対し日本語の定訳がない場合は，英語用語だけを用いるか，あるいは拙訳で日本語を導入する．地の文で言語表現を事例として挙げる場合，日本語の事例なら引用符に入れるが，英語の事例なら入れない．英語例は，語彙素と語形の区別を特に意識してもらいたい箇所でのみ，Matthews（1972）以来の慣例にならい，語彙素をスモールキャピタル体，語形を斜字体で，それぞれ区別するが，それ以外のところでは，事例もローマン体で表記する．事例に注釈 (gloss) を付けねばならない場合は，引用する文献の表記に従うこととし，当該事例が出てくる箇所でその読み方を注記する．接辞前後のハイフンは，接頭辞 (pre-) と接尾辞 (-ment) の区別を表す．この区別が自明の場合は，ハイフンを付けないこともある．

末筆ながら，執筆の機会を与えて下さった編集の先生方，特に宮城教育大学の西原哲雄先生にお礼申し上げたい．また，開拓社編集長の川田賢氏にも深謝申し上げる．編集上のご助力なくしては仕上げることはできなかった．第 III 部の遅れで第 I 部・第 II 部ご担当の先生方にはご迷惑をおかけした．執筆に際しては，レキシコン研究会の皆さんや津田塾大学言語文化研究所「英語の通時的・共時的研究の会」の皆さん，東北大学や筑波大学の関係者から様々な示唆や助力を得た．特に，西牧和也氏，納谷亮平氏，若松弘子氏，石田崇氏は，草稿の不備を正しく指摘し，疑問や修正案をご提示下さった．また，分野の恩師である島村礼子先生と並木崇康先生のご研究から得たことは，逐一文献を挙げることができないほど論考の基盤となっている．Aronoff の形態論について指導して下さったのは島村先生である．そして，Aronoff（2016）の研究者分類にいうキツネ族としては，強硬なハリネズミ族のひとりでおられる島田雅晴氏からの助言に大いに助けられた．本章の内容に関する責任はすべて筆者のものであることは言うまでもない．

第 1 章

語彙素とその語形，内容語と機能語

1.1.　もっとも基本的な分類

　語という単位は，**語彙素**（lexeme）と**語形**（word-forms）という 2 つのレベルに分けて考える必要がある（斎藤・石井（2011: 5-6），Bauer et al.（2013: 7-9））．語彙素は，発音されることのない抽象的単位であり，**レキシコン**における見出し語のようなものである．英語の場合，スモールキャピタルで書くことになっている．一方，語形とは，語彙素が実際に発音される時，つまり，文中で使われる時にとる形のことである．英語では斜字体で書くことになっている．例えば，「GIRL という語彙素は，*girl, girls* という語形をとる」，「PUT という語彙素は *put, puts* という語形をとる」，「DESTROY という語彙素は *destroy, destroys, destroyed* という語形をとる」のようにいう．これは，伝統的に**語形変化**といわれる現象である．語彙素の**屈折**（inflection）と呼ばれることもある．

　語形とは，その名の通り語の形であるので，現在形の put と過去形の put は語形としては同一である．これら直説法の put と命令法の put も，語形としては同一である．直説法現在形の put，直説法過去形の put，命令法の put という区別は，put が文中でどのように機能しているかという点まで考慮した**形態統語的な語**（morphosyntactic word）の区別である（Plag（2003: 9），Bauer et al.（2013: 10））．この用語のなかの "word" は "word-form" の意味である．一方，"morphosyntactic" という部分は「形態統語論の特性で定義される（語

173

形）」の意味であるが，「形態統語的な特性を**具現**（realize）する（語形）」と読んでもよいだろう．これは，捉え方の違いである．形態統語的な語というものについて，「形態統語的特性で定義される語形」と捉える見方を**パラダイム中心主義**（Word and Paradigm view）といい，「形態統語的特性を音形の上で具現した語形」と捉える見方を**具現中心主義**（Realizational view）という．"Word and Paradigm view" という用語における "Word" とは，語彙素のことである．語彙素のとる語形をパラダイムの構成要素として捉えるこの考え方について，本章第 4 節で触れるが，我々が採用するのは具現中心主義の分析である．

　形態統語的な語形に対し，「屈折語」（影山（2013: 15））や「屈折形」（inflectional forms）（Huddleston（2002a: 50））という用語を使うことも多いが，これらでは，例えば，過去形の put と現在形の put を区別するのかしないのかが明確ではない．どちらの語形も，屈折といえば屈折だからである．また，形態統語的な語形に対し，"grammatical word" という用語があてられることもある（例えば Aronoff（1994: 11））が，この用語は，内容語に対する機能語の意味でも使われているという問題がある（Bauer et al.（2013: 10））．

　用語の混乱から示唆されるように，語彙素と語形という区別は，内容語と機能語という区別と関係が深い．後者について，中野ほか（2015）の定義を引用しよう．

(1) a. **内容語**（content word）

　　　単独で用いられても語彙的な意味を持つ語．主に名詞，形容詞，動詞，副詞．

　 b. **機能語**（function word）

　　　単独で用いられた場合に語彙的意味をほぼ持たないが文法的機能を有する語．前置詞，接続詞，冠詞，助動詞など．

(1a) のように定義される内容語は，語彙素とその形態統語的語形の両方に相当する．さらに，Beard（1995）などの見方では，形態統語的な語形と (1b) の意味での機能語は 1 つの類を成す．この 2 つの見方は両立可能で，次のような関係になる．

第 1 章　語彙素とその語形，内容語と機能語

矢印でつながれているように，形態統語的な語形と機能語は，「文の構成に関わる」という点で 1 つのクラスを成している．「統語論に関わる」(relevant to syntax) という言い方をすることもある．形態統語的な語形を形成する**拘束文法形態素** (bound grammatical morphemes) と，機能語を形成する**自由文法形態素** (free grammatical morphemes) は，いずれも，形態統語的特性を具現する（もしくは，それによって定義される）という点で同一種類の形態素といえるのである．拘束文法形態素の例としては，girls の s, destroyed の ed, women や grew の語幹変化があり，自由文法形態素の例としては of, and, the などがある．同一特性の例を英語史から挙げれば，現代英語の **to** a good hunter は，古英語では god**um** hunt**an** (good.SG.DAT hunter.SG.DAT) と表現されていた (Trudgill (2011: 23)).[1] 古英語の例において，形容詞 good も名詞 hunter も語形変化をしているが，SG.DAT に相当する拘束形態素には，現代英語の前置詞 to と同一の特性が具現されているのである．

　機能語には，それ自体が語形変化をするものもある．代名詞や助動詞がその代表であるが，Fábregas and Scalise (2012: 73) によれば，ウェールズ語では前置詞の語形変化，オランダ語方言では接続詞の語形変化が見られる．機能語が語形変化をする場合，その語形の集合，例えば {this, these} という集合や {I, my, me} という集合をどう呼べばいいのかという疑問が生じる．{girl, girls} という語形集合と異なり，{this, these} や {I, my, me} は語彙素という単位ではない．とすれば，何という単位だろうか？　やはり「機能語」と呼ぶしかないだろう．This と these は個々に機能語であるし，{this, these} という集合も機能語である．

　内容語・機能語の区別と品詞の対応は (1) に示されているのが基本であるが，前置詞のなかでも真の機能語といえる of と内容語に近い under があるというような，個々の品詞内での下位区分はある．前置詞 under を内容語と見

---

[1] SG: Singular, DAT: Dative.

る場合には，語彙素・語形の区別をもつことになる（Nagano (2013a)）．動詞については，(1) において (1a)「動詞」と (1b)「助動詞」が区別されている．前者を「本動詞」ということもある．これは，動詞については，前置詞における under と of の区別に類する区別がすでに広く認知されていることによる．また，(1) にはないが，名詞について，「代名詞」は機能語である．よって，語彙素である複合語の内部に冠詞を入れることができないのと同様，複合語の中に代名詞を入れることはできない（森田 (2006) を参照）．

まとめると，いわゆる内容語には，語彙（レキシコン）の構成単位としての「語彙素」と，文の構成単位としての「語形」という区別がある．また，機能語は，語形と同様，文の構成単位である．機能語も，形態統語的な語形も，形態統語的特性を具現した形式である．

斎藤ほか (2015) が定義する**語彙項目** (lexical item) は，ここでいう語彙素の定義と極めて近いので，その冒頭を引用しておこう．

(2) **語彙項目** (lexical item)

特定言語の知識（その言語の使用を可能にする，母語話者に備わった暗黙の知識）は語彙 (lexicon) と（狭義の）文法 (grammar) という相補的な領域から成り立っていると考えるのが一般的であるが，そのうちの語彙（的知識）の単位を語彙項目と呼ぶ．（言語学の用語法では，特定言語の「語彙」はその言語（の代表的な使用者）の有する語彙項目の集合全体を指す．）語彙項目とは母語話者の記憶に定着している個々の表現のことであるが，これには，イディオム（例：目を皿にする），コロケーション（例：電話に出る），決まり文句（例：訪れる人の目を楽しませる），ことわざ（例：取らぬ狸の皮算用）等，語以外の定型表現 (fixed expression) が多数含まれる．（以下割愛）

1.2. 具現中心主義と分離仮説

定形節では，動詞 PUT の put という語形は現在形としても過去形としても用いられる．「put という語形は**多機能**（multifunctional）である」という言い方をするが，これはどういうことかといえば，語形や語形変化自体に「過去」とか「現在」といった特性（広い意味での意味，シニフィエ）が内在しているわけではないということである．このことは，反対に，「過去」に相当する語形には，put のようにゼロ形態，つまり，形態を変えないという方法で作られるものだけでなく，接辞による語形（例：destroyed），語幹交替による語形（例：grew），両者が組み合わされた語形（例：brought）もあることからもわかる．図 1 に示すように，語形と，語形を定義する形態統語的特性は，多対多の対応（many-to-many mapping）を示すことが多いのである．

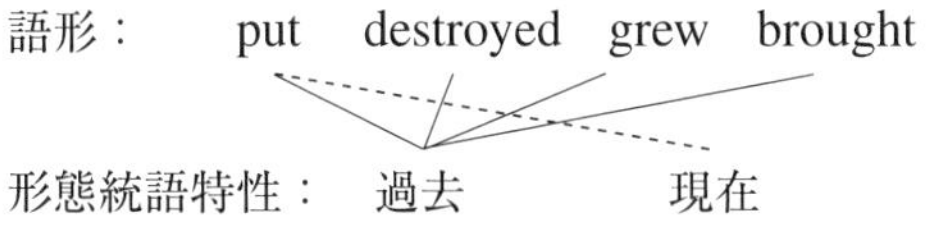

語形： 　put　destroyed　grew　brought

形態統語特性：　　過去　　　　　　現在

図 1　英語動詞の語形と形態統語特性の多対多の対応関係

このように，語形の形態論と形態統語特性は 1 対 1 で対応しているわけではないので，両者は分離して扱うのがよい．この考え方を**分離仮説**（Separation hypothesis）という（Beard（1995: 43–72））．具現中心主義をとる理論は，分離仮説を前提としているといってよい（Stewart（2016）も参照）．分離仮説のもとでは，語形の形態と特性の対応づけを行うことが，文法の一部門としての形態論の主要な役割になる．以下，Beard（1995）による Lexeme-Morpheme Base Morphology（LMBM）に沿って，語形の形態統語的特性について，形態面について，そして両者の対応づけについて，要点を見ていくことにしよう．

まず，形態・統語的特性について．Matthews（1972）の 3 分類方式では，格（Case）や数（Number）や時制（Tense）といった**文法的カテゴリー**（grammatical category）のそれぞれには，例えば格なら主格（Nominative），対格（Accusative），属格（Genitive）といった**特性**（properties）がある．そして，格特性のそれぞれには，特定の**機能**（function）がある．例えば，属格なら，所有関係を表す機能，全体・部分関係を表す機能，主語や目的語を表す機能が

ある．これを図示すると，図2のようになる（ここにあるものに限られるわけではない）．

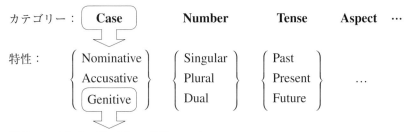

機能： (a) the Genitive of Possession
　　　　　　e.g. *the property of the city*
　　　　(b) the Partitive Genitive
　　　　　　e.g. *the house of 7 gables*
　　　　(c) Subject and Object Genitives
　　　　　　e.g. *the arrival of the boys*
　　　　　　　　the destruction of the city

　　図2　形態統語特性の3分類（Beard (1995: 121), Beard and Volpe (2005: 192) を基に作成）

Beard (1995: 99) は，図2の3分類について，カテゴリーによっては「特性」と「機能」の区別は必ずしも容易ではないとし，両者をまとめて**文法的機能** (grammatical function) と呼んでいる．我々もそれに従い，カテゴリーと機能という2分類方式を使うことにするが，これは「特性」と「機能」の区別がないということを意味するのではない．

　次に，語形の形態面について．まず，語彙素自体がもつ音形情報を**語幹** (stem) という (Beard (1995: 48))．語幹に対して機能の**形態的具現操作** (morphological spelling operation) が行われるのであるが，それには，destroy～destroyed のような**接辞付加** (affixation)，grow～grew のような**母音交替** (vowel alternation)，have～had のような**子音交替** (consonant alternation)，be～was のような**補充法** (suppletion)，cut～cut のような**ゼロ形態** (zero form) といった操作がある．Beard は，具現操作で使われる音形的素材を**文法的形態素** (grammatical morpheme) と呼んでいる．これは，一般にいうシニフィアンとシニフィエの最小対としての形態素とは異なり，機能に

対する音形のほうだけを指す概念である．よって，「ゼロ形態」は，ゼロの形態素があると考えるのではなく，機能だけがあり，具現操作が適用されないケースと考えることになる．

　注意すべきこととして，機能を形に表す方法は，これら語形内の拘束的な方法に限られない．機能語という自由形の文法的形態素も使われる．重要なところなので，Beard (1995: 48) から該当箇所を引用しておこう．

(3)　Spelling operations, $M\hat{}$, account for bound morphemes: affixes, prosodic variations like *survéy* : *súrvey*, revoweling schemes such as *write* : *wrote*, or any other phonological modification of the stem allowed by both morphotactics and phonotactics. The complete range of morphological means for marking grammatical categories, M, include [sic] all free morphemes, M', and all morphological spelling operations; in effect, $M=M\hat{}+M'$.

（具現操作 $M\hat{}$ には，拘束形の形態素，すなわち接辞，survéy : súrvey のような韻律的交替，write : wrote のような母音交替，その他当該言語の形態素配列と音素配列上許される語幹の音韻的変更が含まれる．これらすべてと，自由形の文法的形態素の集合 M' を合わせたものが，文法的カテゴリーをマークするための形態的方策 M の全範囲である．すなわち，$M=M\hat{}+M'$ である．）

$M=M\hat{}+M'$ とは，言い換えれば，ある言語の**閉じた類** (closed class item) の形式のすべてである．M' は，機能面だけでなく，形態的にも語彙素に比べ $M\hat{}$ と似ているところがある．基本的には自由形態素であるが，助動詞 do の否定形 do not が don't になったり，I would have が I'd've になったりするなど，**縮約** (contraction) もしくは**接語化** (cliticization) と呼ばれる拘束化を受ける傾向があるからである．一方，典型的な語彙素は縮約を受けない（Beard (1995: 70)）．

　最後に，語形と機能の対応について，多機能型の対応と多層型の対応をはっきりと区別しておく必要がある．図 1 で見た「1 つの語形が 2 種類の文法機能に対応する」というケースは，「1 つの語形のなかに 2 種類の文法機能が重なって具現されている」というケースとは異なる．前者は語形の**多機能性** (multi-functionality) の問題であるのに対し，後者は語形の機能的重層性・**累積性**

(cumulativity) という問題である．イメージ図で示すと，多機能型の対応は図3の左側のようになり，累積型の対応は図3の右側のようになる．三角形が1つの形態で，F1〜F4が機能（Function 1からFunction 4）を表す．

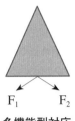

多機能型対応
「1つの語形がF1とF2に
使われる」

累積型対応
「1つの語形にF3とF4が
具現されている」

図3　多機能型の対応と累積型の対応の違い

　図3の区別は，F1とF2の関係とF3とF4の関係の本質的な違いと関係している．多機能型の対応では，「過去」（F1）と「現在」（F2）という2つのFは，時制という同一のカテゴリーに属しており，1つの語形において両立しえない相補的な関係にある．つまり，*put* は，ある定形節のなかでは，過去形であるか，現在形であるかのどちらかである．過去形であり，かつ，現在形であるということはない．機能の間のこのような関係を**系列的な関係**（paradigmatic relation）という．一方，同じ動詞の *puts* という語形について考えてみよう．文のなかで，現在形であり，かつ，3人称単数主語と**一致**（agree）する形である．つまり，「現在」と「3人称単数」という2つの機能は1つの語形において累積し，共存可能である．この場合，2つの機能は**連辞的関係**（syntagmatic relation）にある．

　1つの語形に累積される機能（図3のF3とF4）は，単一機能と同様，語幹に対して**統合的（ないし総合的）に具現**（synthetic realization）されることもあれば，**融合的に具現**（fusional realization）されることもある．**統合（ないし総合）**（synthesis）とは，語幹と切り分け可能な拘束文法形態素で機能を具現することをいい，**融合**（fusion）とは，語幹と文法的形態素が切り分けられないような具現法をいう．2機能の統合的具現の明確な例としては，日本語の「男・たち・を」などを考えればよい．語幹に対して「複数」（F3）と「対格」

（F4）という2つの機能が切り分け可能な形で拘束的に具現されている．一方，融合の明確な例としては，HAVE の語形 *has* などがある．この語形は，語幹と「現在」（F3）と「3人称単数」（F4）を切り分けることができない．上で見た *puts* はやや難しく，語幹と文法的形態素は切り分けることができるが，*-s* には「現在」と「3人称単数」が融合している．なお，「統合」と「融合」に対し，**分析**（analysis）とは，機能語を用いた具現法をいう．(3) でいう M′ を使った具現が**分析的な具現**（analytic realization）である．

　1節で触れたように，機能語も語形変化をすることがある．機能語自体が何らかの文法的機能のマーカーである場合には，屈折する機能語は累積型の対応を示すことになる．例えば，冠詞の屈折のように，連辞関係にある文法機能が1つの機能語の中で具現されている場合である．一方，コピュラや *do*-support の *do* のように，機能語自体はほとんど意味を持たず，文法機能を具現するための形態的な乗り物（morphological carrier）として機能している場合もある．その場合，関与する F は1つなので，累積型の対応ではない．

1.3. 言語・方言間の違いのありか

　LMBM は，生成文法の言語観に立脚した理論である．UG を想定し，文法的カテゴリーの集合はどの言語・方言にとっても利用可能であると考える．よって，Beard は印欧語のデータから計44の文法的機能を取り出したうえで，それが日本語の形態論でも使われていることを論じている（Beard and Volpe (2005) 参照）．この考え方のもとでは，英語と日本語，あるいは英語とモホーク語の形態論的違いは，どのようなカテゴリー・機能が使えるかという点よりも，あるカテゴリー・機能をどう具現するかという点に求められることになる．すなわち，「UG の考え方に従い，Modality, Aspect, Case といった文法的カテゴリーは普遍的であると想定しよう．すると言語間の違いはそういったカテゴリーを拘束形で具現するか，自由形で具現するかという点に見出されることになる」（Beard (1995: 102; 拙訳)）．ある特定の機能の具現に際し，前後置詞，助動詞，代名詞のような自由文法形態素を使う言語もあれば，接辞付加や語幹交替を用いて語幹に拘束的な形で具現する言語もあるということである．

　例えば，相（aspect）というカテゴリーの Perfect と Imperfect という機能

対立について考えてみると，英語は Imperfect を進行形という統語的な分析的な手段で表すのに対し，ロシア語は動詞への接尾辞付加という形態的な手段で表す（亀井ほか (1995: 8-12)）．

また，1 節で触れた古英語の godum huntan と現代英語の to a good hunter の違いを思い出そう．この 2 つの表現は，同じ意味を異なる姿で表現しているのである．古英語が格を拘束的に具現するのに対して，現代英語では自由な機能語で具現している．だが，関与するカテゴリーに違いはない．

形態的な具現方法をもとに個別言語を○○言語と分類する際には，注意が必要である．例えば，上記のような事実をもとに，英語は歴史的に**統合的**（**ないし総合的**）**言語**（synthetic language）から**分析的言語**（analytic language）へという変化を辿っているといわれるが，だからといって現代英語があらゆる機能を機能語で具現するということではない．LMBM では，拘束具現と自由具現の選択が個々の言語を類型論的に特徴づけるとまでは主張していない．カテゴリー・機能のレベルで，言語間で違いが見られるといっている程度である．この問題についてさらに掘り下げて検証している研究としては，Ackema and Neeleman (2004) や Nishimaki (2015) を参照してほしい．

1.4. パラダイム中心主義の記述

それでは，1 節と 2 節の内容について，具体例で練習してみることにしよう．次のパッセージは，Huddleston (2002a: 50) による現代英語の動詞の語形変化に関する記述の一部である．このなかから，「語彙素」「語形」「形態統語的な語形」に当たるものを取り出してみてほしい．

第1章 語彙素とその語形，内容語と機能語　　183

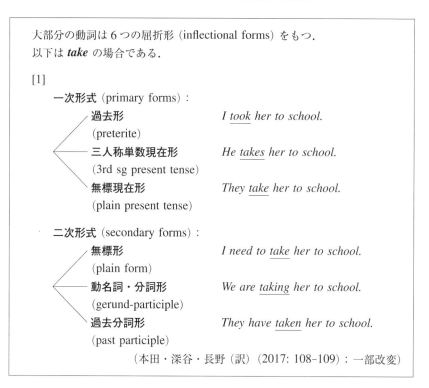

この枠の中で，「語彙素」「語形」「形態統語的な語形」の事例に当たるのはどれだろうか？

　答えをいうと，まず，斜字体の例文で下線を引かれた6つの語のそれぞれが，形態統語的な語形である．これらは確かに，例文の左にあるように形態統語的な特性で定義されている．一次形式とは**定形**(finite forms)のことで，そのなかに過去形，3人称現在形，無標現在形という区別あり，二次形式とは**非定形**(non-finite forms)のことで，そのなかに無標形，動名詞・分詞形，過去分詞形という区別がある．

　一方，[1]の下線部6つの語のうち，took, takes, take, taking, takenの5つが語形である．一次無標現在形のtakeと二次無標形のtakeは語形としては1つである．2節のことばでいうと，takeという語形は多機能型の対応を示すということになる．

184　　　第 III 部　最新のレキシコンと形態論の進展

　それでは，上のパッセージのなかで語彙素に当たるのはどれだろうか？ 答えは，[1] の情報全部が語彙素 TAKE である．語彙素は，当該の語のとりうる語形を束ねた抽象的単位である．語形は文のなかで定義されるものだが，語彙素はそうではない．語彙素とは，「文字通り，「語彙」を構成する「素」の意」（斎藤・石井 (2011: 5)）であり，当該言語のレキシコン全体のなかで，つまり他の語彙素との関係において定義される単位なのである．

　Huddleston (ibid.) は，上のパッセージに続けて次のように述べている．

助動詞には，*She isn't here*, *I can't help it* などの下線部が示すように否定形もある．動詞 *be* には 2 つの過去形（was と were）と 3 つの現在形（am, is, are）がある．*I wish she were here.* における were は非現実形（irrealis mood form）であり，*be* 動詞が一人称または三人称の単数主語をもつ時だけに観察される昔の英語の名残である．　　　　　（本田・深谷・長野 (訳) (2017: 109)）

助動詞は，語形変化をする機能語である．特に重要な点は，機能語の語形変化を定義する文法的機能は，take のような本動詞（語彙的動詞）のそれと基本的に同じであるという点である．例えば，助動詞 be は次のような語形変化を示す．

		中立 (Neutral)			否定 (Negative)		
		1 人称単数	3 人称単数	ほか	1 人称単数	3 人称単数	ほか
一次	現在形	am	is	are	aren't	isn't	aren't
	過去形	was		were	wasn't		weren't
	非現実形	were			weren't		
二次	無標形	be					
	動名詞・分詞形	being					
	過去分詞形	been					

表 1　助動詞 be の語形変化 (Huddleston (2002b: 75) を基に作成)

表 1 のように，語形のバラエティを縦横の文法的機能によって定義したものを**語形変化表・パラダイム** (paradigm) と呼ぶ．網掛けされた部分はそのス·ロ·ッ·ト·に·専·用·の·語·形·が·な·い·という意味であり，その機能に対応する形がないという意味ではない．1 人称・3 人称単数以外の非現実形としては，過去形のス

第1章　語彙素とその語形，内容語と機能語　　185

ロットの語形が使われる．一方，二次・否定のスロットが網掛けになっている
のは，not be, not being, not been のそれぞれは aren't のような1つの語形
ではないからである．

　表1のパラダイムの縦列には，時制の各種機能が並んでいる．これらの機
能同士は系列的関係にある．横列には，中立と否定という極性（polarity）の2
機能と，1人称単数や3人称単数といった一致（agreement）による機能が並
んでいる．それぞれの機能同士の関係，例えば「中立」と「否定」の関係は系
列的であるが，極性と一致の関係は連辞的関係である．また，時制と極性と一
致の関係も連辞的関係である．よって，表1の語形はいずれも累積型の対応
を示す語形であるといえる．例えば，am という語形には，時制［現在］，極性
［中立］，一致［1人称単数］という3機能が累積されているのである．これら
3機能のそれぞれに対応するように am という形態を切り分けることはできな
いので，多層型の対応のなかでも，特に，融合的具現の例ということになる．
一方，was は，一致に関し多機能型の対応を示している．1人称単数形として
も3人称単数形としても使われるが，この2つの機能を1つの文で同時に具
現することはできないからである．

　表1の一次中立と否定を見比べると，1人称単数現在形だけが［中立］am：
［否定］aren't という不規則な対応になっている．Palmer et al. (2002: 1612)
によると，amn't という形はいくつかの特定方言に限られ，また，aren't とい
う形も1人称単数形としては倒置のある構文で使うのが普通である（例：
Aren't I going to be invited?; I'm right, aren't I?）．倒置のない I aren't はく
だけたスタイルとしても使えないとしている（ただし，Bauer et al. (2013:
88) も参照のこと）．

　現代英語の助動詞のなかで，be はとりわけ語形変化が豊かである．助動詞
have の場合，主語との一致が語形に反映されるのは現在形のみである．助動
詞 can では主語との一致の形態的反映はなく，また，二次形式は一切欠如し
ている．表2が have と can のパラダイムである．

		have		can	
		中立	否定	中立	否定
	過去形	had	hadn't	could	couldn't
一次	現在形 3人称単数形	has	hasn't	can	can't
	無標形	have	haven't		
	無標形	have			
二次	動名詞・分詞形	having			
	過去分詞形	had			

表2 助動詞 have, can の語形変化（Huddleston (2002b: 75) を基に作成）

表1のパラダイムと表2のパラダイムでは一致に関する機能の位置づけが違っているが，これは，be と異なり have や can では現在形においてしか一致に関する語形の区別がないからである．つまり，一致が語形変化に及ぼす影響が，be に比べ，局所的だからである．

1.5. 理解を深めるためのアナロジー

本章の内容は語の分析に取り組むうえで基礎となるので，直観的かつ本質的な理解を得ておくことが望ましい．そこで，最後に，まとめに代えて heuristics としてのアナロジーを示しておこう．

今，山田太郎という日本人男性（教師，消防団所属，巨人ファン）がいるとしよう．図4は，山田太郎の各種役割（一般には「属性」というが）と，それぞれの役割を前景化する場所と相手を示したものである．

名称「山田太郎」

役割：息子　　夫　父親　　教師　　日本人　　消防団員　　野球ファン
場所：実家　　　自宅　　　学校　　米国　　　地域社会　　野球場
相手：親　　　　妻　子　　生徒　　米国人　　近所の人　　野球選手や他のファン

図4 語彙素と語形の関係を直観的に理解するためのアナロジー

山田太郎は自分の時間的空間的同一性を信じて疑わないが，実際には，時と共に心身が変化していくのに加え，共時的にも，どのような場所で誰を相手にどのような役割を演じているかによって彼のありようは微妙に変わる．トークや表情や身体表現が変わり，身に着けるものが変わる．実家で親に対して息子として接している時の山田太郎と，学校で生徒に対して教師として接している時の山田太郎は，同一人物だが微妙に違う．消防団の活動をしている時の山田太郎も，彼の息子が知る父親としての山田太郎とは微妙に違う．野球場の山田はさらに違う．一方，息子が知る山田と妻が知る山田はさほど変わらない．

　おわかりだろうか．我々において自己同一性を保証するのは「自分」の認識であるが，それこそが単語の世界でいえば「語彙素」という抽象的レベルの語に相当するのである．我々が実際に身を置く場所やそこで会う相手が語彙素にとっての形態統語的環境に相当し，そこで我々は特定の役割を果たす．これらで定義されるとき，我々は微妙に言葉遣いや表情や所作を変える．そのありようが，語彙素のとる「形態統語的な語形」である．職場と家庭でありようを変えない人は，過去形の destroyed と過去分詞形の destroyed と同じように，2つの異なる環境に同じ形をあてる人である．

　「形態統語的の語形」と「機能語」の違いはこうである．前者は機能を拘束形で具現する，つまり，役割というものを，自分の身体から切り離すことのできない要素を通して表現する表現方法である．例えば，口調や身のこなしや髪形など．一方，機能を自由形で具現した機能語は，役割というものを，身体から切り離すことのできる要素で表現する方法に相当する．典型的には，服や靴，装飾品などのファッション一般を使った表現法である．山田太郎が消防団員属性をきびきびした口調や仕事ぶりだけで表現しているなら「語形的な具現法」を使っており，一方，専用の制服を着るほうを選んでいるなら「機能語による具現」となるだろう．

　1 節で導入した「具現する」(realize) という用語は慣れるまで難しく聞こえるかもしれないが，「表現する」(express) と言い換えてみればわかりやすい．そして，上のアナロジーを自分の生活に当てはめて考えてみてほしい．語彙素と語形の区別について，分離仮説について，語形の多機能性と機能累積性の違いについて，実感をもって理解できるようになるはずである．

第 2 章

語彙素のレキシコン表示と語形変化

2.1. 語彙主義とは何か

　語彙素とは，レキシコンの単位としての内容語のことであった．内容語の定義を以下に再掲する．

(4)　内容語 (content word)
　　　単独で用いられても語彙的な意味を持つ語．主に名詞，形容詞，動
　　　詞，副詞．　　　　　　　　　　　　　　　　　　（＝第 1 章 (1a)）

(4) によると，語彙素は名詞・動詞・形容詞・副詞といった品詞をもち，かつ，語彙的な意味をもつが，これは具体的にはどういうことだろうか．本章では，語彙素の**レキシコン表示** (lexical representation)，すなわち個々の語彙素がレキシコンという言語の記憶装置においてどのように表示 (represent) されているかについて学ぶ．第 2 に，語彙素のレキシコン表示に基づいて，その形態統語的な語形の形成，すなわち語形変化について考える．

　まず，我々のように語彙素という単位を立て，それを分析のスタート地点とする立場を**語彙主義** (Lexicalism) という．この立場は，語彙素という単位を立てず，抽象的な統辞構造を分析のスタート地点とする立場（非語彙主義）と対立する．一方，**強い語彙主義** (Strong lexicalism) と**弱い語彙主義** (Weak lexicalism) の違いは，すべての現象について語彙素を始点として説明しようとするか（強），否か（弱）の違いである．

188

例えば，Beard (1995) の Lexeme-Morpheme Base Morphology (LMBM) では屈折 (inflection) の大部分は統語論での操作の結果であるとされる．一方，派生 (derivation) はレキシコンでの操作の結果であるとされるので，彼のモデルは弱い語彙主義に属す．図5は，1995年時点でPrinciples & Parameters approach を基盤として提案された弱い語彙主義の文法モデルである（Beard (1995: Ch. 3) を参照）．第1章2節で導入した機能と形態素の分離仮説を念頭に置いて，見てほしい．

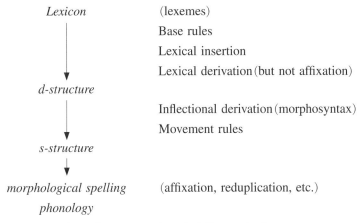

図5　Beard (1995) における弱い語彙主義のモデル化

図5のスタート地点はレキシコンであり，ここに語彙素が記憶されている．D-structure から S-structure の間が統語論であり，屈折の操作に当たる "Inflectional derivation" はここで行われる．一方，派生の操作に当たる "Lexical derivation" はレキシコンの内部で行われる．

強調点を入れたように，図5でいう "derivation" は LMBM 独自の用法であり，"process" や "operation" と読み替えたほうがわかりやすい．一般にいう「派生」ではない点に注意したい．「派生」という用語は，通常，「屈折」の対概念としてか，もしくは，「複合」の対概念として用いられるが，LMBM においては，形態的具現という音形面の操作の対概念であり，文法的機能を扱う操作のことをいう．接辞のような音形は関与しない．混乱を避けるため，LMBM での "derivation" については日本語に訳さないことにする．なお，句構造・語構造の操作に関与するカテゴリーや機能は，句と語が共通に使う

Base 部門によって供給される.

　派生や屈折の操作はレキシコンや統語論で行われるのだが，形態的具現は図5 のゴール地点である morphological spelling phonology で行われる．このことを，一般に，「形態的具現は統語論の後で行われる」と表現する．この時使われる音形のことを文法的形態素といい，拘束的な文法的形態素も機能語も，統語論の後の形態部門で導入される．また，屈折と派生のどちらにも分離仮説が適用されるため，屈折接辞だけでなく派生接辞もその具現は形態部門で行われる．つまり，LMBM では，語彙素の音形である語幹（stem）・語根（root）（第 3 章 2 節参照）はレキシコンにリストされているが，文法的機能に対応する文法的形態素はすべて統語論の後で導入されるのである.[2]

2.2.　語彙素の情報

　Ramchand（2008: Ch. 1）や小野・由本（2015）で説明されているように，どのようなレキシコン表示を仮定するかという問題は，分析者が文法の下位部門間の役割分担についてどう考えるかという問題と直結しており，正解というものはない．極端な場合，本節で見る各種情報のほとんどすべてを統語部門——図 5 でいえば *d-structure* 以降——で導入する立場もある．例えば分散形態論（Halle and Marantz（1993））はそのような考え方をし，したがって，語彙素という単位は想定されていない．分散形態論でいう「ルート」は名詞や動詞といった品詞をもたないので，語彙素とは明確に異なる．一方，我々は，Aronoff（1976, 1994, 2007）や Beard（1995）や斎藤・石井（2011）と同様，

---

　[2] 派生接辞も含む文法的形態素がすべて統語後に導入されるという考えについては，具現中心主義の理論のなかでも意見が分かれる.

　例えば，Emonds（2000）は，統語論の後で句構造に挿入される形態素だけでなく，レキシコンと統語論の中間で導入される形態素もあるという．この考えを派生接辞に適用した例として Naya（2016）がある.

　また，Myers-Scotton（2002）は，コード切り替え（code-switching）の研究を背景にして "4-M model" を提案している．全部で 4 種類の M（Morpheme）が区別され，それぞれ文形成上の 4 地点で挿入される．まず，語彙的形態素と文法的形態素は文の産出において導入されるレベルが異なるとする．さらに，文法的形態素を①早く導入されるタイプ（Early system morphemes）と②遅く導入されるタイプ（Late system morphemes）に分け，後者をさらに（i）主要部の最大投射の中に挿入されるタイプと（ii）その外に挿入されるタイプに分けている.

語彙素という単位を想定する．その場合に問題になるのは，どのような情報が
レキシコンに表示されているかである．まずこの点から見ていこう．

　語彙素は，音韻情報（P），統語的情報（G），意味的情報（R）が三位一体
（$G \leftrightarrow P \leftrightarrow R$）となった抽象的単位であり，レキシコンにリストされている
（Beard（1995: 45-50））．例えば，トルコ語の動詞 GEL（来る）はおおよそ次
のようなレキシコン表示をもつ．G_L の 'L' は lexical の意味であり，すぐ下
で出てくる G_I と区別される．

(5)　トルコ語 GEL "come"

$$G_L = \begin{bmatrix} +\text{Verb} \\ \text{Subj} \underline{\quad} \end{bmatrix} \quad \textbf{Base Grammatical Representation}$$

$$\updownarrow$$

$$P = \quad /\text{gel}/ \quad \textbf{Phonological Representation}$$

$$\updownarrow$$

$$R = \begin{bmatrix} \text{GO (X)} \\ \text{TO (Y) FROM (Z)} \end{bmatrix} \quad \textbf{Semantic Representation}$$

(Beard（1995: 47, 53）を基に作成)

英語の動詞 PUT ならば，次のようなレキシコン表示になる．

(6)　英語 PUT

$$G_L = \begin{bmatrix} +\text{Verb} \\ \text{x <y, P}_{\text{LOC}}\text{ z>} \end{bmatrix} \textbf{Base Grammatical Representation}$$

$$\updownarrow$$

$$P = \quad /\text{put}/ \quad \textbf{Phonological Representation}$$

$$\updownarrow$$

$$R = \quad [[\text{x ACT-ON y] CAUSE [BECOME [y BE AT [}_{\text{LOC}}\text{ IN/ON z]]]]}$$

Semantic Representation

(伊藤・杉岡（2002: 19）を基に作成)

LMBM の用語を一般的な用語に対応させると，(5)，(6) の G_L は語彙素の**品
詞**（parts of speech）／**統語範疇**（syntactic category）と**項構造**（argument
structure）に相当する．(5)，(6) の P は**音韻表示**に相当し，R は**語彙概念構造**

(lexical conceptual structure) (Jackendoff (1990)) に当たる．なお，Lieber (2004) は語彙概念構造が通品詞的 (cross-categorial) に使いにくいことを指摘し，R について語彙概念構造ではなく**意味素性** (semantic features) を使うことを提案している．(5) と (6) を比較しても，分析者によって表示の細部には違いがあることに気付く．

より重要な点として，語彙素の品詞によるレキシコン表示の違いもある．**数** (Number)，**人称** (Person)，**性** (Gender) という文法的カテゴリーの情報は，名詞においてはレキシコンの情報であるのに対し，形容詞や動詞においてはそうではない．言い換えると，名詞は数・人称・性の情報をもともともっているのに対し，動詞や形容詞にとってこれらの情報は文中の特定の統語的環境で付与されるものである．一方，**格** (Case) は名詞にとっても句のレベルで統語的に与えられる情報である．この区別について，語彙素の語形変化に関わる文法的情報 G のうち，語彙素に内在する，すなわちレキシコンで与えられている情報を G_L とし，統語構造で与えられる情報を G_I とする．L は "Lexical" の略であり，I は "Inflectional" の略であるが，正確にいえば，図 5 の Lexical derivation で使われる情報と Inflectional derivation で使われる情報にそれぞれ対応する．

例えば，ロシア語の名詞 DEVUŠKA（女の子）のレキシコン表示はおおよそ次のようなものである．

(7) ロシア語 DEVUŠKA "girl"

$$G_L = \begin{bmatrix} -\text{Plural} \\ +\text{Singular} \\ +\text{Feminine} \\ -\text{Masculine} \\ \text{Class 2} \\ \cdots \end{bmatrix} \quad \text{BASE GRAMMATICAL REPRESENTATION}$$

$$\updownarrow$$

$P =$ /devušk-a/   **PHONOLOGICAL REPRESENTATION**

$$\updownarrow$$

$R =$ [GIRL]   **SEMANTIC REPRESENTATION**

(Beard (1995: 117) を基に作成)

これを (5), (6) と比較すると，動詞とは G_L と R の中身がかなり異なることがわかるだろう．

まず R から見てみると，(7) より詳しく書き込みたい場合には，クオリア構造 (Pustejovsky (1995)) やそれに似た表示が使われる．Beard (1991, 1995: 219-227) は，形容詞による名詞の修飾の意味側面を分析する際，名詞の R として (7) より詳しい表示を使っている．例えば，old friend は「年老いた友人」の意味と「旧友」の意味で**曖昧** (ambiguous) であるが，これはfriend に (8) のような複層的な R をもたせることで説明がつく．ACTOR はクオリア構造における形式役割に相当し，一方，FRIENDSHIP (XY) は目的役割に相当する．

(8)

(Beard (1991: 209))

以下 (9a) のように形容詞が ACTOR を叙述する場合は "an old actor in a frirendship" =「年老いた友人」の意味になる．一方，(9b) のように形容詞が FRIENDSHIP を叙述する場合は "an actor in an old friendship" =「旧友」の意味になる．

(9) a. [OLDNESS {ACTOR$_X$} FRIENDSHIP (XY)]
"an old actor in a friendship"
b. [ACTOR$_X$ OLDNESS {FRIENDSHIP (XY)}]
"an actor in an old friendship"

(Beard (1991: 209))

次に，G_L であるが，名詞は数，性，名詞クラスについてレキシコンで指定を受けている．**名詞クラス** (Noun Class) は**屈折クラス** (inflectional class) とも呼ばれ，当該の名詞がどのような語形変化のパターンに属するかに関する情報である (Beard (1995: 104))．言語によっては，名詞が必ずこれら3つの G_L をもつとは限らない．

格のカテゴリーは (7) の G_L にはない．名詞語彙素に内在するものではなく，その名詞が統語構造のどの位置に**語彙挿入** (lexical insertion) されるかに

応じて付与される G_I 情報だからである．例えば，「昨日，素敵な女の子を見つけた」のような文をロシア語でいう場合を考えてみよう．図6は，「素敵な女の子を」という対格名詞句における G 情報の流れを示したものである．矢印は G 情報の複写（copy）を表し，太字は複写される情報を，斜字体は複写された情報を，それぞれ表している．N 節点の [F-Agreement] が太字でかつ斜字体になっているのは，名詞語彙素の G_L から複写されたものであるとともに，NP 節点へと複写されるものだからである．

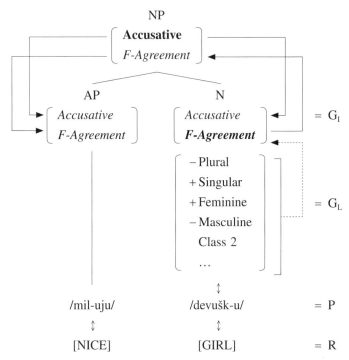

図6 ロシア語の「素敵な女の子を」における G 情報の流れ (Beard (1995: 117))

まず，図6の下半分を見てほしい．(7) の「女の子」が句構造の N 位置に挿入されたものである．P にはすでに格変化が反映されているが，G_L と R は (7) と全く同じである．「素敵な」にあたる形容詞も A の位置に挿入されている．

次に，図6の上方にある G_I を見てほしい．N 節点には，[F-Agreement] という情報と [Accusative] という情報がある．このうち，前者は「女の子」のも

つ G_L 情報が複写されたものであり，後者は名詞句の格情報が複写されたものである．具体的にいうと，(7) の G_L 情報のうち，性の情報 [+Feminine, −Masculine] と数の情報 [+Singular, −Plural] は，図 5 の Inflectional derivation において [F-Agreement] として解釈される．F-Agreement とは，ロシア語の叙述形容詞と動詞過去形の一致変化のための機能である（本章 4 節参照）．そして，それが N 節点へと複写される．点線の矢印はその解釈・複写プロセスを表している．[F-Agreement] はさらに NP 節点へ，そして，AP 節点へと複写されていく．実線の矢印は句構造における複写を表している．一方，[Accusative] という格情報の出所は NP 節点であり，そこから N 節点と AP 節点のそれぞれへと複写されている．

要するに，名詞 DEVUŠKA は名詞句の N 節点に挿入され，その位置で NP 節点から格の情報をもらい，自分は NP 節点へ (7) の G_L 情報を渡す．「複写する」「もらう」「渡す」の厳密な意味には立ち入らないが，重要なのは，名詞句の構造上，上から下へという情報の流れと下から上へという情報の流れがある点である．これは，言い換えると，語彙素の語形を決める G 情報には，内在的なものと構造依存的なものがあるということである．

2.3. G_L 対 G_I という区別と名詞の語形変化

2 節では，名詞語彙素の G 情報には内在的なものと構造依存的なものがあることを見たが，この違いは語形変化の違いに反映される．Beard（1995: 112–116）は，名詞における数の語形変化と格の語形変化について，次のような違いがあることを指摘している．

第 1 に，**生産性**（productivity）の違いがある．格については，（まれに欠如性（defectivity）はあるかもしれないが）どのような名詞でも当該名詞クラスの格の語形変化を受けるのに対し，数の語形変化の実行可能性は個々の名詞によるところが大きい．英語の air, heuristics, hate, pork のように複数形をとれない名詞は多数あるし，英語の pliers, pants, oats, measles のように複数形しかもたない名詞もかなりある．前者を**絶対単数**（singularis tantum）名詞といい，後者を**絶対複数**（pluralis tantum）名詞というが，このような特性は個々の名詞に内在的なものである．

第 2 に，屈折接尾辞は借用困難とされるにもかかわらず，複数接尾辞は借

用の対象になる（第4章4節で詳説）．英語の場合，-ive, -ion, -ment のような語形成の接尾辞のみならず，-i, -a, -ae, -es といったラテン語系複数接尾辞が借用されている（例：alumni, data, alumnae, bases）．また，ドイツ語では，第2次世界大戦後，英語から借用された複数接尾辞 -s が急速に広まったという．名詞における数のマーカーと格のマーカーの**借用可能性**（borrowability）の違いは，Velupillai (2012: 408–409) でも述べられている．数のマーカーは容易に言語間で借用されるのに対し，格のマーカーはそうではない．世界の言語のなかに格マーカーの借用例が全くないというわけではないが，少なくとも，Matras and Sakal (eds.) (2007) のデータベース，*Language Convergence and Grammatical Borrowing Database* (LCGB) の範囲では，格のマーカーが借用されている例は1例もないという．

　第3に，屈折形態論の豊かなロシア語では，関係代名詞は数と性については修飾先の名詞と一致するのに対し，格については関係節内部での機能に対応した一致をする．例えば，次の例を見てみよう．[3]

(10)　*Ja znaju student-a$_i$,*　　　　　　　　　　　ロシア語
　　　I know student-MasSgAcc,

　　　s　　kotor-ym$_i$　　　ty　　včera　　govoril e$_i$.
　　　with　whom-MasSgInst　you　yesterday　spoke
　　　"I know the student with whom you spoke yesterday"

(Beard (1995: 114))

(10) において，関係代名詞 kotorym "which" は男性・単数・具格形をとっているが，このうち「男性・単数」という部分は先行詞となる主節の名詞句 student-a "student" との一致によるのに対し，「具格」という部分は従属節の前置詞 s に支配されている．つまり，同一の代名詞の語形変化でありながら，数の一致と格の一致ではコントローラー (Corbett (2006: 4)) が異なるのである．

　第4に，格は拘束形のみならず自由形の文法的形態素で標示されることもあるのに対し，数は常に拘束形の文法的形態素で具現される (Beard (1995: 111))．例えば，屈折形態論が貧弱な現代英語やブルガリア語では，属格の語

---

[3] Acc: Accusative, Inst: Instrumental Case ("with, by"), Mas: Masculine Gender, Sg: Singular.

第 2 章　語彙素のレキシコン表示と語形変化　　　　　197

尾は前置詞に置換されてしまっている．例えば，(11a) では前置詞 of が，
(11b) では前置詞 na が，それぞれ属格という情報をマークしている．

(11) a.　grammar of the Bulgarian language　　　現代英語
　　 b.　gramatika na bəlgarskija ezik　　　　　　ブルガリア語
　　　　 "grammar of the Bulgarian language"

(Beard (1995: 113))

また，例えば [the king of England]'s nephew（イングランドの王の甥）にお
けるアポストロフィ s は，屈折接尾辞ではなく**接語**（clitic）である．接語と
は，「統語上では単独の語として扱われるものの，音韻論的には他の語（これ
をホストと呼ぶ）に依存している拘束形態素のこと」をいう（斎藤ほか（2015:
133））．上例のように先行するホスト（England）に依存するものを前接語（en-
clitic）といい，他方，後続するホストに依存するものを後接語（proclitic）と
いう．

　しかし，このような言語でも「複数」の情報は接尾辞で具現される．例えば，
英語では，「イングランドの多くの王たち」は the many king**s** of England で
あって，*the many king of England**s** のような具現はできない．ブルガリア
語でも，次のように数は接尾辞で具現される．

(12) a.　kost　　"bone"　　　　kost-i　　　"bones"
　　 b.　sel-o　　"village"　　　sel-a　　　"villages"
　　 c.　agn-e　　"lamb"　　　　agn-et-a　"lambs"

(Beard (1995: 113))

また，Beard (ibid.: 111) によると，数と格が非融合的に具現（第 1 章 2 節参
照）される場合には，数の形態素が格の形態素より内側にくるのが普通である．
この件は，以下 5 節で図 7 のように一般化される．

　Beard は語彙素に内在的な G_L 情報を G_I 情報と区別する一般的なテストを
いくつか提案しているが，すぐ上で見たのは The Free Analog Test というテ
ストである（Beard (1995: 44-45, 99-102)）．これは，G_I 情報は接辞のよう
な拘束形の文法的形態素によってだけでなく，自由形の文法的形態素である機
能語によってもマークされうるというテストである．本章 2 節で見たように，
G_I 情報は統語構造の情報であり，統語構造内にそれを導入する主要部なり位

置なりがあるはずである．とすると，言語や方言によっては，当該の情報が語彙素の語形変化によってではなく，機能語によって具現されることもあるはずである．例えば，名詞句の格は，図6のロシア語の例のように拘束形態素で名詞の上に具現されることもあるが，(11a, b) の現代英語やブルガリア語の例のように前置詞で標示されることもある．また，第1章1節では，古英語と現代英語の間に同様の変異があることを見た．他方，G_L 情報は統語構造上の位置に由来するものではないので，それを標示するための機能語があるとは考えられない．機能語とは，統語構造上の特定位置に生起する要素だからである．

　以上のような観察に基づき，Beard は，名詞の格の語形変化は「統語論で扱う形態論」であるのに対し，名詞の数の語形変化は「レキシコンで扱う形態論」であるとする．図5でいえば，前者は Inflectional derivation と総称されている統語構造での操作の結果であるのに対し，後者は Lexical derivation と総称されているレキシコンでの操作の結果である．実際，上で見た事実は，名詞の数の語形変化が派生接尾辞による派生に似ていることを強く示唆している．派生接尾辞も，基体となれる語彙素を選択し，操作の結果を拘束形で具現し，言語間で借用される（Velupillai (2012: 408)）からである．ここで重要なのは，名詞の複数接尾辞も，派生接尾辞も，名詞語彙素の G_L 情報を操作のターゲットとしている点である（派生接尾辞については第3章で詳しく見る）．具体的には，Lexical derivation の1つとして，次のような**素性値変更**（Feature Value Switches）操作があると考えられる．

(13)　[− Plural, + Singular] → [+ Plural, − Singular]

(Beard (1995: 160))

可算名詞の単数形から複数形への語形変化は，この操作によって説明される．物質名詞（[− Singular, − Plural]）や集合名詞（[+ Singular, + Plural]）や絶対複数名詞（[+ Plural, − Singular]）はこの操作の対象とならない．[4]

　上原・熊代（2007: 226）は形態論を屈折と派生に二分する分割形態論仮説（本章5節 (22) 参照）への反論として，数の機能と指小辞の機能を融合具現

---

[4] ここでの [± Singular] と [± Plural] による名詞の分類は，小野 (2013) で説明されている [± bounded] と [± internal structure] による分類と比較すると面白い．

第 2 章　語彙素のレキシコン表示と語形変化　　　　　　199

（第 1 章 2 節参照）する言語があることを挙げている．数の語形変化は屈折で
あり，指小辞は派生であるという前提での反論である．しかし，本節で見たよ
うに，数は語彙素の G_L 情報に基づく屈折である．また，指小辞は**評価の形態
論**（evaluative morphology）に属し，Scalise（1984, 1988）以来，伝統的な屈
折形態論と派生形態論の中間的特性をもつことが知られている．つまり，数と
指小辞の融合は，典型的な屈折にも典型的な派生にも入らないもの同士の融合
といえるのである．中間類の存在は分割形態論仮説にとって問題となるかもし
れないが，同類同士の融合の事実はその反証とはならないだろう．

2.4.　動詞の語形変化[5]

　前節では名詞語彙素における G_L と G_I の区別を見たが，動詞語彙素におい
ても同様の区別がある．表 3 は，動詞の語形変化に関与する文法的カテゴリー
（左列）と，それぞれのカテゴリーに属する文法的機能（右列）をまとめたもの
である．「一致」における F/M/N-Agreement とは，例えばロシア語の動詞過
去形（や叙述形容詞）で見られる主語の性に基づく一致を捉えるための媒介的
機能である（Beard（1995: 117-120））．表 3 の「人称」とは，動詞の人称変化
のことであり，Third がないのは 3 人称を 1 人称でも 2 人称でもないデフォル
トの人称（[−1st, −2nd] = "Third" Person）とする Roman Jakobson の考え
方を継承しているためである（Beard（1995: 135-136））．

---

[5] 本節の例の注釈は次の通りである．

1st: 1st Person, Dub: Dubitative, Emph: Emphatic, Fut: Future Tense, Loc: Locative
Case ("at"), Imp: Imperative Mood, MAgr: M-Agreement (Masculine), Neg: Nega-
tive, Obl: Obligative, Pl: Plural, Pot: Potential, Pres: Present Tense, Pst: Past Tense,
Sg: Singular

動詞クラス（Verb class）	I, II, III, …
他動性（transitivity）	Instransitive, Transitive, Bitransitive
法性（modality）	Potential, Desiderative, Obligative, Assertive, Hortatory, Monitory, Contingent, Necessitative, Dubitative, Emphatic
法（mood）	Indicative, Imperative, Subjunctive, Optative
相（aspect）	Perfective (Punctual, Semelfactive), Imperfective (Progressive, Durative, Iterative)
態（voice）	(Active, Passive, Antipassive, Applicative, Middle, Ergative) (Reflexive, Reciprocal)
時制（tense）	Past (Recent, Distant), Present, Future (Recent, Distant)
人称（person）	First, Second
一致（agreement）	F-, M-, N-, S(ingular)-, D(ual)-, P(lural) -Agreement

表 3　動詞の主要カテゴリー（Beard（1995: 126））

Beard の考えでは，これらのカテゴリーは，動詞クラスと他動性を除いてすべて統語的に導入される G_l 情報である．このことは，3 節で導入した The Free Analog Test によって確かめることができる．

　まず，態から見てみよう．以下の例は，ラテン語における態の語形変化を示したものである．

(14)　　能動態　　　　　　　　　　受動態
　　a.　am-ō "I love"　　　　　a′.　am-or "I am loved"
　　b.　am-ās "you love"　　　b′.　am-āris "you are loved"
　　c.　am-at "he/she/it loves"　c′.　am-ātur "he/she/it is loved"

(Beard（1995: 130））

(14a-c) と（14a′-c′）を見比べると，接尾辞の違いによって能動態と受動態が区別されていることがわかる．ラテン語は，受動態という文法的機能を拘束的な文法的形態素で具現するのである．一方，（14a′-c′）の引用符部分を見るとわかるように，同じ機能を英語は助動詞＋過去分詞という形式で具現する．こ

第 2 章 語彙素のレキシコン表示と語形変化　　　　　201

こに見られる形態的なバリエーションは，3 節で名詞句の格の具現について見たものと同一である．格も，態も，拘束的な文法的形態素で具現されるだけでなく，自由形の機能語で具現されることもあることから，それ専用の位置が統語構造内にあるはずである．したがって，語彙素に内在的に与えられた G_L 情報ではなく，語彙素が統語構造から付与される G_I 情報であると考えるべきであろう．

　次に，相について，Bybee (1985) は時制より語彙的なカテゴリーであると論じている．しかし，英語の進行相は，was riding のように機能語を使って表現されるし，ヨルバ語の非完結相は自由形の不変化詞 maa によって標示される．下に挙げる (15a, b) がヨルバ語の例であるが，時の副詞の違いからわかるように，(15a) では動詞 "come" は完結相 (perfective) として解釈され，(15b) では非完結相 (imperfective) として解釈される．動詞自体の形態は同一であるが，(15b) には maa という不変化詞がプラスされていることがわかる．

(15) a. nwón　á　　wá (ľ-áago méjì)　　　　　ヨルバ語
　　　　3RDPL　FUT　come (LOC-clock two)
　　　　"they will come (at two o'clock)"

　　 b. á　　maa　wá (lójoojúmì)
　　　　FUT　IMP　come (every day)
　　　　"she will be coming (every day)"　　　　(Beard (1995: 130))

　時制についても，Beard は The Free Analog Test からして統語構造上に専用の位置があるとする．まず，英語は未来時制を標示するのに法助動詞 will を用いる．進行形や受動態でも，時制の標示には is marking, was marking, is marked, was marked のように助動詞 be が用いられる．

　また，セルビア・クロアチア語（以下，この言語名については，原典に従う）には，コピュラ BE と動詞の分詞形（であった形）を結合して作る複雑な過去形がある．次のような例である．

(16) on　　　je　　　doša-o-Ø　　　　セルビア・クロアチア語
　　 he-EMPH　3RDSG　come-PST-MAGR
　　 "HE arrived"　　　　　　　　　　　　　(Beard (1995: 131))

（16）において，過去時制はコピュラ（je）と動詞の分詞形の両方によって標示されている。[6] さらに，セルビア・クロアチア語は代名詞主語省略（*pro*-drop）を許す言語であるので，（16）の主語は省略可能であり，その場合，次のように動詞が Comp 位置へ繰り上がる．

(17)　doša-o-Ø　　　　　je　　　　　　　セルビア・クロアチア語
　　　come-Pst-MAgr　3rdSg
　　　"he arrived."　　　　　　　　　　　　　　　　　（Beard (1995: 131)）

代名詞主語は（17）のように省略するのが普通であり，省略されない（16）のような例では代名詞が強調の解釈を受ける．

　法性（モダリティ）を標示する機能語として，**法助動詞**（modal auxiliaries）がある．現代英語には，条件の助動詞（例：***Should** John work, ...*），Dubitative の助動詞（例：*John **should** be working*），強調の助動詞（例：*John **does** work*），義務の助動詞（例：*John **must** work*），可能の助動詞（例：*John **can** work*）などがある．これらの助動詞の表す機能は，言語によっては動詞上に拘束形態素で具現される．例えば，（18）はケチュア語の例であり，must にあたる要素が動詞上に拘束具現されている．

(18)　pay　ri-**na**-mi　　　　　　　　　　ケチュア語
　　　he　　go-Obl-Validator
　　　"he **must** go"　　　　　　　　　　　　　　　（Beard (1995: 134)）

また，（19a, b）はトルコ語の例であり，should と can にあたる要素が拘束具現されている．

(19) a.　hastaj-**miş**-ım　　　　　　　　　トルコ語
　　　　ail-Dub-1stSgPres
　　　　"I **should** be sick"

---

　[6] (16)，(17) の注釈は原典通りであるが，地の文の説明に従えば come の後は Pst（Past）ではなく Part（Participle）となるのではないかと思われる．菱川（2005: 215）によると，「[...] セルビア・クロアチア語の過去時制は本来の完了時制を担っている形態，すなわち存在動詞 biti の現在人称定形に動詞の過去分詞（−1 分詞）形を付加してつくられる傾向にある．」

b. Ahmet gel-**ebil**-ir

　　Ahmet come-POT-3RDSGPRES

　　"Ahmet **can** come"　　　　　　　　　　(Beard (1995: 134))

　以上のような観察を The Free Analog Test に照らし，態，相，時制，法性
は動詞の G_I 情報であると結論する．(5) で見たトルコ語の動詞 GEL（来る）
のレキシコン表示を思い出してみよう．ここでの結論通り，(5) の G_L の中に
は態などの情報は記載されていない．格の情報が統語論において名詞に付与さ
れるように，これらの情報も統語構造において動詞に付与されるからである．
例えば，この動詞は統語構造上 Infl 位置まで繰り上がることにより，(20) の
ような "I could (not) come" に対応する表示を手に入れることになる．

(20)　　　**Infl**

$G_I =$

− Plural	← Number Switch
+ 1stPerson	← Person Switch
+ Past	← Tense Switch
± Negation	← Negation Switch
+ Potentiality	← Mode Switch

$G_L = \begin{bmatrix} + \text{Verb} \\ \text{Subj} \_\_ \end{bmatrix}$　　**BASE GRAMMATICAL REPRESENTATION**

　　　　　↕

$P =$　　/gel/　　　　**PHONOLOGICAL REPRESENTATION**

　　　　　↕

$R =$　　[COME]　　　**SEMANTIC REPRESENTATION**

　　　　　　　　　　　　　　　　　(Beard (1995: 53))

以下 (21a, b) がそれぞれ "I could come" と "I could not come" に相当する
トルコ語の形式である．

(21) a.　gel-ebil-di-m　　　　　　　トルコ語

　　　　come-POT-PAST-1ST/SG

　　　　"I could come"

b.   gel-e-me-di-m (*gel-ebil-me-di-m)
come-POT-NEG-PAST-1ST/SG
"I could not come"   (Beard (1995: 58))

(20) の G_I において [Negation] がマイナス値に設定されたならば，可能 (Potentiality) の接辞として -(y)Ebil が選ばれ，(21a) の gel-**ebil**-di-m "I could come" という語形に至る．一方，同じ文法的機能がプラス値に設定されたならば，可能の接辞として -(y)E が選ばれ，(21b) の gel-**e**-me-di-m "I could not come" という語形に至る．図 5 に即して述べ直すと，(20) のうち，$G_L, P,$ R はレキシコンの語彙素 GEL がもともともっている．この語彙素が統語論で V に挿入され，そこから Infl へ繰り上がり G_I の情報を順次獲得していくことがこの場合の Inflectional derivation である．最後に，形態部門において「可能」の機能は接辞 -(y)Ebil もしくは -(y)E として具現される．他の機能についても，音形具現は形態部門で行われる．

　最後に，動詞の屈折クラス（動詞クラス）と他動性は語彙的に指定された G_L 情報である．これらを独立して表現する機能語は Beard (1995) の研究の範囲では見つかっていないからである．トルコ語の GEL のレキシコン表示 (5) を見ると，他動性についての情報が内在していることがわかる．名詞の数の語形変化がレキシコンでの操作 (13) で行われるように，動詞の自他交替もレキシコンでの操作ということになる．これについては，第 3 章 4 節で派生の一種として詳しく見ることにする．

2.5. まとめ

　本章では，弱い語彙主義の立場では語彙素の語形変化についてどのように考えるかを学んだ．2 節で語彙素のレキシコン表示を導入し，3 節と 4 節では，レキシコン表示にもともとある G_L 情報による語形変化と，統語構造から語彙素に与えられる G_I 情報による語形変化を区別した．G_L 情報の語形変化は，名詞の数の変化のように屈折と呼ぶことが一般的になっているものと，動詞の自他交替のように屈折とは呼ばれないものが混在している．

　ここで，少し発展的な事項として，本章で見た分析法と Perlmutter (1988) や Anderson (1982, 1992) のよる**分割形態論仮説** (The Split Morphology

Hypothesis）の関係，および Booij (1993, 1996) による**内在的屈折** (inherent inflection）と**コンテクスト的屈折** (contextual inflection）の区別との関係について整理しておきたい.

まず，分割形態論仮説とは，屈折と派生の間には質的な差異があるという考え方，すなわち形態論を屈折形態論と派生形態論の2つに分割する考え方をいう．以下に中野ほか (2015) の定義を引用しよう.

(22) **分割形態論仮説** (Split morphology hypothesis)
派生 (derivation）と屈折 (inflection）を別々の過程として文法の異なる部門に位置づける仮説をいう．具体的には，派生は語彙部門に，屈折は統語部門に位置づけられる.

この仮説の背景には，派生と異なり，屈折の現象は統語論とリンクしているという観察がある．例えば，性・数のような屈折特性は一致において別の語にコピーされるが，「動作主」のような派生特性は一致でコピーされることはない (Fábregas and Scalise (2012: 67)).

また，派生と屈折の違いとして最も重要なのは，屈折は語彙素のレキシコン表示の中身を一切変更しないという点である．Fábregas and Scalise (2012: 86) より，関連箇所を引用する.

(23) Inflectional processes do not alter the properties with which an item is listed in the lexicon, but rather result in the different grammatical forms that this item adopts in different syntactic contexts. A derivational process alters one or several of the properties associated with an item listed in the lexicon, making it necessary in many cases for the new form to also be listed. Therefore, it is said that derivation (and compounding) is a process that creates new words; it is a word-formation process.

（屈折プロセスは，レキシコンにリストされた語彙項目の特性を変えることはしない．むしろ，その項目が統語的環境に応じてとる様々な文法的語形を作り出すプロセスである．一方，派生プロセスはレキシコンにリストされた語彙項目の特性の1つもしくはいくつかを変更する．変更の結果生じる新たな形式もまた多くの場合レキシコ

ンにリストされねばならないので，派生は（複合とともに）新たな語を作るプロセスである．つまり，派生は語形成プロセスである．）

(Fábregas and Scalise (2012: 86)；一部修正)

つまり，屈折は1つの語彙素の語形変化であるが，派生は1つの語彙素から別の語彙素を作る語形成である．

Beard（1995）による弱い語彙主義は，G_I 情報による語形変化については(22) の分析法をとっているといえる．操作については統語論で行われるからである．一方，G_L 情報による語形変化については，一般には屈折といわれるものであってもレキシコンでの操作として扱う．特に，名詞の数の語形変化は，一般に屈折とされるが，(22) でいえば派生と同様に語彙部門に位置づけられることになる．(23) の基準に照らしてみても，名詞の数の語形変化は(13) のようにレキシコン表示の中身を変更する操作であるので，派生に近い．よって，Beard の分析は，派生と屈折を明確に区別するという点で分割形態論仮説をとるといえるが，それらを2つに分割するわけではないという点が原案とは異なる．

ここで思い出されるのは Booij (1993, 1996) の議論である．Booij は (22) の分割形態論仮説に反論し，屈折には，(23) のような基準で派生と明確に区別できる**コンテクスト的屈折**（contextual inflection）と，派生との区別がそれほど明確ではない**内在的屈折**（inherent inflection）とがあるとする．以下にそれぞれの定義を引用する．

(24)　Inherent inflection is the kind of inflection that is not required by the syntactic context, although it may have syntactic relevance. Examples are the category number for nouns, comparative and superlative degree of the adjective, and tense and aspect for verbs. Other examples of inherent verbal inflection are infinitives and participles. Contextual inflection, on the other hand, is that kind of inflection that is dictated by syntax, such as person and number markers on verbs that agree with subjects and/or objects, agreement markers for adjectives, and structural case markers on nouns.
（内在的屈折とは，統語と無関係ではないが統語的環境によって要求されるわけではない種類の屈折をいう．例えば，名詞の数，形容詞

の比較級と最上級，動詞の時制と相が挙げられる．また，動詞の内在的屈折には不定詞と分詞もある．一方，コンテクスト的屈折とは，統語論によって指示される種類の屈折をいう．主語及び／または目的語と一致する動詞の人称や数のマーカー，形容詞の一致マーカー，名詞の構造格のマーカーがその例である．)　　　　(Booij (1996: 2))

この区別は，次に図示するように，語根からの接辞の距離に反映される．

コンテクスト的屈折接頭辞	内在的屈折接頭辞	派生接頭辞	語根	派生接尾辞	内在的屈折接尾辞	コンテクスト的屈折接尾辞

図7　一般的に予想される接辞の連辞的順序 (Harris (2017: 240) を基に作成)

図7は，語彙素自体の音形である語根を中心にして，(i) 派生接辞 → (ii) 内在的屈折接辞 → (iii) コンテクスト的屈折接辞という順序で語形が広がっていく様子を表している．(i), (ii), (iii) の3区分は (22) の伝統的な分割形態論では捉えることのできないものであるが，Beard の分析との整合性は高く，内在的とコンテクスト的という区別は，G_L 情報による語形変化と G_I 情報による語形変化の区別に近い（動詞の語形変化のように，両者でずれる部分もあるが）．Beard も Booij も，(22) の原案に対し，多分割をすすめている点で一致しているのである．

第 3 章

レキシコンの拡大 I：語形成

3.1.　語彙素形成

　第 2 章では，語彙素のレキシコン表示を導入し，そこに記載された情報について，品詞を含め一切変更をしないのが屈折であることを見た．一方，派生は，語彙素のレキシコン表示を変更し，別のレキシコン表示にマップする操作，すなわち別の語彙素を作り出す**語形成**（word-formation）である．Fábregas and Scalise（2012: 86）による屈折と派生の区別を再度確認しておこう．

(25)　屈折プロセスは，レキシコンにリストされた語彙項目の特性を変えることはしない．むしろ，その項目が統語的環境に応じてとる様々な文法的語形を作り出すプロセスである．一方，派生プロセスはレキシコンにリストされた語彙項目の特性の 1 つもしくはいくつかを変更する．変更の結果生じる新たな形式もまた多くの場合レキシコンにリストされねばならないので，派生は（複合とともに）新たな語を作るプロセスである．つまり，派生は語形成プロセスである．

（＝第 2 章 (23)：日本語部分のみ）

　Aronoff（1994: 13）が論じるように，「語形成」における「語」は語彙素であり，word-formation とは正確には lexeme-formation である．新しい語彙素が作られるので，レキシコンは拡大する．この章では，英語の派生を中心に，語形成によってレキシコンを拡大する方法にはどのようなものがあるかを，形

第3章　レキシコンの拡大 I：語形成　　209

態面と意味・統語面に分けて概観していくことにしよう．

3.2.　語形成の形態的分類

　語彙素には，**単純語**（simplex words）（または，**単一形態素語** monomor-phemic word ともいう）だけでなく，語形成によって作られる**派生語**（derived words）や**複合語**（compounds）といった**複雑語**（ないし**合成語**）（complex words）もある．複雑語はそれ自身が語形をもつ．すなわちそれ自身屈折するので語彙素である．

　斎藤・石井（2011）から引用する図 8 は，日本語の例を用いて形態的観点から語彙素の分類を行ったものである．英語でも図 9 のように同じような表が作れる．複雑語には to saddle（< a saddle）のように**転換**（conversion）によるもの，to edit（< editor）のように**逆形成**（back-formation）によるもの，boatel（< boat + hotel）のように**混成**（blending）によるものもある．

語 ⎰ **単純語**（語基 1 個からなる語）…足，雲，鉄，右，動く，立つ，食べる，
　　　　　　　　　　　　　　　　　　　　　すぐ，たぶん，また etc.
　　⎱ **合成語** ⎰ **派生語**（語基＋接辞）…あなた方，お寺，素肌，初雪，真冬，
　　　　　　　　　　　　　　　　　　三枚，大人びる，春めく，薄める etc.
　　　　　　　⎱ **複合語**（語基＋語基）…裏返す，追い越す，立ち回る，黒板，
　　　　　　　　　　　　　　　　　　白壁，表面，レンタルショップ，サッ
　　　　　　　　　　　　　　　　　　カーくじ etc.

　図 8　形態的観点による日本語語彙素の分類（斎藤・石井（2011: 31）より．
　　　　太字追加．）

語 ⎰ **単純語**（語基 1 個からなる語）… foot, cloud, iron, right, blue, move,
　　　　　　　　　　　　　　　　　　　　stand, eat, perhaps, also, etc.
　　⎱ **合成語** ⎰ **派生語**（語基＋接辞）… fair-ness, friend-ship, hospital-ize,
　　　　　　　　　　　　　　　　　　dis-member, re-pay, un-natural, etc.
　　　　　　　⎱ **複合語**（語基＋語基）… film society, hothouse, stir-fry, light-
　　　　　　　　　　　　　　　　　　green, breakdown, inbuilt, etc.

　図 9　形態的観点による英語語彙素の分類

210 第 III 部　最新のレキシコンと形態論の進展

　図8と図9の太文字は語彙素を形態的に分類するクラス名であるのに対し，
（　）の中に与えられているのは複雑語を構成する構成要素の分類名である．
複雑語の構成要素については，語はそれ以上分解できるかという根源的問題や
形態素という概念の問題をはじめとして，専門的な議論がなされてきた．詳細
については，Aronoff（1994, 2007, 2012, 2016），Carstairs-McCarthy（2005），
Embick（2015），Bauer（2016）などを参照してほしい．ここでは最も重要と
思われる点に絞って説明する．

　説明の便宜上，「語根」，「語幹」，「接辞」のように音形をもつ単位の親概念
として Bauer et al.（2013）から形態（morph）という用語を援用する．以下
のように，これは，複雑語の構成要素について形態素（morpheme）と異形態
（allomorph）の区別を捨象した概念である．

(26)　By a MORPH we understand any phonological (or graphemic) ele-
　　　ment of a word-form which has function or meaning in the con-
　　　struction of a word.
　　　（「形態」とは，語の組み立てにおいて機能もしくは意味を担う，語形
　　　の音韻的（もしくは書記的）要素である．）　(Bauer et al. (2013: 13))

(26) の英文3行目の "a word" は，形態統語的な語（第1章1節参照）を指
すと考えるのが最もシンプルである．形態統語的な語は，語彙素が文中でとる
形の1つ1つであるが，その組み立てには語彙素自体に属する形態（語根・語
幹）と接辞形態が関与する．

　まず，語根（root）と語幹（stem）について．上述のように，これらは，特
定の語彙素に所属する形態を指す．例えば CHILD は a child と children にお
いて違う形態をとる（発音してみるとわかる）が，そのどちらも CHILD に固
有の形態である．以下に Bauer et al.（2013）の定義を引用する．

(27)　A ROOT is the centre of a word, a lexically contentful morph, either
　　　free or bound, which is not further analysable; it is what remains
　　　when all affixes are removed.
　　　（語根とは語の中心要素であり，語彙的意味を担っていてそれ以上分
　　　解できない自由形態もしくは拘束形態である．すべての接辞を取り
　　　除いた時に残る部分である．）　　　　　　　(Bauer et al. (2013: 17))

第 3 章　レキシコンの拡大 I：語形成　　　211

(28)　[…] it [STEM] is used in at least two different ways in the literature.
The term is sometimes used in the sense that we have used OBLIGA-
TORILY BOUND ROOT. But it is also used in the British tradition for
the base to which an inflectional affix can be added.

（語幹という用語は少なくとも 2 つの意味で使われている．1 つ目は
「拘束的な語根」の意味である．もう 1 つは，イギリスの伝統を引い
た用法で，「屈折接辞が付加する対象」の意味である.）

(Bauer et al. (2013: 19))

日本の文献，例えば中野ほか (2015)，斎藤ほか (2015)，漆原（編）(2016)
では「語幹」は「屈折接辞を取り除いて残る部分」とされており，イギリスの
伝統を引いた用法が採用されているとわかる．

　「語根」と「語幹」は指示対象が重なることがあっても，概念的には別物であ
る．両者の根本的な違いは，「語根」が形態操作とは独立した語彙素のありよ
うをいうに対し，「語幹」は語彙素が形態操作に参加する時に使う形をいうと
いう点である．(28) における「屈折接辞が付加する対象」，例えば，girls の
girl や wives の wive や children の childr はもちろんのこと，「拘束的な語
根」も，例えば，atheism, atheal, atheize における athe- や，neuro-logy の
連結形 (combining form) neuro と logy のように，語形成で使われる形態で
ある.[7] この違いを認識すれば，分散形態論のような非語彙主義の理論が語根，
すなわち「ルート」を重視する（西山 (2013) や田川 (2013) などを参照）の
に対し，Aronoff (1976, 1994, 2007, 2012, 2016) や LMBM のような語彙主
義の理論が語幹を重視するのは，考え方の違いの当然の帰結であるとわかる．
つまり，内容語に見られる wife 〜 wive(s)，child 〜 child(r)(en) のような
形態的なバリエーションについて，非語彙主義の理論—語からではなく構造
から出発する理論（第 2 章 1 節参照)—は，分析しない要素を最小限にしよう
とする．変異的要素には何らかの機能をあて句構造の構成要素とするか，ある
いは音韻規則によって説明しようとするので，内容語に固有の形態として残る

---

　[7] 第 2 章 5 節の図 7 を参照．[[[[語根][1] ＋派生][2] ＋内在的屈折][3] ＋コンテクスト的屈折][4]
のパターンにおいて，[1]は[2]における語幹であり，[2]は[3]における語幹であるが，[3]が[4]にお
ける語幹であるかどうかは，一口では答えられない．[3]が語彙素に属するかどうかによるだろ
う．

のは語根のみである．一方，語彙素を分析の始点とする立場では，文法的機能の具現とも音韻規則の結果ともいえない，語に固有の形態があると考えることができる．レキシコンがあるからである．Aronoff (1994: 39-44) や Beard (1995: 45-50) は，語幹を「形態的具現操作が適用される語彙素の音形」としているが，これは，語彙素というものがまずあって，それを基盤として語形なり派生語なり複合語なりが作られていくという見方と分かちがたく結びついているのである．[8]

　以上をもとにすると，**接辞** (affix) とは，語彙素の語幹に付加する拘束形の形態と定義できる．接辞と拘束語根・拘束語幹の違いは，位置制限 (positional restriction) の有無である．例えば，拘束語根である logy は biology と logical のように生起位置が制限されないが，接辞は，英語であれば語幹の前方か後方のどちらかにしか生起できない．語幹の前方に付加する接辞を**接頭辞**(prefix)，後方に付加する接辞を**接尾辞** (suffix) という．接頭辞の en- と接尾辞の -en は別物なので，embolden のように 1 語内に共起する（長野 (2013, 2017))．

　それでは最後に，**基体** (ないし**語基**) (base) について．個々の語彙素が形態操作に際して使う形態を「語幹」とするのならば，「基体」については，次のように，語形成規則 (Word Formation Rule; WFR と略す) の適用対象となる語彙素を指す用語とするべきである．

(29)　The regular rules referred to above will be termed *Word Formation Rules (WFR)*. Such a rule specifies a set of words on which it can operate. This set, or a member of this set, we will term the *base* of that rule. Every WFR specifies a unique phonological operation which is performed on the base. Every WFR also specifies a syntactic label and subcategorization for the resulting word, as well as a semantic reading for it, which is a function of the reading of the base.　　　　　　　　　　　　　　　　　　(Aronoff (1976: 22))

---

[8] 語幹は 1 つの語彙素に対して 2 つ以上あってもよい．Nagano and Shimada (2014) によれば，日本語漢字の音訓 2 重読みは，語彙素（山）と語幹（「やま」「さん」）の関係として分析できる．ある漢字を音読みするか訓読みするかは，語幹の分布という観点で捉えることができるとしている．

（上で述べた一般的な規則を語形成規則と呼ぶ．語形成規則には，適用対象となる語の集合が指定されている．その集合ないしその集合の成員の1つ1つを，その規則の基体と呼ぶ．すべての語形成規則には，基体に対して行う固有の音韻的操作が指定されている．また，派生される語の統語範疇と下位範疇化，そして基体の意味の関数として派生語がどういう意味を表すかも指定されている．）

Plag（2003: 11）は，「基体」と「語幹」の区別が紛らわしいとして「語幹」は自分の語形成の記述では使わないとしているが，語形成とは語彙素から別の語彙素を作るものであることを考えれば，紛らわしいことはない．「基体」は新たな語の基盤になる語彙素を指す概念であるのに対し，「語幹」は接辞付加や複合などの操作で使われる音形のある形態を指す概念である．両者を区別してはじめて，例えば，ATHEISTIC（無神論の）という形容詞は ATHEISM（無神論）から作られたと正しく言えると同時に，接辞 -ic の付加は atheist という語幹に対して行われると言えるのである．[9]

3.3. 語形成規則

次に，語形成の統語・音韻・意味側面を考えよう．複雑語のなかでも派生語に注目し，(25) でいう「派生操作が語彙素のレキシコン表示に加える変更」にはどのようなものがあるか，具体的に見ていくことにしよう．第2章1節の図5の文法モデルでいえば，派生（語）は，Lexical derivation という操作とその結果にあたる．

まず，第2章で見た語彙素のレキシコン表示を思い出そう．(30) はトルコ語の動詞，(31) は英語の動詞の例である．

---

[9] Xism-Xist-Xistic の関係については，Aronoff (1976: 118-121)，Nangano (2013a: 126-132) などを参照．伝統的に Priscianic formation (Matthews (1972: 86, 169)) として知られているように，屈折では，パラダイム内にある語形が別の語形の語幹になることがある．ここで見る atheist と atheistic の関係もこれに類するといえるだろう．

(30) トルコ語 GEL "come"

$$G_L = \begin{bmatrix} +\text{Verb} \\ \text{Subj} \underline{\quad} \end{bmatrix}$$ **BASE GRAMMATICAL REPRESENTATION**

$\updownarrow$

$P = \quad$ /gel/ **PHONOLOGICAL REPRESENTATION**

$\updownarrow$

$$R = \begin{bmatrix} \text{GO (X)} \\ \text{TO (Y) FROM (Z)} \end{bmatrix}$$ **SEMANTIC REPRESENTATION**

(＝第 2 章 (5))

(31) 英語 PUT

$$G_L = \begin{bmatrix} +\text{Verb} \\ x <y,\ P_{\text{LOC}}\ z> \end{bmatrix}$$ **BASE GRAMMATICAL REPRESENTATION**

$\updownarrow$

$P = \quad$ /put/ **PHONOLOGICAL REPRESENTATION**

$\updownarrow$

$R = \quad$ [[x ACT-ON y] CAUSE [BECOME [y BE AT [$_{\text{LOC}}$ IN/ON z]]]]

SEMANTIC REPRESENTATION

(＝第 2 章 (6))

結論からいうと，派生の操作は，G_L にある①品詞と②項構造，③ R にある語彙概念構造の 3 つのうち，少なくともどれか 1 つを変更すると考えてよい．まれに，派生でも，symbolical の -al のように，派生接辞の付加だけが起こって基体の品詞も項構造も意味も変わらないことがある（Szymanek (2015)）が，ここでは考察の対象外とする．

　具体例を見る前に，toy derivation を考えてみよう．例えば，(30) の語彙素を基体の 1 つとし，そこから新たな語彙素 LEXEME′ を生成する語形成の操作を (32a) のように表すと，それに応じて，(32b) のように，G_L, P, R それぞれの情報が変更されうる．変更後の表示をここでは $G_L{}'$, P', R' と略記する．(32a) は (29) で見た**語形成規則**（Word Formation Rule）に相当する．このような規則がレキシコンの操作として存在すると考えるのである．

第3章　レキシコンの拡大Ⅰ：語形成

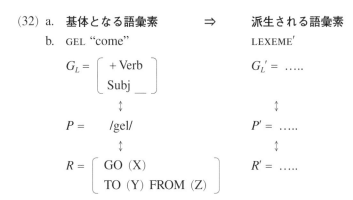

(32a, b) は基体の G_L, P, R のいずれもが語形成規則によって変更される場合である．ここには，連動による変更，つまり，R を変えると G の項構造も変わるというケースも入るだろう．

　一方，G か R の一部のみが変化を受ける場合もある．(33) に示すのは，基体の音韻情報と意味情報は変わるのに対し，統語情報は変わらないような場合である．

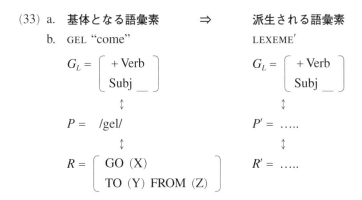

　逆に，基体の統語情報のみが変わり，意味は変わらない派生もある．G_L には項構造と品詞があるので，このタイプは，さらに，項構造だけが変わる場合と品詞だけが変わる場合に分けられる．以下に示すのは，G_L のなかでも品詞だけが変わるような派生の語形成規則である．

(34) a. **基体となる語彙素**　　　⇒　　　**派生される語彙素**

b. GEL "come"　　　　　　　　　　LEXEME′

$$G_L = \begin{bmatrix} + \text{Verb} \\ \text{Subj} \underline{\quad} \end{bmatrix} \qquad\qquad G'_L = \begin{bmatrix} + \text{Noun} \\ \text{Subj} \underline{\quad} \end{bmatrix}$$

$$\updownarrow \qquad\qquad\qquad\qquad\qquad \updownarrow$$

$$P = \quad /\text{gel}/ \qquad\qquad\qquad P' = \quad \dots.$$

$$\updownarrow \qquad\qquad\qquad\qquad\qquad \updownarrow$$

$$R = \begin{bmatrix} \text{GO (X)} \\ \text{TO (Y) FROM (Z)} \end{bmatrix} \qquad R = \begin{bmatrix} \text{GO (X)} \\ \text{TO (Y) FROM (Z)} \end{bmatrix}$$

以下では，4 節：基体の項構造のみを変更する派生，5 節：基体の品詞のみを変更する派生，6 節：品詞と項構造と意味を変更する派生，7 節：意味のみを変更する派生，という順で具体例を見ていく．

　その前に，P 情報の変更について述べておこう．分離仮説のもとでは，P 情報の変更とは語形成操作の結果を形態的に具現することに等しい．典型的には，基体がもつ語幹の 1 つに接辞が付加される．一方，P に変更が加えられなければ転換の例になる．(32)，(33)，(34) のそれぞれにおいて，$G_L \cdot R$ の変更と P の変更は切り離して考えることに注意したい．基体の品詞のみを変更する派生操作は，形態的には 1 種類ではなく，接尾辞の付加という形をとるものもあれば，転換という形をとるものもある．操作と形態の対応については以下の各所で触れる．

3.4. 語彙的交替

　第 2 章 4 節で動詞の他動性（transitivity）は G_L 情報であること，よって，その変更は屈折とは見なせないことを見た．実際，「自動詞」「他動詞」「二項他動詞」のような特性の変更は，動詞の項構造の変更として扱われるのが普通である．ここで見るのは**語彙的交替**（lexical alternation）といわれる，基体の P 情報の変更を伴わない事例である．(35) の**自他交替**（transitivity alternation）のように項の数が変化するものと，(36) の**場所格交替**（locative alternation）のように項の数は変わらないがその具現方法が変化するものとがある．

第3章　レキシコンの拡大 I：語形成　　　217

(35) a. The milk boiled.

　　 b. John boiled the milk.

(36) a. John loaded hay on the truck.

　　 b. John loaded the truck with hay.

(Fábregas and Scalise (2012: 101-102))

接辞がないのでこれらのペアの文 (a) と文 (b) のうち，どちらの動詞を基体とすべきかは明瞭ではない (Koontz-Garboden (2014))．議論はあるが，ここでは (a) の動詞から (b) の動詞が派生されると考えよう．G_L 情報のうち，品詞は変わらず，項構造のみが変更される．これは，第2章3節で見た名詞の数の語形変化に似ている．例えば，girl ～ girls のようなペアにおいても，基体の品詞以外の G_L 情報が変更されるのであった．そして，girl ～ girls について，以下に (37) として再掲するレキシコンでの素性値変更規則が想定できるように，自他交替や場所格交替については，(37)，(38) のようなレキシコンでの操作を想定することができる (Levin and Rappaport Hovav (1995))．

(37)　単複交替

　　 [− Plural, + Singular] → [+ Plural, − Singular]

(Beard (1995: 160))

(= 第2章 (13))

(38)　自他交替

　　 boil (Undergoer) → boil (Agent, Undergoer)

(Fábregas and Scalise (2012: 102))

(39)　場所格交替

　　 load (Agent, Undergoer, Place) → load (Agent, Undergoer, Place)

　　 undergoer: Dierct Object　　　　　undergoer: PP

　　 place: PP　　　　　　　　　　　　place: Direct Object

(Fábregas and Scalise (2012: 102))

次節で見る Transposition を含め，このように基体の G_L 情報の一部のみを変更する操作は，派生のなかでも屈折に近い派生であるといえる．

　(38)，(39) の規則において，下線は統語的に主語として具現される項を示している．(38) の規則では，動詞 boil の項構造に Agent 項が追加されている．

218 第 III 部 最新のレキシコンと形態論の進展

これによって，(35a) から (35b) への文構造と意味の変化が説明される．一方，(39) の規則では，動詞の項構造の統語構造へのマッピング方法，すなわち項構造を統語構造とどのように対応させるかが変更されている．(36a) の文を作る load は Undergoer 項 (hay) を直接目的語として，Place 項 (the truck) を前置詞句として表現しているのに対し，(39) の規則を通してできるもう1つの load では，(36b) のように，Undergoer 項が前置詞句として表現され，Place 項が直接目的語として表現されるようになるのである．

3.5. Transposition

次に，(34) の toy derivation の具体的事例を見てみよう．

基体の品詞だけを変え，項構造や語彙概念構造は変えない派生があるとされる．一般に **Transposition** と呼ばれ，定訳はない (Beard (1995), Bloch-Trojnar (2013), Spencer (2013), Lieber (2015), ten Hacken (2015))．

まず，動詞から名詞への派生において，**事象名詞** (event nominalization) を作る Transposition がある．事象名詞は，基体となる動詞の項構造と R を維持し，その動詞のとる副詞や前置詞句に対応する修飾語をとることができる．例えば，(40a) にあるように，動詞 explain は目的語を1つとり様態の副詞と共起するが，(40b) の explanation はその特性を**継承** (inherit) している．これは，Transposition によって派生された事象名詞である．

(40) a.　Jane quickly explained the analysis to the students.

b.　The quick explanation of the analysis to the students by Jane

((40b) は Fábregas and Scalise (2012: 90) より)

また，動詞から Transposition で派生された名詞が基体の事象性を継承していることは，(41a) のように take place (〜が起こる，発生する) という述語の主語になれることからわかる．これは，(41b) にあるように，book のようなモノを表す単純語の名詞には許されないことである．

(41) a.　The assassination of Lincoln took place in 1865.

b. *A book took place yesterday.

(Fábregas and Scalise (2012: 90))

第3章　レキシコンの拡大 I：語形成　　219

(40b)，(41a) の派生名詞は事象 (event) を表す名詞であるが，状態 (state) を表す派生名詞もある．例えば，派生名詞 sedation は事象型の解釈と状態型の解釈の両方が可能である．

(42)　a.　The sedation of the patient must take place before the procedure.

　　　b.　The sedation of the patient for three hours is necessary for this procedure.　　　　　　　　　　　　　(Fábregas and Scalise (2012: 90))

(42a) の主語名詞句は "the action of sedating the patient"（患者に鎮静剤を与えるという行為）の読みであるのに対し，(42b) の主語名詞句は "the state of the patient's being sedated for three hours"（患者が 3 時間鎮静化されている状態）の読みである．

　Fradin (2011) は，フランス語における達成動詞からの状態名詞の派生について，traduire（翻訳する）のようなスケール性の達成動詞を基体とする場合と，emprisonner（監禁する）のようなスケール性のない達成動詞を基体とする場合とで違いがあることを論じている．派生名詞 traduction も emprisonnement も，どちらも (i) NP avoir lieu "take place" 構文の主語になり，そこで事象を表すのに対し，(ii) NP durer depuis … "last since …" 構文では traduction が事象を表すのに対し，emprisonnement は状態を表すという．この違いは，(i) の構文が基体動詞の事象項の継承の有無を測るテストであるのに対し，(ii) の構文は名詞の R の構成を調べるテストであることに由来する．よって，(ii) では，symphony のような単純形名詞でも事象を表せる．

　次に，名詞から形容詞への派生を見てみよう．英語の名詞由来派生形容詞には，prepositional, polar, algebraic のような**関係形容詞** (relational adjectives) と beautiful, picturesque, nervous のような**性質形容詞** (qualitative adjectives) がある．両者の違いは，性質形容詞が good や old のような単純形形容詞と同じ振る舞いをするのに対し，関係形容詞は基体の名詞性を継承している点にある．後者は次のような特徴を示すのである．

(43)　関係形容詞の特徴

　　a.　名詞修飾用法が基本であり，特定の条件下を除き叙述用法を許さない．

　　　*this output is industrial,　*this decision is senatorial

b. 主要部名詞のすぐ前の特定位置に生起せねばならない.
   wooden big table vs. *big wooden table*

c. 意味解釈上, 項として機能することができる.
   senatorial election "election of a senator"

d. 程度性を持たない.
   a very industrial output, *a very senatorial decision*

e. 比較級を作れない.
   more industrial, *more senatorial*

f. 繰り返しの可能性を欠く.
   industrial industrial output

g. 性質形容詞と等位接続できない.
   the big and wooden table

h. 名詞化できない.
   ??*presidentialness*, ??*racialness*　　　（長野 (2015: 3-4); 一部修正）

このような特徴をもつことから, prepositional phrase のような名詞句を作る関係形容詞は, 名詞的な形容詞であるとされる（安井ほか (1976), 島村 (2014: 85-88)）. つまり, 基体の特性の継承という点で, 関係形容詞は事象名詞に似ているのである. 実際, LMBM では Transposition による派生とされている.

　事象名詞についても関係形容詞についても操作面での分析方法はいくつかあるが, ここで重要なのは, どちらも, 基体となる語彙素の G_L の品詞情報のみを変更する派生であるという点である.

　次に, Transposition の形態面に注目してみよう. 接辞付加ならば語彙素の P 情報に変更が加えられるのに対し, 転換の場合は P 情報の変更が起こらない. まず, (40) explain > explanation, (41) assassinate > assassination, (42) sedate > sedation のように, 事象名詞の多くは接尾辞をもつ. この3例に現れる -ation はその種の接尾辞の代表例である. だが, 分離仮説の観点で注目したいのは, 常に接尾辞が使われるわけではないという点である. 一般に転換による事象名詞化は難しいとされるが, 大型コーパスを使えば例は見つかる. 以下は現代米語コーパス COCA (Corpus of Contemporary American English) (https://corpus.byu.edu/coca/) で見つけられた例である.

(44)　*Denver Post 2004*: Last year, just before the 50th anniversary of **Sir**

Edmund Hillary's climb of Mount Everest, the Sherpas wanted
to put up an Internet café at 18,500 feet, base camp on Everest.

(Lieber (2015: 364))

(44) の例文で，転換名詞 climb の作る名詞句は，Sir Edmund Hillary
climbed Mount Everest という文を（時制を除いて）再範疇化（recategoriza-
tion）したものである．転換による事象名詞化の例は，句動詞や，動詞を中心
とするイディオムではさらに増える．例えば，the government **crackdown
on** opposition figures（反対派に対する政府の弾圧）（『ジーニアス英和大辞
典』）は，The government **cracked down on** opposition figures. という文を
再範疇化したものである．

英語の関係形容詞化でも，prepositional における -al，algebraic における
-ic のように接尾辞が使われることが多い（Bauer et al. (2013: 314-317)，島
村（2014: 58-59））．転換の可能性については，関係形容詞は必ず名詞修飾位
置に生起する（(43a) 参照）ので，事象名詞の場合より認定が難しい．例えば，
次の表現の下線部は，名詞から形容詞に品詞変更を受けているといえるかとい
う問題である．

(45) a. a government inquiry
     b. student performance   (Pullum and Huddleston (2002: 537))

1つ目の注意点として，このような名詞＋名詞という形式の表現は英語に多
数あるが，名詞句であるものと複合名詞であるものが混在している（Bauer
(1998), Giegerich (2004, 2009), 島村 (2015)）ので，関係形容詞＋名詞と
いう連結と比較したい場合は，まず全体が名詞句であることを確かめる必要が
ある．

2つ目の注意点として，(43) で見たように関係形容詞というクラス自体が
名詞に近い特徴をもつため，名詞と形容詞を区別する一般的なテストは使えな
い．例えば，Pullum and Huddleston (2002: 536-538) は，(45) の下線部が
程度性を持たないこと，(46) のように副詞ではなく形容詞で修飾されること
から，名詞であると結論している．

(46) a. a federal government inquiry
         *a federally government inquiry

b. mature student performance

　　*maturely student performance

(Pullum and Huddleston (2002: 537))

しかし，程度性の有無を品詞の基準にするのならば，関係形容詞というクラス自体を認めることができなくなるだろう．Pullum and Huddleston は (46a) の federal を形容詞であるとしているが，これも関係形容詞の例であり，程度性はもたないのである ((43d) 参照)．また，Australian Aboriginal English, East Asian affairs のように，関係形容詞 (aboriginal, Asian) は，意味解釈上，その基体名詞 (aborigine, Asia) を修飾する形容詞 (Australian, East) をとることができる (Nagano (2013a: 130))．よって (46a, b) をもとに government や student が名詞のままだと言い切ることはできないだろう．

　名詞と同形の名詞修飾要素が接尾辞付き関係形容詞と品詞上パラレルであるか否かを確かめるには，**等位接続** (coordination) のテストの方が適切である．Williams (1981) や岸本・菊地 (2008: 30-31) で論じられているように，等位接続が可能なのは，John and Mary や an interesting but controversial argument などのように，基本的に同じ品詞に属する要素同士である．とすると，Pullum and Huddleston の分析が正しければ，名詞と同形の修飾語は接尾辞付き関係形容詞と等位接続できないはずである．しかし，事実としては，次のように等位接続は可能である．

(47) a. She likes both cotton and woollen dresses.

　　b. They detest both suburban and city life.

(Quirk et al. (1985: 1562))

(47a) では cotton が woollen という関係形容詞と，(47b) では city が suburban という関係形容詞と，それぞれ等位接続されている．このことは，ここでの cotton と city が名詞ではなく，関係形容詞と同様，品詞の変更を受けていることを強く示唆する．また，(47) の類例として，Klinge (2009: 158) によると，atomic and nuclear bombs といえるだけでなく，atom and nuclear bombs という等位接続も可能である．

　コピュラ文では，関係形容詞がゼロの主要部名詞を修飾する形で生起することがある (Nagano (2018b))．例えば，That interpretation is presidential (そ

の解釈は大統領による解釈である）や His razor is electric（彼のかみそりは電気かみ
そりだ）(Levi (1978: 255)) の述部がそうである．そのような構文でも，次の
ように，(47a, b) と同様の等位接続が可能である．

(48)　We can distinguish [i-ii] from [iii] as non-compound (or clausal) vs
　　　 compound.　　　　　　　　　　　　　　(Huddleston (2002a: 45, fn.1))

(49)　Manager:　Was it suicide or accidental?
　　　　　　　　　　(Agatha Christie's *Marple* "A Murder is Announced" より)

(48) では，non-compound というゼロ形が clausal という接尾辞付き関係形
容詞と等位接続されている．(49) は，ホテルの従業員が不慮の死を遂げたこ
とを警察から知らされた支配人が，その死因について，「自殺ですか，事故で
すか」と尋ねる場面である．ここでも，suicide (death) というゼロ形と acci-
dental (death) という接尾辞形が等位接続されているのである．
　まとめると，分離仮説から予測される通り，Transposition という操作と形
式は 1 対 1 の対応ではない．接尾辞が使われることが多いが，転換が使われ
ることもある．接尾辞も 1 つではない．このように複数の形式が**競合**
(competition) する場合，屈折ならば，デフォルト，すなわち無指定で与えら
れる形式（英語の動詞の過去時制なら接尾辞 -ed）と，指定によって与えられ
る形式（grow 〜 grew や put 〜 put など）の 2 種類がある．そして，形態的
具現の際，より指定の多い形式からより少ない形式へという順序で形式が選択
されていく．**非該当条件**（elsewhere condition）と呼ばれるこの形式分布の原
理が，Transposition をはじめとする派生形態論でどの程度成立するかについ
ては，今後の研究課題である（事象名詞化におけるこの問題については Lieber
(2016) を参照）．

3.6.　品詞と意味を変更する派生

　基体の品詞のみを変える Transposition に加え，(32) のように，基体の *R*
も変える派生も多数ある．
　まず，動詞から名詞への派生において**結果名詞**（result nominals）といわれ
る事例（Grimshaw (1990)）がその例である．例えば，次の文を作る explana-

tion は，(40b) で見た explanation とは異なり，説明するという行為ではなく，その行為の結果生じるものを指している．

(50) The explanation was written on the blackboard.

(Fábregas and Scalise (2012: 91))

(40b) と (50) からわかるように，英語の事象名詞と結果名詞は多くの場合，形が同じである．とすると，explain > explanation（事象）という操作と explain > explanation（結果）という操作の 2 つがあるという見方に加え，結果名詞の基体は explain ではなく explanation（事象）であるという見方，つまり，派生は explain > explanation（事象）> explanation（結果）のように行われるという見方も考えられる．Naya (2016) はこの 2 つの分析法について理論的・通時的に議論し，接尾辞ごとに検討すべき問題であることを示している．

また，**動作主名詞化** (agent nominalization) や**被動者名詞化** (patient nominalization) のように，動詞の**意味役割** (semantic role) として極めて一般的なものを前景化するような名詞化もある．例えば，動詞 nominate は，(51a) のように，Agent（動作主）の項と Patient（被動者）の項をとる．これは，この動詞の G_L と R の情報である．

(51) a. Hanako nominated Taro for the award.
     b. Hanako was a nominator.   動作主名詞化
     c. Taro was a nominee.   被動者名詞化

(51b) と (51c) を比べるとわかるように，動作主名詞化と被動者名詞化は，基体動詞の動作主項と被動者項という異なる項を取り立てる．「項を取り立てる」とは，(32) のような語形成規則において，入力の G_L の特定の項が，出力の派生語の G_L でその語の指示対象として指定されるようにする操作をいう．Lieber (2004) は，この操作のメカニズムを同一指標付与の原理 (Principle of Coindexation) として一般化している．

ここでも，操作と形態の対応は一対一ではない．「接尾辞 -er なら動作主名詞，接尾辞 -ee なら被動者名詞である」とはいえないし，逆に，「動作主名詞化なら -er が使われ，被動者名詞化なら -ee が使われる」ともいえないからである．例えば，loaner（代車のように，修理品の代わりに顧客に貸し出される品），(a good/bad) keeper（保存に耐える果物や野菜），sleeper（寝台車：子どもの寝巻

き）のような -er の例では，基体の被動者項や前置詞句補部の項（sleep in … の "…" 要素）が取り立てられている．逆に，escape**ee**（逃亡者，脱獄者），stand**ee**（立見客，立っている乗客）では，接尾辞は -ee だが基体の動作主項が取り立てられている．Oxford English Dictionary Online によると，standee は満席のために立つことを余儀なくされている人のことをいう（例：The stands.. seated 4,000 fans, .. with over 20,000 added standees also watching）．

また，動作主名詞も被動者名詞も，-er や -ee 以外の形式を使うこともある．詳しくは島村（1990: 第 2 章）や Lieber（2004: 17–22, 60–75）に譲るが，1 例として，動詞 examine を基体とする動作主名詞には，examin**er** に加え examin**ant** がある．被動者名詞には examin**ee** に加え examin**ate** と examin**ant** がある．この場合，-ant 形は動作主解釈と被動者解釈で曖昧である．

英語では事例が限られている（Bauer（2013））が，言語によっては動詞から名詞への派生によって**場所名詞化**（place nominalizations）を行うこともできる．スペインとの名詞化接尾辞 -torio は，ある行為が典型的に起こる場所を表す．注釈にある nom. は nominalizer の略である．

(52) a. lava-torio

　　　 wash-nom.

　　　 "place to wash"

　　 b. pari-torio

　　　 give.birth-nom.

　　　 "place to give birth"

(Fábregas and Scalise (2012: 91))

一方，名詞から形容詞の派生について見てみると，(53a) のような**類似性の形容詞**（similative adjectives）や (53b) のような**所有形容詞**（possessive adjectives）は，基体に対し，"be like, resemble" や "be with, possess" に相当する意味述語 (54a, b) を導入する．

(53) a. girlish, friendly, elephantine, quail-like, despotic, Nixonian, McCarthyesque

　　 b. bearded, sorrowful, stylish, dramatic, fashionable, modular, dusty, scrofulous

(54) a. [LIKE (XY)]

　　 b. [POSSESS (XY)]

(Beard (1995: 220))

より正確にいえば，ここでの形容詞化のプロセスは，(54a, b) のような語彙概念構造を導入し，その Y 項に基体の名詞の R を定項として埋め込む．例えば，類似性形容詞 childish の派生には，[LIKE (x, **CHILD**)] (これで "x is like a child" と読む) という語彙概念構造上の操作が伴う．

Lieber (2004, 2016) の語彙意味論は，語彙概念構造ではなく，[±dynamic], [±material], [±scalar] といった意味素性を用いる．例えば，childish の R は，次のように分析される．

(55)　childish

　　　[$-$dynamic, $+$scalar([$_i$], [$+$material([$_i$])])]

(Lieber (2015: 366))

しかし，形式化が異なるだけで，(54a) の語彙概念構造による childish の分析と主旨は同じである．どちらの場合も，派生によって形容詞の意味テンプレートが導入され，その変項位置に基体の R を挿入するのである．そのような意味的操作は，4 節で見た prepositional (phrase) のような関係形容詞の派生には見られないものである (Nagano (2018a))．

3.7.　英語の接頭辞付加

英語の場合，接頭辞の付加は (33) のパターンを示し，基体の品詞を変えず，意味のみを変える (長野 (2013, 2017))．接頭辞の働きは R の変更にあるので，以下のように意味的観点から分類されることが多い．

(56) a.　量の接頭辞 (Quantitative prefixes)

　　　　例：semi-, demi-, uni-, mono-, bi-, multi-, poly-

　　 b.　場所の接頭辞 (Locational prefixes)

　　　　例：circum-, counter-, inter-, intra-, para-, sub-, supra-, trans-, up-

第 3 章　レキシコンの拡大 I：語形成　　　227

 c. 時間の接頭辞 (Temporal prefixes)

   例：ex-, fore-, post-, pre-, retro-

 d. 否定の接頭辞 (Negative prefixes)

   例：a(n)-, de-, dis-, in-, non-, un-

              (Plag (2003: 98–101) を基に作成)

　5 節・6 節で見た接尾辞付加の意味作用と比較すると，接頭辞の表す意味は
はるかに語彙素的である．まず，(56) の 4 つの意味類のどれにも属さないよ
うな意味を表す接頭辞も多い（例：arch-, be-, co-, mal-, mis-, pseudo-).
また，上記 4 つの意味類のそれぞれに属するとされる接頭辞同士でさえ，具
体的な意味のレベルでは異なっており，同義性は観察されない．例えば，「量」
類の mono-, bi-, multi- はそれぞれ 1, 2, 多の意味を表し，確かにいずれも
量を表すといえるが，個々の具体的な意味は異なる．これはちょうど，語彙素
one, two, many の意味関係と同じである．このようなことは，例えば -ation
と -ment のような，同一機能の接尾辞同士の間には観察されない．接頭辞の
意味の多様性は，個々の項目があるレベルで類似性は示しつつもそれぞれ独自
の意味を表すという点で，語彙素の意味の多様性に似ているといえるのである．

　接頭辞は，語彙素のようにそれ自身が固有の意味をもち，基体の意味と合成
される．その結果として基体の項構造が変わることもある (Aronoff (1976:
127)).この点から接頭辞同士を比較してみよう．(57) では動詞に場所の接
頭辞が付加されているが，項構造に変更はない．

(57) a. under- We estimatd the damage.

        We **under**estimated the damage.

  b. back-   She pedaled (the bicycle).

        She **back**pedalled (the bicycle).

  c. down-   I shifted (the gears).

        I **down**shifted (the gears).

  d. up-   We graded the goods.

        We **up**graded the goods.

  e. off-   They loaded the ship (with wood) /

        They loaded wood onto the ship.

        They **off**loaded the ship (of wood) /

They **off**loaded wood from the ship.

f. fore- No one can see the tree.

No one can **fore**see the future.

g. super- We saturated the cloth.

We **super**saturated the solution.

h. trans- They shipped the goods.

They **trans**shipped the goods.

(Lieber (2005: 397)：太字追加)

ただし，(57e, f, g) については，項の数は変わらないが，項を具現する前置詞や項の選択制限に変化が生じている．

接頭辞 out- は，場所の接頭辞としては (57) 類と同じように基体動詞の項構造を変えないが，比較の意味を表す時には変更を加える．下の (58) を精査するとわかるように，自動詞に対しては項を追加し，他動詞に対しては目的語の種類を変更するのである．

(58) out- Fenster ran (quickly).

*Fenster **out**ran (quickly).

Fenster ran the Boston Marathon.

*Fenster **out**ran the Boston Marathon.

*Fenster ran Letitia.

Fenster **out**ran Letitia.

(Lieber (2005: 398)：太字追加)

一方，接頭辞 over- は，場所の意味を表す時に項を追加することが多い．(59) の例では，over- が場所の意味をもち，自動詞を他動詞に変えている．

(59) over- *The plane flew the field.

The plane **over**flew the field.（場所）

*The enemy ran the battlefield.

The enemy **over**ran the battlefield.（場所／完遂）

(Lieber (2005: 398)：太字追加)

しかし，「～しすぎる」という超過の意味を表す場合には，over- は基体の項構

第 3 章　レキシコンの拡大 I：語形成　　　229

造を変えない．（60）のように，基体が自動詞なら派生語も自動詞，基体が他
動詞なら派生語も他動詞である．

(60)　over-　　We slept.

　　　　　　　We **over**slept.

　　　　　　　They developed the area.

　　　　　　　They **over**developed the area.

　　　　　　　　　　　　　　　（Lieber (2005: 398)：太字追加）

ただし，動詞 eat は自他両用法をもつ（例：We ate. / We ate pickles.）にもか
かわらず，overeat は overdevelop と異なり目的語を取ることができない（例：
We overate. / *We overate pickles.）．

　最後に，やはり場所の接頭辞に由来する be- は，基体に与える意味変化が
out- や over- ほど明らかではないが，その項構造を変える．

(61)　a.　*John wailed the dead.

　　　b.　John **be**wailed the dead.

　　　　　　　　　　　　　（Fábregas and Scalise (2012: 86)：太字追加）

この接頭辞は近代英語では生産的で，下に挙げる（62）のような動詞を派生し
ていた．

(62)　動詞を基体とする be- の付加

　　　a.　強調化

　　　　　beblast, bebless, bebump, becudgel, bedare, bedaze, bedeaf-
　　　　　en, bedress, bekick, bekiss, belaud, belock, bemangle, be-
　　　　　mock, bemuddle, bepierce, bepity, bepress, bequote, beshiv-
　　　　　er, beslap, bespend, bestock, betwit, bewaste, bewrite

　　　b.　他動詞化

　　　　　bechatter, bechirp, becrawl, bedin, bedribble, bedwell, be-
　　　　　gaze, begroan, behowl, bejuggle, belabour, belag, bemur-
　　　　　mur, beparse, bepreach, bequarrel, bereason, bescribble,
　　　　　beshout, besing, besmile, bespurt, besputter, bestraddle,
　　　　　bestrut, beswim, beswing, betipple, bevomit, bewhisper, be-

whistle

(Nagano (2013b: 450–451))

(62a) では be- は他動詞に付加し，強調の意味を表す．一方，(62b) では，be- は非能格動詞に付加し，他動詞化する．(62b) の be- 形はいずれも (61b) の bewail と同様，基体と異なり他動詞になる．

これらの事実も，接頭辞が導入する R と基体の R の合成の結果として説明できる．Nagano (2013b) は，Spencer and Zaretskaya (1988) によるロシア語の接頭辞の分析や Blom and Booij (2003) によるオランダ語の非分離動詞 (inseparable complex verbs) の分析を参考にし，接頭辞 be- は**完全な受影性** (total affectedness) のマーカーであるとして，次のような語彙概念構造を導入すると論じている．

(63)　[AFFECT x COMPLETELY BY [VERBing]]

[基体動詞の R]

(63) のテンプレートは，「V すること (VERBing) によって対象 (x) に完全な影響を与える」と読む．矢印のように，基体動詞の R は付加詞的要素 "by VERBing" の部分に挿入される．これにより，基体の意味は接頭辞の意味に従属することになるので，このような操作を**語彙的従属化** (lexical subordination) という．(62a, b) のように，基体が他動詞か自動詞かにかかわらず，派生動詞が必ず他動詞になるのは，基体が語彙的従属化を受けるためである．

3.8. まとめ

本章では，派生は新たな語彙素を作り出す語彙素形成，いわゆる語形成であることを確認し，その操作にはどのようなものがあるかを概観した．①基体の G_L 情報の一部のみを操作するもの，② G_L と R の両方を操作するもの，そして，③ R 情報のみを操作するものに大別されることを見た．一般的にいって，①は屈折の操作に接近している（第 2 章 5 節参照）のに対し，③は語彙素＋語彙素という構成の複合に接近している．

①－③の区別と P 情報の変更の関係については，本章では十分に踏み込む

第3章 レキシコンの拡大 I：語形成　　　231

ことはできなかったが，重要な研究テーマである．概観した範囲では，
①と②では P について接尾辞付加や転換や語幹変化が，③では P について
接頭辞付加が使われていた．

　このように，文法操作が語彙素の特定の情報をターゲットとすることができ
るということは，語彙素のレキシコン表示が第2章2節で見た形で構造化さ
れていることの証拠といってもよいだろう．各語彙素がもつ $G,\ P,\ R$ の情報
は，連動しつつ互いに独立しているのである．

　次の章では，語形成と並ぶレキシコン拡大法として，借用（borrowing）に
ついて学ぶ．借用も新たな語彙素を作る操作であるが，本章で見たようなレキ
シコン内部での自己増殖ではなく，レキシコン1（例えば英語のレキシコン）
とレキシコン2（例えば日本語のレキシコン）の間での情報の移管による語彙
素の形成である．Di Sciullo et al. (1986) のように，個々の語彙素にはそれ
が所属する言語のインデックス（language index）がふられていると考えると，
借用とは，基体のもつ情報のうち，少なくとも言語インデックスを変更する操
作であるといえるだろう．

第4章

レキシコンの拡大 II：借用

4.1. 言語接触とレキシコン・形態論

　日常生活を振り返れば明らかなように，新しい語は，必ずしも語形成で作られるわけではなく，外国語や別の方言からの**借用** (borrowing) によってももたらされる。[10] 多くの現代語において，語形成と借用は競合的な関係にあるといってよい (Beard (1987, 1995: 16)，Haspelmath (2009: 35)，Panocová (2015)，堀田 (2016: 133–139))。また，長期の言語接触はレキシコンに**語種の層** (lexical strata) をもたらす。例えば，日本語のレキシコンには和語・漢語・外来語という層があり (小松 (2001)，安部ほか (2009)，斎藤・石井 (2011)，沖森・阿久津（編）(2015)) (mimetics も 1 つの層を成すという見方もある)，英語のレキシコンにはゲルマン系語彙とロマンス語系語彙という層がある (Marchand (1969)，Kastovsky (2006)，Minkova and Stockwell (2009)，Haselow (2012))。さらに，第 1 章 3 節で触れたように英語は，歴史的に，文法的機能を接辞によって拘束的に具現する総合的言語から，機能語を使って具現する分

---

　[10] 中野ほか (2015) によると，borrowing の訳語は「借用」もしくは「借入」である。児馬 (2013) や漆原（編）(2016) にあるように，英語学ではどちらかというと「借入」を使うように思うが，亀井ほか (1995) や斎藤ほか (2015) は「借用 (borrowing)，借用語 (loanwords)」とし，堀田 (hellog, 2016, 2017)，『日本語学 2010 年 11 月臨時増刊号』（特集：言語接触の世界），影山・斎藤 (2013)，沖森・阿久津（編）(2015) でも「借用」のほうが使われているので，ここでも「借用」とする。

232

析的言語へという変化を辿っているが，この変化にも言語接触が関係するという指摘がなされている（Trudgill（2011: Ch. 2），Don（2014: 73-74））．

　このような知見は，言語接触とレキシコン・形態理論の関連を強く示唆するが，言語理論はモノリンガルの話者をもとに設計されていることもあり，両者の関係については議論がなされてこなかった．個別言語の借用語のリストを超えて，借用のプロセスそのものや，借用がレキシコンや形態論をどのように拡大・変更するのかという問題について考えていかねばならない．本章は，その第一歩として，借用と借用語に関する言語接触学の知見を，第 1 章から第 3 章で学んだ『語彙素に基づく形態論』を枠組みにして導入する．まず，2 節で借用という用語の問題を見たのち，3 節では語彙的借用と文法的借用の区別について，4 節では接辞の借用について，5 節ではマターの借用とパターンの借用という区別について，それぞれ概観する．3 節の内容は語彙素と文法的形態素という区別に，4 節の内容は弱い語彙主義の考え方に深く関係する．5 節の内容は，LMBM の基本的仮説である分離仮説と対応づけて理解することができる．

4.2.　借用と複製，借用と強制

　斎藤ほか（2015）では，「借用」は次のように定義されている．

(64)　**借用（borrowing）**
　　　2 つの言語が接触する時に起こる，模倣・複製のプロセスとその結果を広い意味で借用と言う．すなわち，2 つの言語 A と B において，言語 A の要素を模倣・複製することにより，言語 B に新しい形式が生じたり，従来からある形式に新しい意味・機能が生じたりする場合，言語 B におけるこれらの変化を借用と言う．ただし，借用の結果として，言語 B の語彙が増加するという限定的な意味で使用されることが多い．語の構成や文法の借用については，以下に示す別の用語が使用される傾向にある．借用において，模倣・複製する側の言語のことを，**受容言語**（recipient language），模倣・複製の対象となる言語のことを**供給言語**（donor language）あるいは**源泉言語**（source language）という．
　　　　　　　　　　　　　　　　　　　　　　　　　　　　　（以下割愛）

これは，伝統的に広く使われる用語であるが，いくつか注意すべきことがある．第1に，この用語はメタファーであり，実際に言語間で貸し借りが行われるわけではない．通常の貸し借りにおいては2者間の間で使用権が一時的に移動するが，言語の借用ではそのようなことは起こらない．(64) における言語 A は，言語 B に「貸した」ものを依然として使っているし，言語 B は「借りた」ものをいつか言語 A に返すわけではない．

第2に，(64) の定義が正しく述べているように，言語間での借用は，厳密には，供給言語のモデルを受容言語が模倣・複製するというプロセスである．したがって，Johanson (2002) のように「借用」の代わりに**コード複製** (code-copying) という用語を使う学者もいる．Johanson and Robbeets (2012) は，「コード複製」という用語のほうを採用すべき理由として，次のように述べている．

(65)　The main point, however, is that a copy is never identical with the model. The new terminology highlights code-copying as an essentially creative act: speakers under external influence shape their language in novel ways.

　　　（が，最も重要な点は，複製されたものは決してモデルと同一ではないという点である．コード複製という新しい用語で強調したいのは，この現象が本質的に創造的行為であること，すなわち，外的な影響にさらされた話者が自らの言語を作り変えるという行為である．）

(Johanson and Robbeets (2012: 4-5))

日本語で「コピーする」というと，モデルと同一のものがもう1つできるという印象が強いが，(65) によれば，借用によって受容言語が手にするものは，供給にあるモデルと同じものではない．受容言語の話者の脳内で何らかの変換プロセスを受けた，その言語独自のコードである．本章では，「借用」という伝統的な用語を使用するが，(65) の考え方には賛同する．複製されたものとそのモデルの違いについて，第5節で詳しく見る．

第3に，"the borrowing of X"「X の借用」という表現に注意する必要がある．この表現は，X が供給言語における X を指すのか，受容言語における X を指すのか，曖昧である．このことが特に問題になるのは，供給言語と受容言語で対応物の品詞もしくはそれより下位の範疇が異なることがあるからであ

る．(65) によれば，供給言語の X は，受容言語では Y として複製されることがある．また，供給言語の Y が，受容言語では X として複製されることがある．したがって，「言語 B は言語 A から X を借用した」という時，X が言語 A のものか，言語 B のものかをよく確認せねばならない（もちろん，両言語において X であることもあるが）．例えば，「日本語は英語から前置詞 in を借用した」という記述を考えてみよう．英語の in は前置詞であるが，日本語の「イン」は一部の例を除き前置詞とは考えられない（Namiki (2003)，並木 (2005)，Shimada and Nagano (2014)）．よって，この場合，「前置詞の借用」といっても，供給言語側から見た記述ということになる．

　最後に，借用と**主体性**（agentivity）について考えねばならない．借りるという行為は，通常，モノの移動の着点（Goal）にあたるほうの主体性でなされる．例えば，「友人に本を借りた」や「傘を借りていいですか」のような表現での「借りる」という動詞の使い方を考えてみよう．「友人に本を借りた」という時，友人（Source）から自分（Goal）への本の移動は，自分の側の主体性で起こったことを含意する．友人から読みたくない本を押し付けられた時に「友人に本を借りた」とは言わないだろう．同じように，自分は傘をもっているのに，相手の事情や要望で相手の傘のほうを優先せねばならない時には，「傘を借りていいですか」ではなく「そちらの傘を使いましょうか」のように言うだろう．つまり，我々は，日常生活で「借りる」という語を使う時，そのモノの移動が自分の主体性によるものなのか，相手の主体性によるものなのかを区別しているのである．

　しかし，Winford (2003: 30) や Haspelmath (2009: 36) によると，言語接触における「借用」は，必ずしもそのように使われるとは限らない．受容言語が言語表現の移管の主体になるケースだけでなく，供給言語が移管の主体になるケースについても，「借用」という用語を使うという．例えば，Thomason and Kaufman (1988: Ch. 4) は言語維持（language maintenance）の状況下ではどのような言語表現でも借用されうるとし，軽度の借用から重度の借用まで 5 つのレベルの借用の段階を区別する．5 段階目である Category 5 とは，重度の構造的借用によって受容言語側の類型論的特徴が壊されてしまうようなケースである．Thomason and Kaufman の大きな主張は，このことが受容言語が供給言語から非常に強い社会的・文化的圧力を受けていることと関係する，という点にあるのだが，それにもかかわらず，受容言語による借用と見な

すのである．

　一方，「借りる」という動詞の用法を反映するような区別をするべきだという主張，すなわち，言語間での言語表現の移管に関しても主体性のありかが重要であるとの主張が Winford（2005, 2010）でなされている．[11] そちらについて見てみよう．

　Winford は，借用のメカニズムとして，Thomason and Kaufman（1988）が重視するような言語間の社会的・文化的上下関係ではなく，個々の話者におけるバイリンガリズム（bilingualism）を重視している．すなわち，第 1 言語（L1）と第 2 言語（L2）の言語的優位関係（linguistic dominance）の結果として言語表現の移管が起こると考えるのである．そして，ある移管が（A）受容言語を L1 とする話者が主体（agent）となって起こった場合には借用（borrowing）であるのに対し，(B）供給言語を L1，受容言語を L2 とする話者が主体となって起こった場合には借用ではなく強制（imposition）である，とする．(A）と（B）のケースの違いをおおざっぱに示すと，図 10 のようになる．

図 10　借用（Recipient language agentivity）と強制（Source language agentivity）の区別

Smits（1998: 378-379）がわかりやすい例を挙げている．オランダ語の L1 話者が，オランダ語を話している時に L2 である英語から語彙を取り入れることは借用である．一方，オランダ語の L1 話者が，L2 の英語を話しているなかで，そこにオランダ語の調音的特徴を適用することは強制である．図 11 のようになる．この例のように，借用と強制は，同一話者（集団）において同時に

---

[11] ここでいう借用と強制の区別は Van Coetsem（1988）に由来する．しかし，この文献について筆者は未見のため，Winford（2005, 2010），Smits（1998），Fischer（2013: 19-20）の説明を参照した．Smits（1998）は，Van Coetsem（1988）による「借用と強制」の区別と Thomason and Kaufman（1988）による「借用と L1 干渉」の区別の違いを明確にしたうえで，Iowa Dutch（19 世紀にオランダから米国アイオワ州に移民した人々の子孫の間で維持されているオランダ語）の事実を適切に説明できるのは前者のモデルであると論じている．

起こりうる.

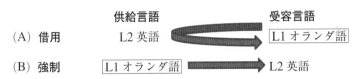

図 11　借用（Recipient language agentivity）と強制（Source language agentivity）の 1 ケース

Haspelmath（2009: 50-51）によると，典型的に，借用の影響はまず受容言語のレキシコンに現れ，そこから言語構造面へと進んでいくのに対し，強制の影響は受容言語の音韻論と統語論にまず現れる．借用と強制のこの違いは，第 2 言語習得の一般的傾向の結果として理解できる．つまり，L1 の語彙を封印し L2 の語彙を使うことは比較的容易であるのに対し，L1 の音韻的・統語的特性を完全に封印することは困難であるがゆえの違いである．

我々は，(65) の考え方を採用した．それによると，借用とは，受容言語の話者による創造的行為である．その主体性は受容言語側にあるはずなので，Winford（2005, 2010）に従って借用と強制を区別する．

4.3. 語彙的借用と文法的借用

第 1 章では，語彙素と文法的形態素について学んだ．両者の違いは，言語接触学でいう語彙的借用と文法的借用という区別にきれいに対応している．

第 1 章 1 節で学んだ語彙素と語形の区別と内容語と機能語の区別について思い出そう．これらの区別の関係は，Beard（1995）の形態理論においては，次のようになるのであった．

この図でいう「語彙の単位」を借用することを**語彙的借用** (lexical borrowing) といい，「文の単位」を借用することを**文法的借用** (grammatical borrowing) という．(64) でも示唆されているように，この区別は借用の研究では基本となっている．例えば，Haspelmath and Tadomor (eds.) (2009) *Loanwords in the World's Languages: A Comparative Handbook* (De Gruyter) と Matras and Sakel (eds.) (2007) *Grammatical Borrowing in Cross-Linguistic Perspective* (Mouton de Gruyter) という，よく似た手法による類型論的な借用研究があるが，タイトルを比べるとわかるように，前者が語彙的借用に重点を置くのに対し，後者が文法的借用に重点を置いている．注意したいのは，**借用語** (loanwords) というと，次の定義にあるように，語彙的借用の結果のほうを指すことである．

(66)　Loanwords (or lexical borrowing) is here defined as a word that at some point in the history of a language entered its lexicon as a result of borrowing (or *transfer*, or *copying*).
（借用語とは，ある言語の歴史の一時点で，借用によってその言語のレキシコンに導入された語のことをいう．「借用語」は語彙的借用（語）ともいわれる．また，「借用」は転移や複製とも呼ばれる．）

(Haspelmath (2009: 36))

レキシコンの単位は語彙素であるので，「借用語」における「語」は語彙素のことである．

　形態理論の観点から最も重要な事実は，語彙的借用は多様な言語ペアの間で頻繁に観察される現象であるのに対し，文法的借用にはそのような通言語的一般性はないという点である．我々のことばでこれを言い換えると，語彙素／レキシコンは借用の影響を受けるのに対し，文法的形態素／形態的具現部門は影響を受けにくい，ということになるだろう．

　まず，言語範疇間・形式間で**借用可能性** (borrowability) の違いがあることが，Whitney (1881)，Haugen (1950) のような初期の言語接触研究の頃から認められている．(67) のように，借用されやすさの程度に応じて言語範疇を順序づけた階層のことを，**借用可能性の階層** (a hierarchy of borrowability) という．**借用のスケール** (borrowing scale) ということもある (Thomason and Kaufman (1988)，Matras (2007))．

第 4 章　レキシコンの拡大 II：借用　　　239

(67)　　nouns > adjectives > verbs > coordinating conjunctions > adposi-
tions > quantifiers > determiners > free pronouns > clitic pro-
nouns > subordinating conjunctions

(Muysken (2008: 177)；囲みを追加)

囲みの部分を見るとわかるように，言語の様々な範疇のなかで，名詞，形容詞，動詞という語彙素が最も借用されやすいといえる．レキシコンの単位のほうが，文の単位より借用されやすいのである．

　具体的な研究例を 2 つ紹介しよう．

　まず，先に引用した Haspelmath and Tadmor (eds.) (2009) は，アフリカ，ヨーロッパ，アジア，太平洋地域，アメリカ大陸から計 41 の言語について同一の基準で借用の状況を調査し，データベース化した研究である．1460 の意味のリストについて，各言語でその意味を表す単語を同定し，そのうちどの程度が借用によるものであるかを調べた．The World Loanword Database (WOLD) と呼ばれ，2018 年現在 http://wold.clld.org/ で見ることができる．全体報告を行っている Tadmor (2009: 59) から表 4 として引用するのは，収集されたすべての単語における内容語と機能語の割合，そして，それぞれにおける借用形の割合を示したものである．

Category	All words	Loanwords	Loanwords as % of total
Content words	53,446	13,446	25.2%
Function words	4,071	492	12.1%
Total (all words)	**57,517**	**13,938**	**24.2%**

表 4　WOLD における内容語の借用と機能語の借用の比較

内容語（名詞・形容詞副詞・動詞）のほうが機能語より借用の割合が高いという結果は，White Hmong, Hup, Wichí の 3 言語を除くすべての言語で確認された．重要なことに，内容語の優先性は，中国語や古高地ドイツ語のように語彙に占める借用語の割合が非常に低い言語でも確認されている．

　内容語の借用，つまり語彙的借用には，新たな概念の導入に伴う**文化的借用**(cultural borrowing) と，本来語がすでに存在する概念について新たに借用語を導入する**中核的借用** (core borrowing) の区別がある (Myers-Scotton (2002:

41))．[12] WOLD の調査の全データのうち，この区別が明確になされた事例について見てみると，文化的借用の例が 4823 例，中核的借用の例が 4209 例であり，一般に考えられるほど文化的借用の動機付けは強くない．中核的借用の例のうち，1667 例では借用語が本来語を置換しているのに対し，2542 例では本来語と借用語が共存しているという (Haspelmath (2009: 49))．

次に，Muysken (2008: Ch.14) の研究を見てみよう．①スペイン語からボリビアケチュア語への借用と②イタリア語（やシチリア語や英語）からマルタアラビア語への借用という 2 つのケースを比較している．[13] ①と②の受容言語と供給言語の組み合わせは類型論的にも歴史的にも大きく異なるにもかかわらず，言語学的には以下のような共通した観察がなされた．

(68) a. 語彙範疇の領域における非常に広範囲の借用．
　　 b. 時制，一致，格といった統語的スケルトンと関係する機能範疇の領域での借用は，起こったとしても非常に限定的．
　　 c. 名詞の複数形もしくは複数接辞の借用．
　　 d. 接続詞・前置詞・副詞の借用．接続詞はほとんど "or" のような等位接続詞か "when" のような副詞的なもの．前置詞は周辺的なタイプ．
　　　 (Muysken (2008: 187)) の (a)-(d) を和訳：(d) は本文に基づいて情報追加)

まず，(68a) に注目しよう．語彙素の借用されやすさが，供給言語と受容言語の組み合わせによらず広く観察されるものであることがわかる (Muysken (2008: 178))．次に，(68b) と (68c) は形態統語的な語形の借用の可能性に関するものであり，(68b) のように，時制，一致，格の語形もしくは接辞の借用は，①でも②でも例がなかった．これらのカテゴリーについては，受容言語（①ならボリビアケチュア語，②ならマルタアラビア語）の本来の形態素を

---

[12] Bloomfield (1933: 444-495) のいう cultural borrowing (CB) は，intimate borrowing (IB) および dialect borrowing (DB) と対立する概念である．まず，CB と IB は外国語からの借用で，双方向的なもの (CB) と一方向的なもの (IB) の区別である．一方，CB と DB は外国語からの借用 (CB) か，同じ言語の方言からの借用 (DB) かの区別である．

[13] マルタアラビア語の言語接触については，Trudgill (2011: 46-48) にも詳しい説明がある．

第 4 章　レキシコンの拡大 II：借用　　　241

使用するのである．一方，(68c) のように，①でも②でも，名詞の複数形・複数接辞の借用は共通して観察された．また，名詞化，形容詞化，副詞化などの派生接辞も借用されており，例えばマルタアラビア語はイタリア語の副詞化接尾辞 ment を借用している．(68b) と (68c) の違いは，第 2 章で学んだ，語彙素の G_I 情報を変更する語形変化と G_L 情報を変更する語形変化の違いとして理解できる．両者はいずれも「屈折」とされるが，名詞の数の語形変化は，名詞の格の語形変化と異なり，レキシコンでの操作に属するのである（第 2 章 3 節参照）．

　最後に，(68d) は，接続詞にも等位と従位があり，前置詞にも語彙的なものと機能的なものがあるといった，特定範疇の中での下位分類に関係する（第 1 章 1 節参照）．注目したいのは，文法的な前置詞と語彙的な前置詞の借用可能性の違いである．①でも②でも，前置詞の借用の例として見つかったのは，語彙的な前置詞の例である．文法的な前置詞については受容言語本来の形式を使っている．唯一の例外はボリビアケチュア語の前置詞 a（与格，着点，有生対格）で，スペイン語の文法的前置詞が借用されたものである．使用頻度も高い．Muysken (2008: 180) は，単一母音からなるという形態からしても，抽象的意味を表すという意味特性からしても，前置詞 a の借用は「全く予想外」であるとしている．

　以上の観察をまとめると，レキシコンに関係する要素のほうが統語論に関係する要素より借用されやすいといえる．

　もちろん，文の単位は借用されない，とまではいえない．(67) の階層や表 4 や (68d) が示すように，接続詞や代名詞などの機能語については借用の例がある．有名なのは，英語の 3 人称複数代名詞 they, their, theirs, them であり，これらは古ノルド語から古英語に入ってきたものである (Trudgill (2011: 50-55))．また，英語方言間での代名詞借用の例として，米南部英語の 2 人称複数代名詞 you-all と yall がある．Tillery et al. (2000) によると，もともと南部方言であったこれらの代名詞は，1994 年と 1996 年の調査の時点で米国の広範囲で使用されるようになっていたという．また，Matras (1988, 2007) や Velupillai (2012: 410-411) によると，談話標識 (discourse markers) の言語間借用はかなり容易に行われる．例えば，Purépecha 語はスペイン語の談話標識 pues "thus, then, well" や bueno "well" を借用しているという (Velupillai (2012: 411))。[14]

4.4. 接辞の借用

この節では，**接辞の借用** (affix borrowing) に注目する．

第2章と第3章では，弱い語彙主義における語形変化（屈折）と派生について学んだ．以下に再掲する図は，Beard (1995) における弱い語彙主義の文法モデルである．

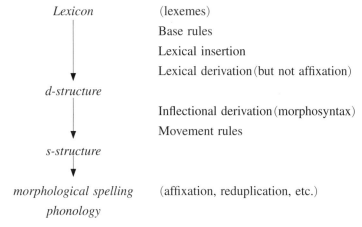

図12 Beard (1995) における弱い語彙主義のモデル化（＝第2章の図5）

新たな語彙素を生成する語形成の操作はレキシコンで行われるのに対し，語彙素の G_l 情報を変更する語形変化の操作は統語論で行われるのであった．前者

---

[14] 代名詞や談話標識については，本章2節でみた「強制」の可能性があることに注意せねばならない．まず，Trudgill (2011: 50-55) によると，古英語と古ノルド語の接触は子供のバイリンガリズムを伴う長期の接触であり，they, their(s), them の借用は L1 干渉の結果であるとされる．次に，音形のない代名詞 pro の借用について，Corrigan (2010) が初期近代アイルランド英語（Early Modern Irish English）で見られた *pro*-drop の事例を強制の結果として議論している．アイルランド植民地化の当時，上層言語である初期近代英語と Older Scots の *pro*-drop パラメターの値は（−）であり，基層言語のアイルランド語の値は（＋）であった．当時の英語に見られない *pro*-drop の現象がなぜ当時のアイルランド英語に見られたのかについて，Corrigan (2010: 113) は「(*pro*-drop) パラメターの値が最初は話者の L1 の値に設定されていた可能性がある」としている．

第4章　レキシコンの拡大 II：借用　　　243

の具現に使われる接辞を派生接辞，後者の具現に使われる接辞を屈折接辞という．

　最初に確認しておくべきこととして，拘束形の文法的形態素は自由形の文法的形態素より借用が難しい．このことは，(67) における自由形代名詞と接語形代名詞の差を見てもわかるし，Johanson and Robbeets (2012) や Seifart (2015, 2017) や Gardani et al. (2017) のように，拘束形態論の借用の可能性を取り立てて議論している研究があることからもわかる．前節で見た文法的借用の例も，名詞複数形を除き，機能語という自由形の文法的形態素の形をしたものばかりである．

　それにもかかわらず，接辞の借用は観察されているのだが，その多くは図 12 でいう Lexical derivation に対応する接辞である．具体的には，借用によってもたらされる接辞は，派生接辞と名詞複数化接辞である．派生と屈折の中間的性格をもつとされる**評価の形態論** (evaluative morphology) (Scalise (1984, 1988)) に属する**指小辞** (diminutive) も借用される．

　まず，先に見た Muysken (2008: Ch. 14) に加え Muysken (2012) では，ボリビア，ペルー，エクアドル，アルゼンチン，コロンビアのケチュア語におけるスペイン語からの接辞借用の事実が詳しく報告されている．それによると，スペイン語の複数化接尾辞，指小化接尾辞，そして特徴づけの接尾辞 (characterizing suffixes) は，各地のケチュア語において使用されている（使用法については次節で触れる）．特徴づけの接辞とは，職業，習慣や傾向，類似性，評価性（親愛感や軽蔑）などの観点から人を特徴づける語を作る接辞群であり，「〜する人」「〜な人」「〜しがちな」と翻訳されるような語を作る．Muysken (2012: 485-488) の例を見ると，特徴づけの接辞は基体の品詞を変えているので派生接尾辞である．

　次に，英語の事実を考えてみよう．Dalton-Puffer (1996) や米倉 (2006) や西川 (2006) で詳述されているように，現代英語の (69) の派生接尾辞は，中英語期から近代英語期にかけてフランス語から借用されたものである．

(69) a.　抽象名詞化の接尾辞 -ation, -age, -ance, -ment, -ity 等
　　　b.　人名詞の接尾辞 -ant (defendant), -ess, -or (abdicator) 等
　　　c.　形容詞化の接尾辞 -able, -al (postal), -ous, -ive 等
　　　d.　動詞化の接尾辞 -ate (actuate), -ify (purify), -ize (colonize)

現代英語の語形成では，この種の接辞は基体にも借用語，すなわち Aronoff

(1976) のことばでいえば [＋latinate] 素性をもつ語彙素を選択するのが普通であるが，(69c) の動詞由来形容詞化接尾辞 -able は，washable のように英語本来の基体にも生産的に使える．また，(69b) の女性化接辞 -ess も，-able のような生産性はないが，witchess のように本来語に付加した例がある（Bauer et al. (2013: 230)）．基体 witch は「魔女」を指し，語源的にこれ自体が女性形であったようだが，現代英語ではそれに女性化の -ess が付くようになっているという点も面白い．

また，現代英語の名詞複数の語形変化には，次のように，借用によるパターンが残っている．

(70) a. ギリシャ語由来のパターン
        criterion ～ criteria, crisis ～ crises
    b. ラテン語由来のパターン
        alumnus ～ alumni, bacterium ～ bacteria,
        larva ～ larvae, matrix ～ matrices, corpus ～ corpora
                                （Bauer et al. (2013: 136–139) より．例は一部）

それでは，なぜ，派生接辞は屈折接辞に比べて借用されやすいのだろうか？弱い語彙主義の文法モデルに従って考えると，これは，語彙素と語形の根源的な違いに帰着する．まず，接辞は拘束要素であり，それ自体で言語間を移動するということはめったにない．Joseph (2002: 261) のいうように，"the medium for borrowing of affixes is most likely the word"（接辞の借用は，十中八九，語を介して行われる）と考えるべきである．すると，派生接辞をもたらす借用語とは，それ自体が語彙素であり，接辞が取り出される前に語彙素として受容言語のレキシコンに入ってきているはずである．一方，屈折接辞が作るのは語彙素ではなく語形であり，図 12 の流れからして，受容言語のレキシコンに入る余地はない．我々の仮説を端的にいえば，派生接辞が借用されやすいのは，語彙素の借用がその媒介となるからである．名詞複数形の借用については，レキシコンでの操作による語形変化であること（第 2 章 3 節参照）の結果として説明できるだろう．

それでは，接辞借用のプロセスについて考えてみよう．派生語や複合語は，第 3 章 2 節で見たように語幹や接辞に分解できるような内部構造をもつのだが，語彙的借用の対象として他言語のレキシコンに入る際には，その構造は

いったん失われるとされる．供給言語の複雑語は借用先では単純語に近くなるということなので，これを**単純語化**とよぶことにしよう．[15] Haspelmath は次のようにいう．

(71) Loanwords are always *words* (i.e. *lexemes*) in the narrow sense, not lexical phrases, and they are normally *unanalyzable units* in the recipient language. The corresponding source word in the donor language, by contrast, may be complex or even phrasal, but this internal structure is lost when the word enters the recipient language.

（借用語は常に狭い意味での語，すなわち語彙素であり，語彙的な句ではない．そして，受容言語においては，普通，『分解不可能な単位』である．供給言語にある元形式は，複雑な内部構造をもっていたり，あるいは句でさえあるかもしれないが，そのような構造は受容言語に入る際に失われるのである．） (Haspelmath (2009: 37))

例えば，ロシア語にはドイツ語からの buterbrod（サンドイッチ）という借用語がある．ドイツ語では，Butter-brot (lit. butter bread) は語の内部構造が**透明**（transparent）な複合語であるが，ロシア語には buter もしくは brod を含む他の語がないため，ロシア語での buterbrod は単純語である．受容言語において借用語の形態分析がなされるのは，同一要素を含む複雑語もしくは句が相当数入ってきた時である．例えば，日本語は中国語の複合語を大量に借用したため，その多くは現代日本語でも透明であり，**分析可能**（analyzable）である．

単純語化を経由した接辞の借用を，Seifart (2015) は**間接的借用**（indirect borrowing）と呼ぶ．つまり，供給言語の接辞語が，まず不透明な単純形の語彙素として借用先のレキシコンに入り，その蓄積のもとに形態分析がなされて接辞をもつ複雑語と見なされるようになる過程である．Seifart (2015: 511–512) は，英語の派生接尾辞 -able はノルマン・フランス語からそのような過

---

[15] 影山 (2013: 8) のいう「外国語の引用」は，直観的にこれに似た概念かもしれない．また，単純語化は言語接触とは独立して，単一レキシコンの内部で通時的に起こることもある．例えば，Bybee (2015: 102–105) では，名詞の数について，単数形より頻度の高い複数形（例えば「靴．複数」のような語形など）はひとまとまりとして捉えられるようになるという例が挙げられている．そのような複数形は，単純語化した結果，新たに複数接辞付加の対象となり，children のような，数の多重具現形式 (Harris (2017)) を生むこともある．

程で借用されたとする．図 13 は，-able の間接的借用を図示したものである．

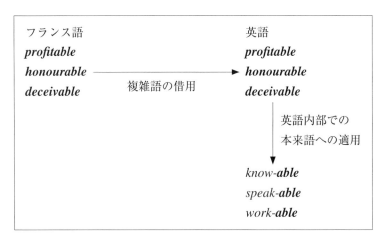

図 13　ノルマン・フランス語接尾辞 -able の英語への間接的借用
　　　（Seifart (2015: 511, Figure 1) に基づく）

　図 13 左側のフランス語の -able 形は，個々に，まず単純語として英語のレキシコンに取り入れられたはずである．そして，そのリストの蓄積から，英語内部で $[X]_V + $ -able $\Rightarrow [X$-able$]_A$ という語形成規則（第 3 章 3 節参照）が抽出され，最終的に，英語のレキシコンにもともとある**本来語**（native words）にこの規則が適用され，knowable, speakable, workable のようなフランス語に対応形のない -able 形が派生されるようになった．この間接的借用についての詳細は，児馬 (2013)，Koma (2013) を参照してほしい．
　最後に，接辞の**直接的借用**（direct borrowing）の可能性についても触れておく．接辞の直接的借用は単純語化を介さない．ある言語の接辞が，それを含む複雑語の借用とは独立して他言語に移管され，そこで接辞として使われることをいう．Seifart (2015: Sec. 4) によると，コロンビアとペルーのアマゾン川流域で話されている Resígaro 語（アラワク語族）は，系統的関係にはない Bora 語と長期に渡って接触した結果，数のマーカーや類別接尾辞（classifier suffixes）などの拘束文法形態素を借用した．面白いのは，Resígaro 語の語彙において Bora 語からの借用語はたった 5% に過ぎないにもかかわらず，Bora 語の接辞は多数借用されている点である．例えば，果物・材木・飲料等の類別に使う類別接尾辞 -ba も Bora に由来するものであるが，この接尾辞による

Bora の複雑語自体は 4 語しか借用されていないそうである．Seifart (2015: 512) は，-ba の借用は，図 14 のように，単純語化を介さずに行われたとする．

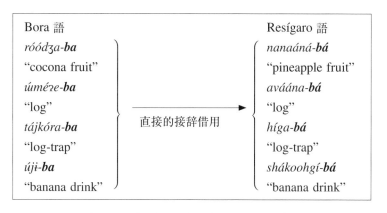

図 14　Bora 語接辞 -ba（果物・材木・飲料等の類別詞）の Resígaro 語への直接的借用（Seifart (2015: 512, Figure 2) に基づく）

なぜ図 14 のような借用が可能なのだろうか？ Seifart (2015: 512, 515) によれば，これは Resígaro 語の話者が Bora 語の知識をも有しているバイリンガルだからである．図 13 のような間接的借用では，受容言語の話者は，母語の言語知識だけを参照している．つまり，母語のレキシコンに蓄積された借用語の知識である．一方，図 14 のような直接的借用では，2 つの言語の知識が話者のなかに同程度ではないとしても同時に存在し，その 2 種の知識の間でのマッピングのようなことが行われていると考えられる．Seifart の説明を本章 2 節のことばで解釈すると，図 13 は Winford (2005, 2010) のいう借用の例であるのに対し，図 14 は強制の例に相当する．Seifart は借用と強制の区別をしないが，もしこの解釈が正しいとすれば，図 10 (A) の意味での接辞の借用は，語彙的借用を介して間接的に行われると考えてよいだろう．

なお，本節で見たのは接尾辞の借用の事例であるが，派生接頭辞の借用の事例も多数ある．例えば，第 3 章 7 節 (56) にある現代英語の接頭辞にはラテン語系の借用が見られる．また，Booij (2015: 120) によると，近年，ドイツ語の接頭辞 über- の借用形がアメリカ英語やイギリス英語で名詞や形容詞に対して使われているという（例：über-burger, über-guru, über-excited）．接頭辞の借用も単純語化を介して間接的に行われるのかどうかについては，今後の研

248　　　第 III 部　最新のレキシコンと形態論の進展

究課題であろう.

4.5.　マター借用とパターン借用

　本節では，(65) で採用した，受容言語における借用語は，供給言語のモデル
と同一物ではなく，受容言語独自のコードであるという仮説について考える.
この仮説を検証する際に重要なのが，Matras and Sakel (2007) や Sakel
(2007) による**マター借用** (Matter borrowing; MAT) と**パターン借用** (Pattern
borrowing; PAT) の区別である.[16] Sakel (2007: 15) の定義を引用する.

(72)　MAT and PAT denote the two basic ways in which elements can be
　　　borrowed from one language into another. We speak of MAT-bor-
　　　rowing when morphological material and its phonological shape
　　　from one language is replicated in another language. PAT describes
　　　the case where only the patterns of the other language are replicat-
　　　ed, i.e. the organization, distribution and mapping of grammatical
　　　or semantic meaning, while the form itself is not borrowed. In
　　　many cases of MAT-borrowing, also the function of the borrowed
　　　element is taken over, that is MAT and PAT are combined. In other
　　　instances, MAT and/or PAT are borrowed, but deviate considerably
　　　in their form or function from their original source.
　　　（言語間での要素の借用には，基本的に，MAT と PAT という 2 つの
　　　方法がある. マター借用 (MAT) とは，ある言語の形態的素材やそ
　　　の音韻的形式が別の言語で複製される場合をいう. 一方，パターン
　　　借用 (PAT) とは，別の言語のパターンのみが複製される場合をいう.
　　　後者は，文法的・意味論的意味の構成や布置や対応関係だけが複製
　　　され，形式自体は借用されないケースである. マター借用は，借用
　　　される形式の機能もあわせて借用されることが多く，その場合，
　　　MAT と PAT の組み合わせということになる. 借用されたマターと
　　　パターンは，元言語のモデルの形式や機能とは大きく異なることが

---

[16] Sakel (2007) では Matter/Pattern borrowing とされ，Matras and Sakel (2007) では
Matter/Pattern replication とされている.

ある.）   (Sakel (2007: 15)）

つまり，借用においては，①他言語の語の音形だけが複製される場合，②他言語の語の意味・統語面だけが複製される場合，③他言語の語の音形・意味・統語がセットで複製される場合の大きく3つがあるということである.

● 文法的借用

Matras and Sakel (2007: 842-847) は文法的借用に焦点を当て，従来借用が非常に難しいとされてきた文法的カテゴリー，例えば時制や相のマーカーや冠詞について，マターの複製は確かに極めて稀であるが，パターンの複製はある程度例があると指摘している.例えば，インド語派に属するロマニ語は，ギリシャ語との接触により，名詞前位の定冠詞を発達させた.その定冠詞の音形（男性単数 o）はロマニ語の指示詞 ov に由来するもので，そこに名詞前位の定冠詞というギリシャ語の統語・意味的パターンをかぶせるような複製が行われたという.他方，接続詞，比較の不変化詞，代名詞，前置詞については，マターとパターンの両方がセットで複製される例が観察されている.

　文法的な PAT 借用の事例は，King (2005) によるプリンスエドワード島における英仏語接触の研究にも見出せる.英語では the guy I am talking **of** Ø や the guy I've given the job **to** Ø のような文法的前置詞の残留が可能だが，フランス語では許されない.が，英語を L2 として使うプリンスエドワード島仏語話者のフランス語では，上の英語と平行的な le gars que je te parle **de** Ø (lit. the guy that I you talk of) や le gars que j'ai donné la job **à** Ø (lit. the guy that I have given the job to) といった形式が容認される (King (2005: 244)）.この場合，前置詞残留を可能にする英語前置詞の統語的特性が，フランス語の文法的前置詞 de や à にかぶせられている.

● 接辞の借用

　接辞の借用においても MAT と PAT の区別がある.まず，4 節で見た Muysken (2012) によれば，スペイン語から借用されたケチュア語の接辞は，供給言語であるスペイン語の特性，受容言語であるケチュア語の特性，そして言語の普遍的特性という 3 要素のハイブリッドとして理解するべきである.接辞によって，3 要素のどれがそのマターを決め，どれがパターンを決めるかが異なる.例えば，コロンビアの一部で話されるケチュア語の動詞付加接尾辞

-dor/-dero は,「音形(マター)はスペイン語だが,機能(パターン)はケチュア語」という性格をもつ.具体的には,ケチュア本来の動作主接尾辞 -k による派生語は,コピュラ ka- と文中で共起して過去の習慣・傾向を表す用法をもつ.そして,スペイン語由来の -dor/-dero は,この -k を置換する形で使われているのである.つまり,-dor/-dero 派生語はやはり ka- と共起して過去の習慣・傾向を表すのである.また別の地域のケチュア語では,「液体」の意味のスペイン語の名詞 líquido が,特徴づけの接尾辞の音形として複製されているという.この場合は,スペイン語のマターが,特徴づけという,語形成で普遍的に見られるパターンとマッチングされたケースである.

イタリア語から現代英語への複数形の借用について,Bauer et al. (2013: 139) が面白い観察をしている.(73a) は音楽用語の借用,(73b) は食べ物名の借用である.いずれも,イタリア語の元形式は複数形である.

(73) a. 音楽用語
alti, bassi, castrati, celli, concerti, contralti, libretti, mezzi, soprani, tempi, virtuosi
b. 食べ物名
(i) spaghetti, ravioli, macaroni, tagliatelli, penne
(ii) panini, zucchini

まず,(73a) は英語でも複数形として使われる.つまり,イタリア語とマターもパターンも同一である.[17] 一方,(73bi) の例は,Here's your spaghetti, eat it. とか,{How much spaghetti/*How many spaghetti} would you like? のように,英語では不可算名詞として使われている.驚くべきは (73bii) の 2 語で,これらは英語では単数可算名詞であり,paninis, zucchinis にように複数接尾辞をつけることができるのである.(73b) の例は,イタリア語とマターは同一であるが,パターンが異なるのである.

● 語彙的借用
語彙的借用の事例については Haspelmath and Tadmor (eds.) (2009) や各

---

[17] ただし,これが観察されるのは音楽関係者の英語に限られることから,Bauer et al. (2013: 139) は,(73a) はコード切り替えの例と見たほうがよいだろうとしている.

国語の借用語の研究で多数例を見つけることができる．日英語間の例について
は長野・島田 (2017) で詳しく論じているので，そちらも参照してほしい．以
下では，① MAT のみ，② PAT のみ，③ MAT と PAT の組み合わせの 3 ケー
スの代表例を挙げる．

　まず，語彙的借用でマターのみが借用された例として，ドイツ語の Handy
（携帯電話）やフランス語の footing （ジョギング）がある．いずれも英語の同形
語がモデルであるが，英語とは異なる意味で使われている（Velupillai (2012:
403)）．日本語でも，「そんなアバウトなやり方ではだめだ」（『明鏡国語辞典』）
の「アバウト」は，英語の副詞の about のマターだけが借用された例と見るべ
きであろう．

　他方，PAT では，モデルの意味・統語パターンだけが複製される．語彙的
借用における PAT は，一般に**カルク** (calque) もしくは**借用翻訳** (loan trans-
lation) として知られる現象であり，語レベル・句レベルの表現が他言語の表
現の逐語訳を通して作られること，もしくは，作られた結果をいう．(74a) は
複合語のカルク，(74b) は派生語のカルク，(74c) は句表現のカルクである．

(74) a. 複合語

　　　ドイツ語の herunter-laden

　　　(< 英語の down-load)

　　　フランス語の presqu'île

　　　(< ラテン語の paen-insula "almost island")

　　　英語の loan-word

　　　(< ドイツ語の Lehn-wort)

　　b. 派生語

　　　チェコ語の diva-dlo "theatre"

　　　(< ギリシャ語の thea-tron (lit. look-PLACE))

　　　イタリア語の marcat-ezza

　　　(< 英語の marked-ness)

　　c. 句表現

　　　英語の marriage of convenience

　　　(< フランス語の mariage de convenance)

(Haspelmath (2009: 39))

高橋・堀江（2012）や Horie（2018: 76-86）を参考にすると，「十一月の米貿易収支が大幅に改善を**みた**ことから …」のように非有性主語と出来事目的語をとる動詞「見る」の使い方も，英語翻訳を介したカルクの例であると考えられる．いわば，英語の動詞 see の項構造・語彙概念構造（レキシコン表示でいえば G_L 情報と R 情報）が日本語の「見る」にかぶせられているのである．

　3つ目のケースとして，マターとパターンの両方が複製される例を見てみよう．この場合でも，（72）の最後にあるように，受容言語で複製されるものは供給言語のモデルと同一ではないことに注意が必要である．Haspelmath（2009: 42-43）によると，これは，2言語の間には音韻・形態・統語・書記の面のずれ（"lack of fit"）があるのが普通であり，複製の際には**適応**（adaptation）が起こるためである．例えば，フランス語の résumé はロシア語では rezjume のように円唇音 [y] を非円唇の [u] に変えて（加えて，先行子音を口蓋化して）複製される．音形（マター）も意味（パターン）もフランス語のモデルがロシア語で複製されているのだが，音形面では受容言語にあわせた適応が行われているのである．また，英語の weekend はフランス語では le weekend となり，デフォルトのジェンダー素性（男性）を付与されている．この場合は統語的パターンの複製に際し，受容言語にあわせた適応が行われていることになる．英語の動詞・形容詞は，日本語では「キャンセルする」「ユニークだ」のように動名詞・形容動詞になり，文法的機能はスルやダを用いて具現されるようになる（外来語＋スルについては田川（2016）が詳しい）．

　以上，文法的借用，接辞の借用，語彙的借用におけるマター借用とパターン借用の例を見てきた．（65）でいう借用の創造的側面とは，供給言語のモデル語のマターを借りて受容言語本来のパターンと対応づけたり，モデル語のパターンを本来語のマターに対応づけたりというように，言語の音と意味の対応関係を変える点にあるといってよいだろう．また，供給言語のモデルのマターとパターンの両方が借用される場合でも，受容言語に合わせた適応が行われる．そういった工夫も創造性の一種である．

　それでは，こうした事実を語彙素に基づく形態理論でどのように捉えることができるだろうか．本格的な考察は今後の課題であるが，LMBM の分離仮説（第1章2節参照）とレキシコン表示（第3章参照）の考え方は，語彙素や語形の音形面と意味・機能面を互いに独立したものとして扱うため，マター借用とパターン借用という区別とは非常に相性がいいといえる．具体的には，語彙

第4章　レキシコンの拡大 II：借用　　253

的借用の MAT, PAT, MAT＋PAT については，第3章で見た派生によるレ
キシコン表示の変更と平行的に捉えることが可能である．つまり，L1 レキシ
コンの既存語を基体とし，その *G, P, R* 情報のいずれかに，L2 項目をモデル
として変更を加えることが「語彙的借用」の具体的操作である，と考えること
ができるだろう．これは L1 既存語の情報と L2 項目の情報をレキシコン表示
において合成し，両者の混合体（mixture）を作るような操作になるが，実は，
そういう操作が Muysken（1981）によって **Relexification** という名前で提案
されている．Relexification とは，以下の図15のように，L1 の語彙素のレキ
シコン表示と L2 の語彙素のレキシコン表示を合成するプロセスである．図
15 の場合，前者の音韻情報（x）が後者の（y）で置換され，第3のレキシコン
表示が形成されている．

L1 lexical entry

- Phonological representation x
- Syntactic features x
- Semantic features x
- Morphological features x

L2 lexical entry

- Phonological representation y
- Syntactic features y
- Semantic features y
- Morphological features y

Contact language lexical entry

- Phonological representation **y**
- Syntactic features x
- Semantic features x
- Morphological features x

図 15　relexification のプロセス（Winford（2003: 181）より）

第3章3節で見たように，派生の語形成規則は，既存語のレキシコン表示の
一部を変更して新たなレキシコン表示を作り出すものであった．ここでの提案
は，図15の "L1 lexical entry" を派生における「既存語・基体」に，"Contact
language lexical entry" を「派生語」に対応づけて考えるというものである．
"L2 lexical entry" は何に対応するかといえば，「従うべきモデル」であるので，
派生の規則そのものに対応すると考えることができるだろう．

　モデルのマターのみが借用される MAT は，図15の通りの操作がレキシコ

ンで行われると考えればよい．例えば，「そんなアバウトなやり方ではだめだ」
の場合，L1（日本語）の「適当（な）」の表示の P 情報が，L2（英語）の about
の表示の P 情報で置換され，「アバウト（な）」という借用語の表示が新たに生
成される．このケースでもそうだが，P 情報に関しては，置換に加えて適応も
行われることが多い．一方，モデルのパターンのみが借用される PAT では，
L1 の語彙表示の $G \cdot R$ 情報が L2 項目側の情報で置換され，第 3 の語彙表示
が生成される．例えば，「十一月の米貿易収支が大幅に改善をみた」の例では，
L1（日本語）の「見る」の $G_L \cdot R$ 情報が，L2（英語）の see の情報で置換さ
れ，カルクとしての「見る」の表示が新たに生成される．

　一方，モデルのマターとパターンの両方が借用される場合は，基体として使
われる L1 項目は上記のような具体的な語彙素ではなく，受容言語の当該品詞
の語彙素のデフォルト型といったものになるかもしれない．英語の weekend
はフランス語では le weekend となり，デフォルトの男性素性を付与されるこ
とを見たが，この場合，L1（フランス語）の名詞語彙素表示のデフォルト型を
基体とし，そこに L2 項目である英語の weekend の情報のほとんどすべてを
流し込んで，第 3 の語彙表示が生成される．「男性」というジェンダー情報の
み，L1 名詞のデフォルト型に由来するものである．

4.6. まとめ

　本章では，語彙的借用と文法的借用，接辞の借用，マター借用とパターン借
用という言語接触学の知見を，語彙素を基盤とする形態理論で理解するための
道筋を示した．いずれも，生得的な言語知識を重視する生成文法の枠組みでは
議論されてこなかったことがらであり，レキシコン・形態理論を使っての分析
は未着手の研究課題である．

　また，「借用」という概念の注意点についても学んだ．特に重要なのは，借
用とは受容言語側の創造的な営みであるということ，よって，借用と強制は区
別すべきであるということである．借用されやすいのは語彙素であるのに対
し，強制されやすいのは機能語や接辞，音韻特性である．ここから見えてくる
のは，第 2 言語話者はその第 2 言語の語彙を積極的に第 1 言語に取り入れる
のに対し，機能範疇に関しては第 1 言語のものに固執するという傾向である．

第 5 章

総　括

　第 III 部を通して，語に関する様々な「区別」を見た．語彙素と語形の区別，
内容語と機能語の区別，拘束形態素と自由形態素の区別，屈折と派生の区別，
語彙的借用と文法的借用の区別，マター借用とパターン借用の区別，などであ
る．このような区別が総体として人間の言語機能に関して何を教えてくれるか
といえば，最も重要なのは，言語機能の**モジュール性**（modularity）であろう．
語の領域から見えてくる言語機能のモジュール性については，影山（1993），
伊藤・杉岡（2002, 2016），由本（2005）などによって日英語の事実を基に実
証されているが，Beard（1995）や Aronoff（1976, 1994）のいう語彙素に基
づく形態論は，日英語以外の言語からも同じ考え方が支持されることを示して
いる．また，これらの先行研究では，言語接触に見られる語については考えら
れてこなかったが，L1 の語と L2 の語が混交する場面においても，語彙素（語
彙範疇）と形態素（機能範疇）という基本的な区分は強固に守られることがわ
かった．
　今後の展望について 2 点述べる．
　まず，生成文法に基づく言語学の進展のなかでの形態論の位置づけについ
て．西山（2013: 307）によると，分散形態論の研究者の多くは極小主義の枠
組みを採用しているという．一方，LMBM（Lexeme-Morpheme Base Mor-
phology）は弱い語彙主義をとるため，極小主義とは相容れない．語の多面性
を重視する LMBM がより親和的なのは，Jackendoff（2002）の Parallel
Archtecture 理論の流れである．Beard（1995）の基本的な考え方としては，

255

語において句と平行的に捉えられることがあるのならば，その部分については統語論に委ねるのがいいと考える．経済性の観点からの発想であろう．だが，語と句の平行性を必ずしもこのような形で捉える必要はない．句には句の文法，語には語の文法があると考え，後者が前者に依存しているのではなく，両者は並列していると考えてもよい．Parallel Archtecture 理論と形態論の関係については，Ackema and Neeleman (2004)，由本 (2005)，ten Hacken and Thomas (eds.) (2013)，ten Hacken (2015)，Nishimaki (2015) などで考察が進められている．今後，LMBM はそれらの知見を取り入れていったほうがいいだろう．

　今後の展望の2点目に移ろう．第4章で見たように，言語接触学の知見からレキシコンと形態論のモジュール性について学ぶところは大きい．世界がグローバル化していく中で，言語と言語，方言と方言が出会う場はますます増えていくだろう．言語を人間のこころの仕組みとみる言語観においては，その「出会いの場」とはバイリンガリズム，バイリンガルのこころに他ならない．第4章では借用について考えたが，流暢なバイリンガルに見られる**コード切り替え**（code-switching）の現象についても，今後理論分析の射程に入れていくべきであろう．コード切り換えとは，バイリンガルの話者が2つ以上の言語もしくは方言を同一の発話の構成上織り交ぜて使う現象をいう．例えば，カナダ日系2世のことばを詳細に観察した Nishimura (1997) には，次のような発話例がある．

(75) a. I guess that's the way he and his generation were treated *ne*?
　　　"I guess that's the way he and his generation were treated, right?"

　　b. He's a loner *yo*.
　　　"He's a loner, let me tell you."

(Nishimura (1997: 101))

面白いことに，これらの発話では英語の文に日本語の終助詞が付けられている．つまり，話者は，終助詞の前と後で英語から日本語への切り替えを行ったと考えられるのである．

　また，言語学者の Viveka Velupillai 氏はスウェーデン語と英語を母語とし，自身次のようなコード切り換えをするという（Velupillai (2012: Ch. 12)）．斜

字体の部分で切り替えが起こっている.[18]

(76)　スウェーデン語と英語のコード切り替え

    a.　page forty-*nio*　to　*sjuttio*-eight
                -nine　　　seventy-
      "Page forty-nine to seventy-eight."

    b.　det　*make*-ar　　ingen　　　*sense*
      it　make-PRES　INDEF.PRON　sense
      "It doesn't make any sense."

    c.　jag　vet　　inte　om　jag　hinner　　men *I'll try*
      1SG　know　NEG　if　1SG　make.it　but
      "I don't know if I make it, but I'll try."

(Velupillai (2012: 404))

同一の話者が，ある時は，(76a) のように英語にスウェーデン語を織り交ぜるような切り替えをし，別の時は，(76b) のようにスウェーデン語に英語を織り交ぜるような切り替えをするとわかる．(76c) では等位される 2 つの節がそれぞれスウェーデン語と英語で作られている．形態論的に特に興味深いのは，(76b) の動詞 *make*-ar（発音は /meɪkaɹ/）であり，英語の動詞に対してスウェーデン語の屈折が行われているのである．Velupillai (2012: 404–405) は，このような 2 言語の混交がある程度の数の話者によって行われれば，借用につながるだろうとしている．(76) の文を構成する各種の語は，どのように生成され，解釈されるのだろうか．借用とコード切り替えの関係を含め，今後の大きな研究課題である．

---

[18] INDEF.PRON: Indefinite Pronoun, NEG: Negative, PRES: Present

参 考 文 献

第 I 部

Abe, Jun (2016) "Dynamic Antisymmetry for Labeling," *Lingua* 174, 1-15.

Aboh, Enoch O. (2016) "Information Structure: A Cartographic Perspective," *The Oxford Handbook of Information Structure,* ed. by Caroline Féry and Shinichiro Ishihara, 147-164, Oxford University Press, Oxford.

Bailyn, John Frederick (2015) *The Syntax of Russian*, Cambridge University Press, Cambridge.

Belletti, Adriana (1988) "The Case of Unaccusative," *Linguistic Inquiry* 19, 1-34.

Belletti, Adriana (2001) "Inversion as Focalization," *Subject Inversion in Romance and the Theory of Universal Grammar*, ed. by Aafke C. Hulk and Jean-Yves Pollock, 60-90, Oxford University Press, Oxford.

Belletti, Adriana (2004) "Aspects of the Low IP Area," *The Structure of IP and CP: The Cartography of Syntactic Structures*, Vol. 2, ed. by Luigi Rizzi, 16-51, Oxford University Press, Oxford.

Belletti, Adriana (2009) *Structures and Strategies*, Routledge, London.

Belletti, Adriana (2015) "The Focus Map of Clefts: Extraposition and Predication," *Beyond Functional Sequence: The Cartography of Syntactic Structures*, ed. by Ur Shlonsky, 42-59, Oxford University Press, New York.

Bianchi, Valentina and Giuliano Bocci (2012) "Should I stay or should I go?" Piñón C. ed., *Empirical Issues in Syntax and Semantics* 9, 1-18.

Bobaljik, Jonathan David (2008) "Where's Phi? Agreement as a Postsyntactic Operation," *Phi Theory: Phi-Features across Modules and Interfaces*, ed. by Daniel Harbour, David Adger and Susan Béjar, 295-328, Oxford University Press, Oxford.

Bocci, Giuliano (2013) *The Syntax-Prosody Interface: A Cartographic Perspective with Evidence from Italian*, John Benjamins, Amsterdam.

Bocci, Giuliano and Cinzia Avesani (2015) "Can the Metrical Structure of Italian Motivate Focus Fronting?" *Beyond Functional Sequence: The Cartography of Syntactic Structures*, Vol. 10, ed. by Ur Shlonsky, 23-41, Oxford University Press, New York.

Boeckx, Cedric (2012) *Syntactic Islands*, Cambridge University Press, Cambridge.

Bošković, Željko (2007) "On the Locality and Motivation of Move and Agree: An Even More Minimal Theory," *Linguistic Inquiry* 38, 589-644.

Bošković, Željko (2014) "Now I'm a Phase, Now I'm not a Phase: On the Variability of Phases with Extraction and Ellipsis," *Linguistic Inquiry* 45, 27-89.

Bošković, Željko (2016) "On the Timing of Labeling: Deducing Comp-Trace Effects, the Subject Condition, the Adjunct Condition and Tucking in from Labeling" *The Linguistic Review* 33, 17-66.

Browning, M. A. (1996) "CP Recursion and *That*-t Effects," *Linguistic Inquiry* 27, 237-255.

Cable, Seth (2007) *The Grammar of Q: Q-Particles and the Nature of Wh-Fronting, as Revealed by the Wh-Questions of Tlingit*, Doctoral dissertation, MIT.

Cable, Seth (2010) *The Grammar of Q: Q-Particles, Wh-Movement and Pied-Piping*, Oxford University Press, Oxford.

Cardinaletti, Anna (2004) "Towards a Cartography of Subject Positions," *The Structure of CP and IP*, ed. by Luigi Rizzi, 115-165, Oxford University Press, Oxford.

Cecchetto, Carl and Caterina Donati (2015) *(Re)labeling*, MIT Press, Cambridge, MA.

Charnavel, Isabelle and Dominique Sportiche (2016) "Anaphor Binding: What French Inanimate Anaphors Show," *Linguistic Inquiry* 47, 35-87.

Cheung, Candice Chi-Hang (2015) "On the Fine Structure of the Left Periphery: The Postons of Topic and Focus in Cantonese," *The Cartography of Chinese Syntax: The Cartography of Syntactic Structures*, Vol. 11, ed. by Wei-Tien Dylan Tsai, 75-130, Oxford University Press, Oxford.

Chomsky, Noam (1957) *Syntactic Structures*, Janua Linguarum 4, Mouton, The Hague.

Chomsky, Noam (1982) *Some Concepts and Consequences of the Theory of Government and Binding*, MIT Press, Cambridge, MA.

Chomsky, Noam (1986a) *Knowledge of Language: Its Nature, Origin, and Use*, Praeger Publishers, New York.

Chomsky, Noam (1986b) *Barriers*, MIT Press, Cambridge, MA.

Chomsky, Noam (1993) "A Minimalist Program for Linguistic Theory," *The View from Building 20: Essays in Linguistics in Honor of Sylvain Bromberger*, ed. by Kenneth Hale and Samuel Jay Keyser, 1-52, MIT Press, Cambridge, MA.

Chomsky, Noam (1995a) "Bare Phrase Structure," *Government and Binding Theory and the Minimalist Program*, ed. by Gert Webelhuth, 383-439, Blackwell, Cambridge, MA.

Chomsky, Noam (1995b) "Categories and Transformations," *The Minimalist Program*, 219-394, MIT Press, Cambridge, MA.

Chomsky, Noam (2000) "Minimalist Inquires: The Framework," *Step by Step: Essays on Minimalist Syntax in Honor of Howard Lasnik*, ed. by Roger Martin, David Michaels and Juan Uriagereka, 89-155, MIT Press, Cambridge, MA.

Chomsky, Noam (2001) "Derivation by Phase," *Ken Hale: A Life in Language*, ed. by Michael Kenstowicz, 1-52, MIT Press, Cambridge, MA.

Chomsky, Noam (2004) "Beyond Explanatory Adequacy," *Structures and Beyond: The Cartography of Syntactic Structures*, ed. by Adriana Belletti, 104-131, Oxford University Press, Oxford.

Chomsky, Noam (2005) "Three Factors in Language Design," *Linguistic Inquiry* 36, 1-22.

Chomsky, Noam (2008) "On Phases," *Foundational Issues in Linguistic Theory*, ed. by Robert Freidin, Carlos P. Otero and Maria L. Zubizarreta, 133-166, MIT Press, Cambridge, MA.

Chomsky, Noam (2012) "Introduction,"『チョムスキー言語基礎論集』, 17-26, 岩波書店, 東京.

Chomsky, Noam (2013) "Problems of Projection," *Lingua* 130, 33-49.

Chomsky, Noam (2015) "Problems of Projection: Extensions," *Structures, Stragetegies and Beyond: Studies in Honour of Adraiana Belletti*, ed. by Elisa Di Domenico, Cornelai Hamann and Simona Matteini, 3-16, John Benjamins, Amsterdam.

Chomsky, Noam (2016) "Puzzles about Phases," to appear in *Linguistic Variation: Structure and Interpretation: A Festschrift in Honour of M. Rita Manzini*, ed. by L. Franco and P. Lorusso, Mouton De Gruyter, Berlin and Boston.

Chomsky, Noam, Ángel J. Gallego, and Denis Ott (2017) "Generative Grammar and the Faculty of Language: Insights, Questions, and Challenges," to appear in the Special issue of *Catalan Journal of Linguistics*. <lingbuzz/003507> (2nd version)

Chomsky, Noam and Howard Lasnik (1993) "The Theory of Principles and Parameters," *Syntax: An International Handbook of Contemporary Research*, ed. by Joachim Jacobs, Arnim von Stechow, Wolfgang Sternefeld and Theo Vennemann, 506-569, Mouton de Gruyter, Berlin.

Cinque, Guglielmo (1990) *Types of $\overline{\text{A}}$-Dependencies*, MIT Press, Cambridge, MA.

Citko, Barbara (2014) *Phase Theory: An Introduction*, Cambridge University Press, Cambridge.

Culicover, Peter (1991) "Topicalization, Inversion, and Complementizers in English," ms., The Ohio State University.

Danon, Gabi (2011) "Agreement and DP-Internal Feature Distribution," *Syntax* 14, 297-317.

Dobashi, Yoshihito (2017) "Labeling and Phonological Phrasing: A Preliminary Study," *Phonological Externalization*, Volume 2, ed. by Hisao Tokizaki, 1-23, Sapporo University.

Durrleman, Stephanie and Ur Sholonsky (2015) "Focus and Wh in Jamaican Creole: Movment and Exhaustiveness," *Beyond Functional Sequence: The Cartography of Syntactic Structures*, ed. by Ur Shlonsly, 91-106, Oxford University Press, Oxford.

É. Kiss, Katalin (1995) *Discourse Configuration Languages*, Oxford University Press, Oxford.

É. Kiss, Katalin (1998) "Identificational Focus Versus Information Focus," *Language* 74, 245-273.

É. Kiss, Katalin (2010) "Structural Focus and Exhaustivity," *Information Structure: Theoretical, Typological, and Experimental Perspective*, ed. by Malte Zimmerman and Caroline Féry, 64-88, Oxford University Press, New York.

É. Kiss, Katalin (2014) "Identificational Focus Revisited: The issue of Exhaustivity," paper presented at CLS 50.

Endo, Yoshio (2007) *Locality and Information Structure,* John Benjamins, Amsterdam.

遠藤喜雄 (2014)『日本語カートグラフィー序説』くろしお出版，東京．

Endo, Yoshio (2015) "Two ReasonPs: What Are*(n't) You Coming to the United States For?" *Beyond Functional Sequence: The Cartography of Syntactic Structures*, Volume 10, ed. by Ur Shlonsky, 220-231, Oxford University Press, Oxford.

Epstein, Samuel D., Hisatsugu Kitahara and Daniel Seely (2016) "Phase Cancellation by External Pair-Merge of Heads," *The Linguistic Review* 33, 87-102.

Epstein, Samuel David and T. Daniel Seely (2006) *Derivations in Minimalism*, Cambridge University Press, Cambridge.

Everett, Daniel L. (2008) *Don't Sleep, There Are Snakes: Life and Language in the Amazonian Jungle*, Pantheon, New York.

Féry, Caroline and Shinichiro Ishihara (2016) *The Oxford Handbook of Information Structure*, Oxford University Press, Oxford.

Frampton, John and Sam Gutmann (2000) "Agreement is Feature Sharing," ms., Northeastern University. <http://mathserver.neu.edu/~ling/pdf/agrisfs.pdf>

Frampton, John and Sam Gutmann (2002) "Crash-Proof Syntax," *Derivation and Explanation in the Minimalist Program*, ed. by Samuel David Epstein and T. Daniel Seely, 90-105, Blackwell, Oxford.

Frascarelli, Mara and Roland Hinterhölzl (2007) "Types of Topics in German and Italian," *On Information Structure, Meaning and Form*, ed. by Kerstein Schwabe and Sussanne Winkler, 87-116, John Benjamins, Amsterdam.

藤田耕司 (2013)「生成文法から進化言語学へ—生成文法の新たな企て」『生成言語研究の現在』，池内正幸・郷路拓也（編），95-123，ひつじ書房，東京．

藤田耕司 (2014)「投射の進化的問題」『言語の設計・発達・進化：生物言語学探究』，藤田耕司・福井直樹・遊佐典昭・池内正幸（編），279-307，開拓社，東京．

Gundel, Jeanett K. (1974) *The Role of Topic Comment in Linguistic Theory*, Doctoral dissertation, University of Texas at Austin.

Haegeman, Liliane (2012a) "The Syntax of MCP: Deriving the Truncation Account," *Main Clause Phenomena: New Horizons*, ed. by Lobke Aelbrecht, Liliane Haegeman and Rachel Nye, 113-134, John Benjamins, Amsterdam.

Haegeman, Liliane (2012b) *Adverbial Clauses, Main Clause Phenomena and the Composition of the Left Periphery: The Cartography of Syntactic Structures*, Vol. 8, Oxford University Press, Oxford.

Haegeman, Liliane and Terje Lohndal (2015) "Be Careful How You Use the Left Periphery," *Structures, Strategies and Beyond: Studies in Honour of Adraiana Belletti*, ed. by Elisa Di Domenico, Cornelai Hamann and Simona Matteini, 135-161, John Benjamins, Amsterdam.

Haegeman, Liliane, André Meinunger and Aleksandra Vercauteren (2015) "The Syntax of it-clefts and the Left Periphery of the Clause," *Beyond Functional Sequence: The Cartography of Syntactic Structures*, Volume 10, ed. by Ur Shlonsky, 73-90, Oxford University Press, Oxford.

Haug, Dag Trygve Truslew and Tatiana Nikitina (2016) "Feature Sharing in Agreement," *Natural Language and Linguistic Theory* 34, 865-910.

Hauser, Marc, Noam Chomsky and Tecumseh Fitch (2002) "The Faculty of Language: What Is It, Who Has It, and How Did It Evolve?" *Science* 298, 1569-1579.

Hornstein, Nobert (2009) *A Theory of Syntax*, Cambridge University Press, Cambridge.

Hornstein, Norbert and Jairo Nunes (2008) "Adjunction, Labeling, and Bare Phrase Structure," *Biolinguistics* 2, 57-86.

Horvath, Julian (2010) "'Discourse Features,' Syntactic Displacement and the Status of Contrast," *Lingua* 120, 1346-1369.

Hunter, Tim and Robert Franks (2014) "Eliminating Rightward Movement: Extraposition as Flexible Linearization of Adjuncts," *Linguistic Inquiry* 45, 227-267.

池内正幸 (2010)『ひとのことばの起源と進化』開拓社, 東京.

池内正幸 (2013)「生成言語研究の現在」『生成言語研究の現在』, 池内正幸・郷路拓也 (編), 1-9, ひつじ書房, 東京.

Inokuma, Sakumi (2013) "Distribution of Phi-features within DPs and The Activity Condition," *English Linguistics* 30, 292-312.

Jackendoff, Ray (1972) *Semantic Inetrnretation of Generative Grammar*, MIT Press, Cambridge, MA.

影山太郎 (1993)『文法と語形成』ひつじ書房, 東京.

Karimi, Simin (2005) *A Minimalist Approach to Scrambling: Evidence from Persian*, Mouton de Gruyter, Berlin.

Kato, Shizuka (2016) "Condition (A) and Complex Predicates," *Nanzan Linguistics* 11, 15–34. <http://www.ic.nanzan-u.ac.jp/LINGUISTICS/publication/pdf/NL11-2-shizuka_kato.pdf>

加藤孝臣・久野正和・成田広樹・辻子美保子・福井直樹 (2014)「一般探索と相の端」『言語の設計・発達・進化: 生物言語学探究』, 藤田耕司・福井直樹・遊佐典昭・池内正幸 (編), 97–119, 開拓社, 東京.

Kuno, Susumu (1973) *The Structure of the Japanese Language*, MIT Press, Cambridge, MA.

Kuroda, Shige-Yuki. (1965) *Generative Grammatical Studies in the Japanese Language*, Doctoral dissertation, MIT.

Lee-Schoenfeld, Vera (2008) "Binding, Phases, and Locality," *Syntax* 11, 281–298.

Li, Audrey, Andrew Simpson and Wei-Tien Dylan Tsai (2015) *Chinese Synatx in a Cross-Linguistic Perspective*, Oxford University Press, Oxford.

Longobardi, Giuseppe (1985) "Su Alcune Proprietà della Sintassi e della Forma Logica delle Frasi Copulari," *Sintassi e Eorfologia della Lingua Italiana d'uso. Teorie e Applicazioni Descrittive, Atti del XVII Congresso Internazionale SLI*, ed. by Leonardo M. Savoia and Annalisa Franchi De Bellis, 213–223, Bulzoni, Rome.

Maeda, Masako (2014) *Derivational Feature-based Relativized Minimality*, 九州大学出版会, 福岡.

Marantz, Alec (2007) "Words and Phrases," *Phases in the Theory of Grammar*, ed. by Sook-Hee Cho, 191–222, Dong-In Publishing Co., Seoul.

Miyagawa, Shigeru (2010) *Why Agree? Why Move?: Unifying Agreement-Based and Discourse-Configurational Languages*, MIT Press, Cambridge, MA.

Miyagawa, Shigeru (2017) *Agreement Beyond Phi*, MIT Press, Cambridge, MA.

Mizuguchi, Manabu (2016) "Simplest Merge, Labeling, and A'-Movement of the Subject," *Phase Theory and Its Consequences: The Initial and Recursive Symbol S*, ed. by Miyoko Zushi and Manabu Mizuguchi, 41–83, Kaitakusha, Tokyo.

Moro, Andrea (1987) *The Raising of Predicate*, Cambridge University Press, Cambridge.

Moro, Andrea (2000) *Dynamic of Antisimmetry*, MIT Press, Cambridge, MA.

Müller, Gereon (2011) *Constraints on Displacement: A Phase-Based Approach*, John Benjamins, Amsterdam.

中井悟 (2014)「ピダハン論争をめぐって」『同志社大学英語英文学研究』57–152, 同志社大学人文学会.

Nakajima, Heizo (1996) "Complementizer Selection," *The Linguistic Review* 13, 143–164.

中島平三 (2016)『島の眺望: 補文標識選択と島の制約と受動化』研究社, 東京.

中村浩一郎 (2011)「トピックと焦点——「は」と「かき混ぜ要素」の構造と意味機能」『70年代生成文法再認識: 日本語研究の地平』, 長谷川信子 (編), 207–229, 開拓社,

東京.

Nakamura, Koichiro (2012) "Three Kinds of *Wa*-marked Phrases and Topic-Focus Articulation in Japanese," *Generative Grammar in Geneva* 7, 33-47.

Nakamura, Koichiro (2014) "*v*P-internal Topic-Focus Articulation in Japanese," *Proceedings of the 16th Seoul International Conference on Generative Grammar: Comparative Syntax*, ed. by John Un Park and Il-Jae Lee, 299-309, HankukPublishing Company, Seoul.

中村浩一郎 (2015)「vP 内部のトピック・フォーカス構造について」『日本英文学会九州支部第 67 回大会 Proceedings』, 316-317.

Namura, Koichiro (2017a) "Japanese Particle *Wa* with a Focal Stress Provokes Exhaustive Identificational Focus," *Studies on Syntactic Cartography: Proceedings of the International Workshop on Syntactic Cartography 2015*, ed. by Si Fuzhen, China Social Science Press, Beijing.

Nakamura, Koichiro (2017b) "Another Argument for the Differences among Wa-marked Phrases, Paper presented at 2nd International Workshop on Syntactic Cartography, held at Beijing Language and Culture University.

Neijt, Anneke (1979) *Gapping: a contribution to Sentence Grammar*, Foris, Dordrecht.

西岡宣明 (2018)「日本語の否定の作用域とラベリング」『ことばを編む』, 西岡宣明・福田稔・松瀬憲司・長谷信夫・緒方隆文・橋本美喜男 (編), 102-112, 開拓社, 東京.

Nunes, Jairo (2004) *Linearization of Chains and Sideward Movement*, MIT Press, Cambridge, MA.

Obata, Miki (2016) "Unlabeled Syntactic Objects and Their Interpretation at the Interfaces," *Proceedings of the Forty-Sixth Annual Meeting of the North East Linguistic Society* (NELS), ed. by Christopher Hammerly and Brandon Prickett, 63-70, GLSA (Graduate Linguistics Student Association), Department of Linguistics, University of Massachusetts.

Oku, Satoshi (2018) "Labeling and Overt/Covert Movements," *Nanzan Linguistics* 13, 9-28.

Omune, Jun (2918) "Reforming Pair-Merge of Heads," *English Linguistics* 34, 266-301.

Oseki, Yohei (2015) "Eliminating Pair-Merge," *Proceedings of the 32nd West Coast Conference on Formal Linguistics*, ed. by Ulrike Steindl et al., 303-312, Cascadilla Proceedings Project, Somerville, MA. <http://www.lingref.com/cpp/wccfl/32/paper3181.pdf>

大塚知昇 (2017) *On Weak-Phases: An Extension of Feature-Inheritance*, 九州大学出版会, 福岡.

Pesetsky, David (1982) *Paths and Categories*, Doctral dissertation, MIT.

Pesetsky, David and Esther Torrego (2007) "The Syntax of Valuation and the Interpretability of Features," *Phrasal and Clausal Architecture: Syntactic Derivation and Interpretation*, ed. by Simin Karimi, Vida Samiian and Wendy K. Wilkins, 262-294, John Benjamins, Amsterdam.

Putnam, Michael T., ed. (2010) *Exploring Crash-Proof Grammars*, John Benjamins, Amsterdam.

Quicoli, A. Carlos (2008) "Anaphora by Phase," *Syntax* 11, 299-329.

Richards, Marc (2009) "Internal Pair-Merge: The Missing Mode of Movement," *Catalan Journal of Linguistics* 8, 55-73.

Richards, Norvin (2001) *Movement in Language: Interactions and Architectures*, Oxford University Press, Oxford.

Rizzi, Luigi (1996) "Residual Verb Second and the Wh-Criterion," *Parameters and Functional Heads*, ed. by Adriana Belletti and Luigi Rizzi, 63-90, Oxford University Press, Oxford.

Rizzi, Luigi (1997) "The Fine Structure of the Left Periphery," *Elements of Grammar*, ed. by Liliane Haegeman, 281-337, Kluwer, Dordrecht.

Rizzi, Luigi (2004) "Locality and Left Periphery," *Structures and Beyond: Cartography of Syntactic Structures Volume 3*, ed. by Adoriana Belletti, 104-131, Oxford University Press, Oxford.

Rizzi, Luigi (2006) "On the Form of Chains: Criterial Positions and ECP Effects," *Wh-movement: Moving on*, ed. by Lisa Lai-Shen Cheng and Norbert Corver, 97-134, MIT Press, Cambridge, MA.

Rizzi, Luigi (2013) "Locality," *Lingua* 130, 169-186.

Rizzi, Luigi (2015a) "Cargography, Criteria, and Labeling," *Beyond Funcitional Sequence: The Cartography of Syntactic Structures*, ed. by Ur Shlonsky, 314-338, Oxford University Press, New York.

Rizzi, Luigi (2015b) "Notes on Labeling and Subject Positions," *Structures, Stragetegies and Beyond: Studies in Honour of Adraiana Belletti*, ed. by Elisa Di Domenico, Cornelai Hamann and Simona Matteini, 17-46, John Benjamins, Amsterdam.

Rizzi, Luigi (2016) "Labeling, Maximality, and the Head-Phrase Distinction," *The Linguistic Review* 33, 103-127.

Rizzi, Luigi and Ur Shlonsky (2007) "Strategies for subject extraction," *Interfaces + Recursion = Language?* ed. by Uli Sauerland and Hans Martin Gärtner, 115-160, Berlin, Mouton de Gruyter.

Ross, John Robert (1967) *Constraints on Variables in Syntax*, Doctoral dissertation, MIT.

Saito, Mamoru (1989) "Scrambling as Semantically Vacuous A'-Movement," *Alternative Conceptions of Phrase Structure*, ed. by Mark R. Baltin and Anthony S. Kroch, 182-200, University of Chicago Press, Chicago.

Saito, Mamoru (2016) "(A) Case for Labeling: Labeling in Languages without Phi-feature Agreement," *The Linguistic Review* 33, 129-175.

Saito, Mamoru (2017) "Notes on the Locality of Anaphor Binding and A-Movement," *English Linguistics* 34, 1-33.

Samek-Lodovici, Vieri (2015) *The Intrprataion of Focus, Givenness, and Prosody: A Study of Italian Clause Structure*, Oxford University Press, Oxford.

Sato, Yosuke and Yoshihito Dobashi (2016) "Prosodic Phrasing and the *That*-Trace Effect," *Linguistic Inquiry* 47, 333-349.

Sobin, Nicholas J. (2016) "The Halting Problem," *LSA Proceedings* 1. <https://journals.linguisticsociety.org/proceedings/index.php/PLSA/article/view/3700>

Stroik, Thomas S. (2009) *Locality in Minimalist Syntax*, MIT Press, Cambridge, MA.

Stroik, Thomas S. and Michael T. Putnam (2013) *The Structural Design of Language*, Cambridge University Press, Cambridge.

Sugimura, Mina and Miki Obata (2016) "Outer/Inner Morphology: The Dichotomy of Japanese Renyoo Verbs and Nouns," *LSA Proceedings* 1. <https://journals.linguisticsociety.org/proceedings/index.php/PLSA/article/view/3706>

Szabolcsi, Anna (1997) *Ways of Scope Taking*, Kluwer, Dordrecht.

Szabolcsi, Anna and Terje Lohndal (2017) "Strong vs. Weak Islands," *The Wiley Blackwell Companion to Syntax*, 2nd ed., ed. by Martin Everaert and Henk C. Van Riemsdijk.

Tajsner, Przemyslaw (2008) *Aspects of the Grammar of Focus: A Minimalist View*, Peter Lang, Frankfurt.

Takahashi, Masahiko (2018) "On the Optionality of Raising in the Japanese ECM Construction," *Nanzan Linguistics* 13, 59-80.

Takano, Yuji (2002) "Surprising Constituents," *Journal of East Asian Linguistics* 11, 243-301.

Takano, Yuji (2015) "Surprising Constituents as Unlabeled Syntactic Objects," *Nanzan Linguistics* 10, 55-74. <http://www.ic.nanzan-u.ac.jp/LINGUISTICS/publication/pdf/NL10-4-Takano.pdf>

Takano, Yuji (2017) "A New Form of Sideward Movement," *A Schrift to Fest Kyle Johnson*, ed. by Nicholas LaCara, Keir Moulton and Anne-Michelle Tessier, 353-359, Linguistics Open Access Publications. <https://scholarworks.umass.edu/linguist_oapubs/1/>

Truswell, Robert (2011) *Events, Phrases, and Question*s, Oxford University Press, Oxford.

Tsai, Wei-Tien Dylan (2015) "A Tale of Two Peripheries: Evidece from Chinese Adverbials, Lght Verbs, Applicatives, and Object Fronting," *The Cartography of Chinese Syntax: The Cartography of Syntactic Structures*, Vol. 11, ed. by Wei-Tien Dylan Tsai, 1-32, Oxford University Press, Oxford.

Uriagereka, Juan (1999) "Multiple Spell-Out," *Working Minimalism*, ed. by Samuel David Epstein and Norbert Hornstein, 251–282, MIT Press, Cambridge, MA.

Vanden Wyngaerd, Guido (2009) *Gapping Constituents*, HUB RESEARCH PAPER 2009. <https://lirias.kuleuven.be/bitstream/123456789/408979/1/09HRPL%26L02.pdf>

Webelhuth, Gert, Manfred Sailer and Heike Walker (2013) "Introduction by the Editors," *Rightward Movement in a Comparative Perspective,* ed. by Gert Webelhuth, Manfred Sailer and Heike Walker, 1–60, John Benjamins, Amsterdam.

Yanagida, Yuko (1995) *Focus Projection and Wh-Head Movement*, Doctoral dissertation, Cornell University

Zeijlstra, Hedde (2012) "There is Only One Way to Agree," *The Linguistic Review* 29, 491- 539.

第 II 部

Akasaka, Yukiko and Koichi Tateishi (2001) "Heaviness and Interfaces," ed. by Jeroen van de Weijer and Tetsuo Nishihara, 3–46, *Issues in Japanese Phonology and Morphology,* Mouton de Gruyter, Berlin.

Anderson-Hsieh, Janet, Ruth Johnson and Kenneth Koehler (1992) "The Relationship between Native Speaker Judgments of Nonnative Pronunciation and Deviance in Segmentals, Prosody and Syllable Structure," *Language Learning,* 42(4), 529–555.

Ashby, Michael and John Maidment (2005) *Introducing Phonetic Science*, Cambridge University Press, Cambridge.

Boersma, Paul and David Weenink (2018) Praat: Doing Phonetics by Computer [Computer program], Version 6.0.37, retrieved 3 February 2018 from <http://www.praat.org/>.

Bolton, Kingsley (2004) "World Englishes," *Handbook of Applied Linguistics*, ed. by Alan Davies and Catherine Elder, 67–396, Wiley-Blackwell, Oxford.

Booij, Geert. E and Jerzy Rubach (1984) "Morphological and Prosodic Domains in Lexical Phonology," *Phonology Yearbook* 1, 1–27.

Broselow, Ellen, Su-I Chen and Chilin Wang (1998) "The Emergence of the Unmarked in Second Language Phonology," *Studies in Second Language Acquisition* 20, 261–280.

Bush, Nathan (2001) "Frequency Effects and Word-Boundary Palatalization in English," *Frequency and the Emergence of Linguistic Structure,* ed. by Joan Bybee and Paul Hopper, 255–280, John Benjamins, Amsterdam.

Chomsky, Noam and Morris Halle (1968) *The Sound Pattern of English*, Harper and Row, New York.

Collins, Beverley and Inger M. Mees (2013) *Practical Phonetics and Phonology: A Resource Book for Students*, 3rd ed., Routledge, Abingdon.

Cooper, William E. and Jeanne Paccia-Cooper (2013) *Syntax and Speech*, Harvard University Press, Cambridge, MA.

Cruttenden, Alan (2014) *Gimson's Pronunciation of English*, 8th ed., Routledge, Abingdon.

Crystal, David (2003) *English as a Global Language*, Cambridge University Press, Cambridge.

Dauer, Rebecca M. (2005) "The Lingua Franca Core: A New Model for Pronunciation Instruction?" *TESOL Quarterly* 39(3), 543-550.

Denes, Peter B. and Elliot Pinson (2015) *The Speech Chain: The Physics and Biology of Spoken Language*, 2nd ed., Waveland Press, Long Grove.

Detey, Sylvain and Isabel Racine (2017) "Towards a Perceptually Assessed Corpus of Non-native French: The Interphonology of Contemporary French (IPFC) Project Illustrated with a Longitudinal Study of Japanese Learners' /b-v/ Productions," *International Journal of Learner Corpus Research* 3(2), Special Issue "Segmental, Prosodic and Fluency Features in Phonetic Learner Corpora," ed. by Jürgen Trouvain, Frank Zimmerer, Bernd Möbius, Mária Gósy and Anne Bonneau, 223-249.

Dogil, Grzegorz (1984) "Grammatical Prerequisities to the Analysis of Speech Style: Fast/Casual Speech," *Intonation, Accent and Rhythm*, ed. by Dafydd Gibbon and Helmut Richter, 91-119, Walter de Gruyter, Berlin.

Dupoux, Emmanuel, Kazuhiko Kakehi, Yuki Hirose, Christophe Pallier and Jacques Mehler (1999) "Epenthetic Vowels in Japanese: A Perceptual Illusion?" *Journal of Experimental Psychology: Human Perception and Performance* 25(6), 1568-1578.

Frascarelli, Mara (2000) *The Syntax-Phonology Interface in Focus and Topic Construction in Italian,* Kluwer, Dordrecht.

Garofolo, John S., Lori F. Lamel, William M. Fisher, Jonathan G. Fiscus, David S. Pallett and Nancy L. Dahlgren (1993) *DARPA TIMIT Acoustic-Phonetic Continuous Speech Corpus* (TIMIT), <https://www.nist.gov/publications/darpa-timit-acoustic-phonetic-continuous-speech-corpus-cd-rom-timit>

Golston, Chris (1995) "Syntax Outranks Phonology: Evidence from Ancient Greek," *Phonology* 12, 343-368.

Guasti, M. Teresa and Marina Nespor (1999) "Is Syntax Phonology-free?" *Phrasal Phonology,* ed. by Rene Kager and Wim Zonneveld, 73-97, Nijmegen University Press, Nijmegen.

Gut, Ulrike (2005) "Nigerian English Prosody," *English World-Wide* 26, 153-177.

Gut, Ulrike (2009) *Non-native Speech: A Corpus-based Analysis of Phonological and Phonetic Properties of L2 English and German*, Peter Lang, Frankfurt.

Hammond, Michael (1999a) "Lexical Frequency and Rhythm," *Functionalism and Formalism in Linguistics,* ed. by Michael Darnell, Edith A, Moravcsik, Micheal Noonan, Frederick J. Newmeyer and Kathleen Wheatley, 329-358, John Benjamins, Amsterdam.

Hammond, Michael (1999b) *The Phonology of English: A Prosodic Optimality-theoretic Approach*, Oxford University Press, Oxford.

Harris, John (1994) *English Sound Structure*, Wiley-Blackwell, London.

畠山雄二 (2006)『言語学の専門家が教える新しい英文法』ベレ出版，東京.

Hayes, Bruce (1984) "The Phonology of Rhythm in English," *Linguistic Inquiry* 15, 33-74.

Hayes, Bruce (1989) "The Prosodic Hierarchy in Meter," *Phonetics and Phonology 1*, ed. by Paul Kiparsky and Gilbert Youmans, 201-260, Academic Press, San Diego.

Hidden Markov Model Toolkit (HTK), htk.eng.cam.ac.uk.

井上和子・原田かづ子・阿部泰明 (1999)『生成言語学入門』大修館書店，東京.

International Phonetic Association (1999) *Handbook of the International Phonetic Association: A Guide to the Use of the International Phonetic Alphabet*, Cambridge University Press, Cambridge.

Jakobson, Roman, C. Gunnar M. Fant and Morris Halle (1951) *Preliminaries to Speech Analysis: The Distinctive Features and their Correlates*, MIT Press, Cambridge, MA.

Jenkins, Jennifer (2000) *The Phonology of English as an International Language*, Oxford University Press, Oxford.

Jenner, Bryan (1995) "On Diphthongs," *Speak Out!*, Newsletter of the IATEFL Pronunciation Special Interest Group, 15, 15-16.

Jensen, John (1993) *English Phonology,* John Benjamins, Amsterdam.

Kachru, Braj B. (1985) "Standards, Codification and Sociolinguistic Realism: The English Language in the Outer Circle," *English in the World: Teaching and Learning the Language and Literatures*, ed. by Randolph Quirk and Henry G. Widdowson, 11-30, Cambridge University Press, Cambridge.

Kaisse, Ellen (1985) *Connected Speech: The Interaction of Syntax and Phonology,* Academic Press, Orland.

Kaisse, Ellen (1990) "Toward a Typology of Postlexical Rules," *The Phonology-Syntax Connection,* ed. by Sharon Inkelas and Draga Zec, 127-143, CSLI, Chicago.

Kaye, Jonathan (1989) *Phonology*, Lawrence Erlbaum, New Jersey.

Kean, Mary Louise (1977) "The Linguistic Interpretation of Aphasic Syndromes," *Cognition* 5, 9-46.

Keating, Patricia A., Dani Dyrd, Edward Flemming and Yuichi Todaka (1994) "Phonetic Analyses of Word and Segment Variation Using the TIMIT Corpus of American English," *Speech Communication* 14, 131-142.

Kenesei, Istvan and Irene Vogel (1993) "Focus and Phonological Structure," ms., University of Szeged and University of Delaware.

Knight, Rachael-Anne (2012) *Phonetics-A Course Book*, Cambridge University Press, Cambridge.

小泉節子・杉森幹彦 (1988)『コミュニケーションへの英語発音演習』南雲堂，東京.

Kondo, Mariko (2009) "Is Acquisition of L2 Phonemes Difficult? Production of English Stress by Japanese Speakers," *Proceedings of the 10th Generative Approaches to Second Language Acquisition Conference (GASLA 2009)*, 105-112, Cascadilla Proceedings Project, Somerville, MA.

近藤眞理子・鍔木元 (2013)「日本語話者の英語発話にみられる日本語の音節構造と母音の無声化との関係――Japanese AESOP コーパスの分析から」『第三回コーパス日本語学ワークショップ予稿集』343-350, 国立国語研究所　言語資源研究系・コーパス開発センター.

Kondo, Mariko, Hajime Tsubaki and Yoshinori Sagisaka (2015) "Segmental Variation of Japanese Speakers' English: Analysis of "the North Wind and the Sun" in AESOP Corpus,"『音声研究』19 巻 1 号，3-17.

Konishi, Takayuki and Mariko Kondo (2015) Developmental Change in English Stress Manifestation by Japanese Speakers," *Proceedings of the 18th International Congress of Phonetic Science,* Glasgow, UK, Paper No. 1029.

Konishi, Takayuki, Kakeru Yazawa and Mariko Kondo (2017) "Absence of Developmental Change in Epenthetic Vowel Duration in Japanese Speakers' English," *International Journal of Social, Behavioral, Educational, Economic, Business and Industrial Engineering* 11(2), 423-426, World Academy of Science, Engineering and Technology.

Kubozono, Haruo (1989) "The Mora and Syllable Structure in Japanese: Evidence from Japanese Speech Errors," *Language and Speech* 32, 249-278.

窪薗晴夫・本間猛 (2002)『音節とモーラ』研究社出版，東京.

窪薗晴夫・太田聡 (1998)『音韻構造とアクセント』研究社出版，東京.

Labov, William (1994) *Principles of Linguistic Change Volume 1: Internal Factors*, Blackwell, Oxford.

Labrune, Laurence (2012) "Questioning the Universality of the Syllable: Evidence from Japanese," *Phonology* 29, 113-152.

Ladefoged, Peter (1982) *A Course in Phonetics*, Harcourt Brace Jovanovich, New York.

Ladefoged, Peter and Keith Johnson (2015) *A Course in Phonetics*, 7th ed., Cengage Learning, Stamford, CT.

Lee, Borim, Susan G. Guion and Tetsuo Harada (2006) "Acoustic Analysis of the Production of Unstressed English Vowels by Early and Late Korean and Japanese Bilinguals," *Studies in Second Language Acquisition* 28(3), 487-513.

Lenneberg, Eric H. (1967) *Biological Foundations of Language*, John Wiley & Sons, New York.

Levelt, Claartje and Ruben van de Vijver (2004) "Syllable types in Cross-linguistic and Developmental Grammars," *Fixing Priorities: Constraints in Phonological Acquisition*, ed. by Rene J. Kager, John Pater and William Zonneveld, 204-218, Cambridge University Press, Cambridge.

Lovins, Julie B. (1975) *Loanwords and the Phonological Structure*, Revised version of Ph.D. Thesis submitted to University of Chicago, USA in 1973. [Reproduced by the Indiana University Linguistics Club.]

Maddieson, Ian and Kristin Precoda, *UCLA Phonological Segment Inventory Database (UPSID)*. <http://phonetics.linguistics.ucla.edu/sales/software.htm#upsid>

Masuda, Hinako and Takayuki Arai (2010) "Processing of Consonant Clusters by Japanese Native Speakers: Influence of English Learning Backgrounds," *Acoustical Science and Technology* 31(5), 320-327.

Mazuka, Reiko, Yvonne Cao, Emmanuel Dupoux and Anne Christophe (2011) "The Development of Phonological Illusion: A Cross-Linguistic Study with Japanese and French Infants," *Developmental Science* 14(4), 693-699.

Meng, Helen, Chiu-Yu Tseng, Mariko Kondo, Alissa Harrison and Tanya Visceglia (2009) "Studying L2 Suprasegmental Features in Asian Englishes: A Position Paper," *INTERSPEECH 2009, 10th Annual Conference of the International Speech Communication Association*, 1715-1718.

都田青子 (2014)「ラ行音の謎：なぜ「ラッパ」は「ダッパ」，「ぶどう」は「ぶろう」？」『コミュニケーション障害学』31 巻 1 号，43-48.

Miyakoda, Haruko and Hideki Kuriyama (2004) "The Acquisition of the Rhythmic Status of Moraic Phonemes," paper presented at the *Conference on Developmental Paths in Phonological Acquisition*, Leiden University, Leiden.

Mohanan, Karuvannur P. (1986) *The Theory of Lexical Phonology*, Ridel, Dordrecht.

正高信男・辻幸夫 (2011)『ヒトはいかにしてことばを獲得したか』大修館書店，東京.

中村捷・金子義明 (2002)『英語の主要構文』研究社，東京.

長並真美 (2011)「健常児の初期音韻発達とダウン症児の音韻意識についての考察」『音韻理論と音韻獲得』，都田青子 (編)，58-72，丸善プラネット，東京.

Nespor, Marina (1987) "Vowel Degemination and Fast Speech Rules," *Phonology Yearbook*, 61-85.

Nespor, Marina and Mauro Scorretti (1984) "Empty Elements and Phonological Form," *Grammatical Representation*, ed. by Jacqueline Gueron, Hans-Georg Obenauer and Jean-Yves Pollock, 203-235, Foris, Dordrecht.

Nespor, Marina and Irene Vogel (1983) "Prosodic Structure above the Word," *Prosody: Models and Measurement*, ed. by Anne Cutler and Robert D. Ladd, 123-140, Springer-Verlag, Berlin.

参考文献 273

Nespor, Marina and Irene Vogel (1986) *Prosodic Phonology*, Foris, Dordrecht.

Nespor Marina and Irene Vogel (2007) *Prosodic Phonology with a New Foreword*, Walter de Gruyter, Berlin.

西垣内泰介 (1996)「言語の研究と言語習得の考え方」『言語と文化の諸相』, 57-74, 英宝社, 東京.

西原哲雄 (1992)「Post-Lexical Module 内の音韻規則区分について」『甲南英文学』第7号, 31-48.

西原哲雄 (2002)「Clitic Group の再構築化」『英語音声の諸相』, 西原哲雄・南條健助(編), 93-102, 日本英語音声学会.

西原哲雄 (2013)『文法とは何か』開拓社, 東京.

西原哲雄 (2016)「音律音韻論の枠組みと発展」『現代音韻論の動向』, 日本音韻論学会(編), 200-201, 開拓社, 東京.

Parker, Frank and Kathryn Riley (2005) *Linguistics for Non-Linguists: A Primer with Exercise* 4th ed., Allyn and Bacon, Boston.

Patkowski, Mark S. (1989) "Age and Accent in a Second Language: A Reply to James E. Flege," *Applied Linguistics* 11, 73-89.

Poser, William J. (1990) "Evidence for Foot Structure in Japanese," *Language* 66(1), 78-105.

Radford, Andrew (1997) *Syntax*, Cambridge University Press, Cambridge.

Roach, Peter (2009) *English Phonetics and Phonology*, 4th ed., Cambridge University Press, Cambridge.

Rochemont, Michael S. and Peter W. Culicover (1990) *English Focus Construction and the Theory of Grammar*, Cambridge University Press, Cambridge.

Rogerson-Revell, Pamela (2011) *English Phonology and Pronunciation Teaching*, Continuum International Publishing Group, London.

Ross, John Robert (1986) *Infinite Syntax!*, Ablex Publishing Routledge, London.

斎藤純男 (2006)『日本語音声学入門 (改訂版)』三省堂, 東京.

Selkirk, Elizabeth (1972) *The Phrase Phonology of English and French*, Doctoral dissertation, MIT. [Reproduced by Garland, New York 1980.]

Selkirk, Elizabeth (1984) *Phonology and Syntax*, MIT Press, Cambridge, MA.

Selkirk, Elizabeth (1986) "On Derived Domains in Sentence Phonology," *Phonology Yearbook* 3, 371-405.

Shinohara, Shigeko, Qandeel Hussain and Tomohiko Ooigawa (2015) "Does Allophonic Knowledge of L1 Contribute to the Correct Discrimination of Non-native Sounds?" *Proceedings of the 18th International Congress of Phonetic Sciences*, Paper No. 0368.

Siegel, Dorothy (1974) *Topics in English Morphology*, Doctoral dissertation, MIT. [Reproduced by Garland, New York (1979).]

Spencer, Andrew (1996) *Phonology*, Blackwell, Oxford.

274

杉森幹彦・杉森直樹・中西義子・清水裕子（1996）『音声英語の理論と実践』英宝社，東京．

Szpyra, Jolanta（1989）*The Phonology-Morphology Interface*, Routledge, London.

Takano, Yuji（1998）"Objects Shift and Scrambling," *NLLT* 16, 817-889.

寺尾康（2002）『言い間違いはどうして起こる？』岩波書店，東京．

Trubetzkoy, Nikolai S.（1969）*Principles of Phonology*, <https://monoskop.org/images/7/73/Trubetzkoy_NS_Principles_of_Phonology.pdf.> [accessed on Sept. 12, 2017]

Tsubaki, Hajime and Mariko Kondo（2011）"Analysis of L2 English Speech Corpus by Automatic Phoneme Alignment," *Proceedings* of *Speech and Language Technology in Education*（*SLaTE 2011*）, Venezia, Italy.

Vance, Timothy J.（2008）*The Sounds of Japanese*, Cambridge University Press, Cambridge.

Visceglia, Tanya, Chiu-Yu Tseng, Mariko Kondo, Helen Meng and Yoshinori Sagisaka（2009）"Phonetic Aspects of Content Design in AESOP（Asian English Speech cOrpus Project）," *2009 Oriental COCOSDA International Conference on Speech Database and Assessments*, 60-65, IEEE.

Vogel, Irene（1989）"Prosodic Constituents in Hungarian," *Certamen Phonologicum,* ed. by Pier Marco Bertinetto and Michele Loporcaro, 231-250, Rosenberg and Sellier, Torino.

Vogel, Irene（1994）"Phonological Interface in Italian," *Issues and Theory in Romance Linguistics*, ed. by Michael Mazzola, 109-126, Georgetown University Press, Washington D.C.

Vogel, Irene（2009）"The Status of the Clitic Group," *Phonological Domain, Universals, and Derivations,* eds. by Janet Grijzenhaut and Baris Kabak, 15-46, Mouton de Gruyter, Berlin and New York.

Vogel, Irene（2018）"The Morpho-Syntax-Phonology Interface in Complex Compounds," *Boundaries Crossed, at the Interfaces of Morphosyntax, Phonology, Pragmatics and Semantics*, ed. by Huba Bartos, Marcel de Dikken, Zoltan Banreti and Tamas Varadi, 385-401, Springer, Cham.

Vogel, Irene and Istvan Kenesei（1987）"The Interface between Phonology and other Components of Grammar: The Case of Hungarian," *Phonology Yearbook* 4, 243-263.

Vogel, Irene and Istvan Kenesei（1990）"Syntax and Semantics in Phonology," *The Phonology-syntax Connection*, ed. by Sharon Inkelas and Draga Zec, 339-363, University of Chicago Press, Chicago.

Wells, John C.（1982）*Accents of English*, Volumes 1-3, Cambridge University Press, Cambridge.

Wheeldon, Linda（2000）"Generating Prosodic Structure," *Aspects of Language Pro-*

duction, ed. by Linda Wheeldon, 249-274, Psychology Press, East Sussex.

Wood, Elizabeth (2003) "TH-fronting: The Substitution of f/v for θ/ð in New Zealand English," *New Zealand English Journal* 17, 50-56.

Yavaş, Mehmet (2016) *Applied English Phonology*, 3rd ed., Wiley-Blackwell, Malden, MA.

Yazawa, Kakaru, Takayuki Konishi, Keiko Hanzawa, Gregory Short and Mariko Kondo (2015) "Vowel Epenthesis in Japanese Speakers' L2 English," *Proceedings of the 18th International Congress of Phonetic Sciences*, Glasgow, UK, Paper No. 0969.

Zec, Draga and Sharon Inkelas (1990) "Prosodically Constrained Syntax," *The Phonology-Syntax Connection*, ed. by Sharon Inkelas and Draga Zec, 365-378, University of Chicago Press, Chicago.

第 III 部

安部清哉・斎藤倫明・岡島昭浩・半沢幹一・伊藤雅光・前田富祺（2009）『語彙史』岩波書店，東京．

Ackema, Peter and Ad Neeleman (2004) *Beyond Morphology: Interface Conditions on Word Formation*, Oxford University Press, Oxford.

Anderson, Stephen R. (1982) "Where's Morphology," *Linguistic Inquiry* 13, 571-612.

Anderson, Stephen R. (1992) *A-Morphous Morphology*, Cambridge University Press, Cambridge.

Aronoff, Mark (1976) *Word Formation in Generative Grammar*, MIT Press, Cambridge, MA.

Aronoff, Mark (1994) *Morphology by Itself: Stems and Inflectional Classes*, MIT Press, Cambridge, MA.

Aronoff, Mark (2007) "In the Beginning Was the Word," *Language* 83(4), 803-830.

Aronoff, Mark (2012) "Morphological Stems: What William of Ockham Really Said," *Word Structure* 5(1), 28-51.

Aronoff, Mark (2016) "A Fox Knows Many Things But a Hedgehog One Big Thing," *The Cambridge Handbook of Morphology*, ed. by Andrew Hippisley and Gregory Stump, 186-205, Cambridge University Press, Cambridge.

Bauer, Laurie (1998) "When Is a Sequence of Two Nouns a Compound in English?" *English Language and Linguistics* 2, 65-86.

Bauer, Laurie (2013) "Deriving Locational Nouns," *SKASE Journal of Theoretical Linguistics* 10(1), 2-11.

Bauer, Laurie (2016) "Classical Morphemics: Assumptions, Extensions, and Alternatives," *The Cambridge Handbook of Morphology*, ed. by Andrew Hippisley and Gregory Stump, 331-355, Cambridge University Press, Cambridge.

Bauer, Laurie, Rochelle Lieber and Ingo Plag (2013) *The Oxford Reference Guide to English Morphology*, Oxford University Press, Oxford.

Beard, Robert (1987) "Lexical Stock Expansion," *Rules and the Lexicon: Studies in Word Formation*, ed. by Edmund Gussmann, 24-41, Catholic University Press, Lublin.

Beard, Robert (1991) "Decompositional Composition: The Semantics of Scope Ambiguities and 'Bracketing Paradoxes'," *Natural Language and Linguistic Theory* 9, 195-229.

Beard, Robert (1995) *Lexeme-Morpheme Base Morphology: A General Theory of Inflection and Word Formation*, State University of New York Press, Albany.

Beard, Robert and Mark Volpe (2005) "Lexeme-Morpheme Base Morphology," *Handbook of Word-Formation*, ed. by Pavol Štekauer and Rochelle Lieber, 189-205, Springer, Dordrecht.

Bloch-Trojnar, Maria (2013) *The Mechanics of Transposition: A Study of Action Nominalisations in English, Irish and Polish*, Wydawnictwo KUL, Lublin.

Blom, Corrien and Geert Booij (2003) "The Diachrony of Complex Predicates in Dutch: A Case Study in Grammaticalization," *Acta Linguistica Hungarica* 50, 61-91.

Bloomfield, Leonard (1933) *Language*, George Allen & Unwin, London.

Booij, Geert (1993) "Against Split Morphology," *Yearbook of Morphology 1993*, ed. by Geert Booij and Jaap van Marle, 27-49, Kluwer, Dordrecht.

Booij, Geert (1996) "Inherent versus Contextual Inflection and the Split Morphology Hypothesis," *Yearbook of Morphology 1995*, ed. by Geert Booij and Jaap van Marle, 1-16, Kluwer, Dordrecht.

Booij, Geert (2015) "Laurie Bauer, Rochelle Lieber & Ingo Plag, *The Oxford Reference Guide to English Morphology*. Oxford: Oxford University Press, 2013, x+691pp. ISBN 978-0-19-957926-6," *Word Structure* 8(1), 119-132.

Bybee, Joan (1985) *Morphology: A Study of the Relation between Meaning and Form*, John Benjamins, Amsterdam.

Bybee, Joan (2015) *Language Change*, Cambridge University Press, Cambridge.

Carstairs-McCarthy, Andrew (2005) "Basic Terminology," *Handbook of Word-Formation*, ed. by Pavol Štekauer and Rochelle Lieber, 5-23, Springer, Dordrecht.

Corbett, Greville G. (2006) *Agreement*, Oxford University Press, Oxford.

Corrigan, Karen P. (2010) "Language Contact and Grammatical Theory," *The Handbook of Language Contact*, ed. by Raymond Hickey, 106-127, Blackwell, Oxford.

Dalton-Puffer, Christiane (1996) *The French Influence on Middle English Morphology: A Corpus-Based Study of Derivation*, Mouton de Gruyter, Berlin.

Di Sciullo, Anne-Marie, Pieter Muysken and Rajendra Singh (1986) "Government and Code-Switching," *Journal of Linguistics* 22(1), 1-24.

Don, Jan (2014) *Morphological Theory and the Morphology of English*, Edinburgh University Press, Edinburgh.

Embick, David (2015) *The Morpheme: A Theoretical Introduction*, De Gruyter Mouton, Berlin.

Emonds, Joseph E. (2000) *Lexicon and Grammar: The English Syntacticon*, Mouton de Gruyter, Berlin.

Fábregas, Antonio and Sergio Scalise (2012) *Morphology: From Data to Theories*, Edinburgh University Press, Edinburgh.

Fischer, Olga (2013) "The Role of Contact in English Syntactic Change in the Old and Middle English Periods," *English as a Contact Language*, ed. by Daniel Schreier and Marianne Hundt, 18-40, Cambridge University Press, Cambridge.

Fradin, Bernard (2011) "Remarks on State Denoting Nominalizations," *Recherches Linguistiques de Vincennes* 40, 73-99.

Gardani, Francesco, Peter Arkadiev and Nino Amiridze, eds. (2017) *Borrowed Morphology*, De Gruyter Mouton, Berlin.

Giegerich, Heinz J. (2004) "Compound or Phrase? English Noun-Plus-Noun Constructions and the Stress Criterion," *English Language and Linguistics* 8, 1-24.

Giegerich, Heinz J. (2009) "Compounding and Lexicalism," *The Oxford Handbook of Compounding*, ed. by Rochelle Lieber and Pavol Štekauer, 178-200, Oxford University Press, Oxford.

Grimshaw, Jane (1990) *Argument Structure*, MIT Press, Cambridge, MA.

ten Hacken, Pius (2015) "Transposition and the Limits of Word Formation," *Semantics of Complex Words*, ed. by Laurie Bauer, Lívia Körtvélyessy and Pavol Štekauer, 187-216, Springer, Dordrecht.

ten Hacken, Pius and Claire Thomas (2013) "Word Formation, Meaning, and Lexicalization," *The Semantics of Word Formation and Lexicalization,* ed. by Pius ten Hacken and Claire Thomas, 1-27, Edinburgh University Press, Edinburgh.

ten Hacken, Pius and Claire Thomas, eds. (2013) *The Semantics of Word Formation and Lexicalization*, Edinburgh University Press, Edinburgh.

Halle, Morris and Alec Marantz (1993) "Distributed Morphology and the Pieces of Inflection," *The View from Building 20: Essays in Linguistics in Honor of Sylvain Bromberger*, ed. by Kenneth Hale and S. Jay Keyser, 111-176, MIT Press, Cambridge, MA.

Harris, Alice C. (2017) *Multiple Exponence*, Oxford University Press, Oxford.

Haselow, Alexander (2012) "Lexical Typology and Typological Changes in the English Lexicon," *The Oxford Handbook of the History of English*, ed. by Terttu Nevalainen and Elizabeth Closs Traugott, 643-653, Oxford University Press, Oxford.

Haspelmath, Martin (2009) "Lexical Borrowing: Concepts and Issues," *Loanwords in the World's Languages: A Comparative Handbook*, ed. by Martin Haspelmath and

Uri Tadmor, 35-54, De Gruyter Mouton, Berlin.

Haspelmath, Martin and Uri Tadomor, eds. (2009) *Loanwords in the World's Languages: A Comparative Handbook*, De Gruyter Mouton, Berlin.

Haugen, Einar (1950) "The Analysis of Linguistic Borrowing," *Language* 26, 210-231.

菱川邦俊 (2005)「ロシア語におけるインペルフェクト形の崩壊時期をめぐって」『創価大学外国語学科紀要』第 15 号, 205-271.

本田謙介・深谷修代・長野明子 (訳) (2017)『英文法と統語論の概観』「英文法大辞典」シリーズ 第 0 巻, 開拓社, 東京.

Horie, Kaoru (2018) "Linguistic Typology and the Japanese Language," *The Cambridge Handbook of Japanese Linguistics*, ed. by Yoko Hasegawa, 65-86, Cambridge University Press, Cambridge.

堀田隆一『hellog 〜英語史ブログ』<http://user.keio.ac.jp/~rhotta/hellog/index.html>

堀田隆一 (2016)『英語の「なぜ?」に答える はじめての英語史』研究社, 東京.

堀田隆一 (2017) 連載『現代英語を英語史の視点から考える』研究社『英語の「なぜ?」に答えるはじめての英語史コンパニオンサイト』<http://www.kenkyusha.co.jp/modules/history_of_english/>

Huddleston, Rodney (2002a) "Syntactic Overview," *The Cambridge Grammar of the English Language*, ed. by Rodney Huddleston and Geoffrey K. Pullum, 43-69, Cambridge University Press, Cambridge.

Huddleston, Rodney (2002b) "The Verb," *The Cambridge Grammar of the English Language*, ed. by Rodney Huddleston and Geoffrey K. Pullum, 71-212, Cambridge University Press, Cambridge.

伊藤たかね・杉岡洋子 (2002)『語の仕組みと語形成』研究社, 東京.

伊藤たかね・杉岡洋子 (2016)「語の処理の心内・脳内メカニズム」『形態論』, 漆原朗子 (編), 113-140, 朝倉書店, 東京.

Jackendoff, Ray (1990) *Semantic Structures*, MIT Press, Cambridge, MA.

Jackendoff, Ray (2002) *Foundations of Language: Brain, Meaning, Grammar, Evolution*, Oxford University Press, Oxford.

Johanson, Lars (2002) *Structural Factors in Turkic Language Contacts*, Curzon, Richmond.

Johanson, Lars and Martine Robeets (2012) "Bound Morphology in Common: Copy or Cognate?" *Copies versus Cognates in Bound Morphology*, ed. by Lars Johanson and Martine Robeets, 3-22, Brill, Leiden.

Joseph, Brian (2002) "The Word in Modern Greek," *Word: A Cross-Linguistic Typology*, ed. by R. M. W. Dixon and Alexandra Y. Aikhenvald, 243-263, Cambridge University Press, Cambridge.

影山太郎 (1993)『文法と語形成』ひつじ書房, 東京.

影山太郎 (1999)『形態論と意味』くろしお出版, 東京.

影山太郎 (2013)「レキシコンの基礎知識」『レキシコンフォーラム』No. 6, 1-18, ひつ
じ書房, 東京.

影山太郎・斎藤倫明 (2013)「語種と語形成」『レキシコンフォーラム』No. 6, 19-41,
ひつじ書房, 東京.

亀井孝・河野六郎・千野栄一 (編) (1995)『言語学大辞典：第6巻 術語編』三省堂, 東
京.

Kastovsky, Dieter (2006) "Typological Changes in Derivational Morphology," *The Handbook of the History of English*, ed. by Ans van Kemenade and Bettelou Los, 151-176, Blackwell, Malden, MA.

King, Ruth (2005) "Crossing Grammatical Borders: Tracing the Path of Contact-Induced Linguistic Change," *Dialects Across Borders*, ed. by Markku Filppula, Juhani Klemola, Marjatta Palander and Esa Penttilä, 233-251, John Benjamins, Amsterdam.

岸本秀樹・菊地朗 (2008)『叙述と修飾』研究社, 東京.

Klinge, Alex (2009) "The Role of Configurational Morphology in Germanic Nominal Structure and the Case of English Noun-Noun Constellations," *Word Structure* 2 (2), 155-183.

児馬修 (2013)「派生接辞 -able の史的発達の特異性」『立正大学文学部研究紀要』第29
号, 1-12.

Koma, Osamu (2013) "Anglicization of -able and Its Idiosyncrasies," *Studies in Modern English: The Thirtieth Anniversary Publication of the Modern English Association*, ed. by Ken Nakagawa, 53-68, Eihōsha, Tokyo.

小松英雄 (2001)『日本語の歴史　青信号はなぜアオなのか』笠間書院, 東京.

Koontz-Garboden, Andrew (2014) "Verbal Derivation," *The Oxford Handbook of Derivational Morphology*, ed. by Rochelle Lieber and Pavol Štekauer, 257-275, Oxford University Press, Oxford.

Levi, Judith N. (1978) *The Syntax and Semantics of Complex Nominals*, Academic Press, New York.

Levin, Beth and Malka Rappaport Hovav (1995) *Unaccusativity: At the Syntax-Lexical Semantics Interface*, MIT Press, Cambridge, MA.

Lieber, Rochelle (2004) *Morphology and Lexical Semantics*, Cambridge University Press, Cambridge.

Lieber, Rochelle (2005) "English Word-Formation Processes," *Handbook of Word-Formation*, ed. by Pavol Štekauer and Rochelle Lieber, 375-428, Springer, Dordrecht.

Lieber, Rochelle (2015) "The Semantics of Transposition," *Morphology* 25, 353-369.

Lieber, Rochelle (2016) *English Nouns: The Ecology of Nominalization*, Cambridge University Press, Cambridge.

Marchand, Hans (1969) *The Categories and Types of Present-day English Word-*

Formation: A Synchronic-Diachronic Approach, 2nd ed., C. H. Beck, Munich.

Matthews, P. H. (1972) *Inflectional Morphology: A Theoretical Study Based on Aspects of Latin Verb Conjugation*, Cambridge University Press, Cambridge.

Matras, Yaron (1988) "Utterance Modifiers and Universals of Grammatical Borrowing," *Linguistics* 36(2), 281-331.

Matras, Yaron (2007) "The Borrowability of Structural Categories," *Grammatical Borrowing in Cross-Linguistic Perspective*, ed. by Yaron Matras and Jeanette Sakel, 31-73, Mouton de Gruyter, Berlin.

Matras, Yaron and Jeanette Sakel (2007) "Investigating the Mechanisms of Pattern Replication in Language Convergence," *Studies in Language* 31(4), 829-865.

Matras, Yaron and Jeanette Sakel, eds. (2007) *Grammatical Borrowing in Cross-Linguistic Perspective*, Mouton de Gruyter, Berlin.

Minkova, Donka and Robert Stockwell (2009) *English Words: History and Structure*, 2nd ed., Cambridge University Press, Cambridge.

森田順也 (2006)「名詞形成における変則―語の内部に出現する機能範疇」『英語の語形成―通時的・共時的研究の現状と課題』, 米倉綽 (編), 408-425, 英潮社, 東京.

Muysken, Pieter (1981) "Halfway between Quechua and Spanish: The Case for Relexification," *Historicity and Variation in Creole Studies*, ed. by Arnold Highfield and Albert Valdman, 52-78, Karoma, Ann Arbor.

Muysken, Pieter (2008) *Functional Categories*, Cambridge University Press, Cambridge.

Muysken, Pieter (2012) "Spanish Affixes in the Quechua Languages: A Multidimensional Perspective," *Lingua* 122, 481-493.

Myers-Scotton, Carol (2002) *Contact Linguistics: Bilingual Encounters and Grammatical Outcomes*, Oxford University Press, Oxford.

中野弘三・服部義弘・小野隆啓・西原哲雄 (編) (2015)『最新英語学・言語学用語辞典』開拓社, 東京.

Nagano, Akiko (2013a) "Morphology of Direct Modification," *English Linguistics* 30(1), 111-150.

Nagano, Akiko (2013b) "Derivational Prefix *be-* in Modern English: Oxford English Dictionary and Word-Formation Theory," *English Studies* 94(4), 448-467.

長野明子 (2013)「複合と派生の境界と英語の接頭辞」『生成言語研究の現在』, 池内正幸・郷路拓也 (編), 145-161, ひつじ書房, 東京.

長野明子 (2015)「英語の関係形容詞―前置詞句の交替形としての分析―」『現代の形態論と音声学・音韻論の視点と論点』, 西原哲雄・田中真一 (編), 2-20, 開拓社, 東京.

長野明子 (2017)「現代英語の派生接頭辞 en- は本当に RHR の反例か?」『現代言語理論の最前線』, 西原哲雄・田中真一・早瀬尚子・小野隆啓 (編), 77-93, 開拓社, 東京.

Nagano, Akiko (2018a) "How Do Relational Adjectives Change into Qualitative Adjectives?" *JELS* 35, 273-279.

Nagano, Akiko (2018b) "A Conversion Analysis of So-called Coercion from Relational to Qualitative Adjectives in English," *Word Structure* 11(2), 185-210.

Nagano, Akiko and Masaharu Shimada (2014) "Morphological Theory and Orthography: Kanji as a Representation of Lexemes," *Journal of Linguistics* 50(2), 323-364.

長野明子・島田雅晴（2017）「言語接触と対照言語研究―「マイカー」という「自分」表現について―」『三層モデルでみえてくる言語の機能としくみ』，廣瀬幸生・島田雅晴・和田尚明・金谷優・長野明子（編），217-259，開拓社，東京.

並木崇康（1985）『語形成』大修館書店，東京.

Namiki, Takayasu (2003) "On the Expression *Rinse In Shampoo*: A New Type of Japanese Compound Coined from English Words," *Empirical and Theoretical Investigations into Language: A Festschrift for Masaru Kajita*, ed. by Shuji Chiba et al., 538-550, Kaitakusha, Tokyo.

並木崇康（2005）「日本語の新しいタイプの複合語―「リンスインシャンプー」と「リンス入りシャンプー」―」『現代形態論の潮流』，大石強・豊島庸二・西原哲雄（編），1-19，くろしお出版，東京.

Naya, Ryohei (2016) "Deverbal Noun-Forming Processes in English," *English Linguistics* 33(1), 36-68.

西川盛雄（2006）『英語接辞研究』開拓社，東京.

Nishimaki, Kazuya (2015) *A Study on Cross-Linguistic Variations in Realization Patterns: New Proposals Based on Competition Theory*, Doctoral dissertation, University of Tsukuba.

Nishimura, Miwa (1997) *Japanese/English Code-Switching: Syntax and Pragmatics*, Peter Lang, New York.

西山國雄（2013）「分散形態論」『レキシコンフォーラム』No. 6, 303-326, ひつじ書房，東京.

沖森卓也・阿久津智（編著），岡本佐智子・小林孝郎・中山惠利子（著）（2015）『ことばの借用』朝倉書店，東京.

大石強（1988）『形態論』開拓社，東京.

小野尚之（2013）「語彙意味論」『日英対照 英語学の基礎』，三原健一・高見健一（編），117-145，くろしお出版，東京.

小野尚之・由本陽子（2015）「語彙意味論の新たな可能性を探って」『語彙意味論の新たな可能性を探って』，由本陽子・小野尚之（編），1-20，開拓社，東京.

Palmer, Frank, Rodney Huddleston and Geoffrey K. Pullum (2002) "Inflectional Morphology and Related Matters," *The Cambridge Grammar of the English Language*, ed. by Rodney Huddleston and Geoffrey K. Pullum, 1565-1619, Cambridge University Press, Cambridge.

Panocová, Renáta (2015) *Categories of Word-Formation and Borrowing: An Onomasiological Account of Neoclassical Formations*, Cambridge Scholars Publishing, Cambridge.

Perlmutter, David M. (1988) "The Split Morphology Hypothesis: Evidence from Yiddish," *Theoretical Morphology*, ed. by Michael Hammond and Michael Noonan, 79–99, Academic Press, San Diego.

Plag, Ingo (2003) *Word-Formation in English*, Cambridge University Press, Cambridge.

Pullum, Geoffrey K. and Rodney Huddleston (2002) "Adjectives and Adverbs," *The Cambridge Grammar of the English Language*, ed. by Rodney Huddleston and Geoffrey K. Pullum, 525–595, Cambridge University Press, Cambridge.

Pustejovsky, James (1995) *The Generative Lexicon*, MIT Press, Cambridge, MA.

Quirk, Randolph, Sidney Greenbaum, Geoffrey Leech and Jan Svartvik (1985) *A Comprehensive Grammar of the English Language*, Longman, London.

Ramchand, Gillian (2008) *Verb Meaning and the Lexicon: A First Phase Syntax*, Cambridge University Press, Cambridge.

Sakel, Jeanette (2007) "Types of Loan: Matter and Pattern," *Grammatical Borrowing in Cross-Linguistic Perspective*, ed. by Yaaron Matras and Jeanette Sakel, 15–29, Mouton de Gruyter, Berlin.

斎藤純男・田口義久・西村義樹（編）（2015）『明解言語学辞典』三省堂，東京.

斎藤倫明・石井正彦（2011）「語彙論概説」『これからの語彙論』，斉藤倫明・石井正彦（編），1-78，ひつじ書房，東京.

斎藤倫明・石井正彦（編）（2011）『これからの語彙論』ひつじ書房，東京.

Scalise, Sergio (1984) *Generative Morphology*, Foris, Dordrecht.

Scalise, Sergio (1988) "Inflection and Derivation," *Linguistics* 26, 561–588.

Seifart, Frank (2015) "Direct and Indirect Affix Borrowing," *Language* 91, 511–532.

Seifart, Frank (2017) "Patterns of Affix Borrowing in a Sample of 100 Languages," *Journal of Historical Linguistics* 7(3), 389–431.

Shimada, Masaharu and Akiko Nagano (2014) "Borrowing of English Adpositions in Japanese," paper read at the Annual Meeting of the Linguistics Association of Great Britain (LAGB 2014).

島村礼子（1990）『英語の語形成とその生産性』リーベル出版，東京.

島村礼子（2014）『語と句と名付け機能：日英語の「形容詞＋名詞」形を中心に』開拓社，東京.

島村礼子（2015）「英語の「名詞＋名詞」は句か語か」『現代の形態論と音声学・音韻論の視点と論点』，西原哲雄・田中真一（編），21-41，開拓社，東京.

Smits, Caroline (1998) "Two Models for the Study of Language Contact: A Psycho-Linguistic Perspective Versus a Socio-Cultural Perspective," *Historical Linguistics 1997*, ed. by Monika S. Schmid, Jennifer R. Austin and Dieter Stein, 377–390,

John Benjamins, Amsterdam.

Spencer, Andrew (2013) *Lexical Relatedness: A Paradigm-based Model*, Oxford University Press, Oxford.

Spencer, Andrew and Marina Zaretskaya (1988) "Verb Prefixation in Russian as Lexical Subordination," *Linguistics* 36, 1-39.

Stewart, Thomas W (2015) *Contemporary Morphological Theories: A User's Guide*, Edinburgh University Press, Edinburgh.

Szymanek, Bogdan (2015) "Remarks on Tautology in Word-Formation," *Semantics of Complex Words*, ed. by Laurie Bauer, Lívia Körtvélyessy and Pavol Štekauer, 143-161, Springer, Dordrecht.

Tadmor, Uri (2009) "Loanwords in the World's Languages: Findings and Results," *Loanwords in the World's Languages: A Comparative Handbook*, ed. by Martin Haspelmath and Uri Tadmor, 55-75, De Gruyter Mouton, Berlin.

田川拓海（2013）「動詞派生か Root 派生か—分散形態論による連用形名詞の分析—」『文藝言語研究：言語篇』第 64 号，59-74，筑波大学.

田川拓海（2016）「動名詞の構造と「する」「させる」の分布—漢語と外来語の比較—」『日本語文法研究のフロンティア』，庵功雄・佐藤琢三・中俣尚己（編），1-20，くろしお出版，東京.

高橋暦・堀江薫（2012）「言語接触の観点からみた非有生名詞主語の「見る」構文—文語体コーパスを利用して—」『第 1 回コーパス日本語学ワークショップ予稿集』99-108，国立国語研究所，東京.

Thomason, Sarah Grey and Terrence Kaufman (1988) *Language Contact, Creolization, and Genetic Linguistics*, University of California Press, Berkeley.

Tillery, Jan, Tom Wikle and Guy Bailey (2000) "The Nationalization of a Southernism," *Journal of English Linguistics* 28(3), 280-294.

Trudgill, Peter (2011) *Sociolinguistic Typology: Social Determinants of Linguistic Complexity*, Oxford University Press, Oxford.

上原聡・熊代文子（2007）『音韻・形態のメカニズム』研究社，東京.

漆原朗子（編）（2016）『形態論』朝倉書店，東京.

Van Coetsem, Frans (1988) *Loan Phonology and the Two Transfer Types in Language Contact*, Foris, Dordrecht.

Velupillai, Viveka (2012) *An Introduction to Linguistic Typology*, John Benjamins, Amsterdam.

Williams, Edwin S. (1981) "Transformationless Grammar," *Linguistic Inquiry* 12(4), 645-653.

Winford, Donald (2003) *An Introduction to Contact Linguistics*, Blackwell, Oxford.

Winford, Donald (2005) "Contact-Induced Changes: Classification and Processes," *Diachronica* 22(2), 373-427.

Winford, Donald (2010) "Contact and Borrowing," *The Handbook of Language Con-*

tact, ed. by Raymond Hickey, 170–187, Blackwell, Oxford.

Whitney, W. D. (1881) "On Mixture in Language," *Transactions of the American Philosophical Association* 12, 5-26.

安井稔・秋山怜・中村捷 (1972)『形容詞』研究社，東京.

米倉綽 (2006)「古英語，中英語，初期近代英語における語形成」『英語の語形成――通時的・共時的研究の現状と課題――』，米倉綽（編），2-207，英潮社，東京.

吉村公宏（編）(2003)『認知音韻・形態論』大修館書店，東京.

由本陽子 (2005)『複合動詞・派生動詞の意味と統語――モジュール形態論から見た日英語の動詞形成――』ひつじ書房，東京.

索　引

1. 日本語は五十音順に並べてある．英語（などで始まるもの）はアルファベット順で，最後に一括してある．
2. ～は直前の見出し語を代用する．
3. 数字はページ数を示す．n は脚注を表す．

[あ行]

異音 (allophone)　116
位相　→ フェイズ
一致 (Agree)　40, 180
一致操作 (AGREE)　4
意味素性 (semantic features)　192, 225
意味役割 (semantic role)　224
意味論的重さ (Semantic Heaviness)　166
インターフェイス (Interfaces)　3, 4, 6, 12, 16, 18, 23, 37, 39, 41, 44, 49, 64, 72
韻律階層（構造）(prosodic hierarchy)　106, 108, 144
韻律範疇 (prosodic categories)　107, 144
英語の口蓋化規則 (English Palatalization)　148
英語の鼻音同化規則 (nasal assimilation in English)　147
枝分かれしている音韻句 (branching at the Phonological Phrases: Phonological Heaviness)　159
音韻階層 (phonological hierarchy)　94, 106
音韻規則適用と強勢・焦点付与　162
音韻句 (Phonological Phrase: PP)　107, 147

音韻語 (Phonological Word: PW)　107, 147, 153
音韻素性　91, 92, 95
音韻的条件　146
音韻的発話 (Phonological Utterance)　107, 145
音韻表示 (P)　191
音韻論　87-90
音声学　87-90, 112
音声器官　87, 90, 91
音声的要因　160
音節 (syllable)　94, 99-103
音素 (phoneme)　94-97, 116
音調句 (intonational phrase)　107, 109, 147
音律音韻論 (prosodic phonology)　144
音律階層 (prosodic hierarchy)　→ 韻律階層
音律範疇 (prosodic categories)　→ 韻律範疇

[か行]

カートグラフィー (Cartography)　2, 24, 25, 29, 30, 49, 51, 53, 55, 57, 58, 61, 62, 73, 79, 80
外向的産出法 (egressive)　115

285

外在化 (externalization) 4-6, 15
外的集合併合 (External Set-Merge) 14, 15
外的対併合 (External Pair-Merge) 14, 15, 40-43, 48, 49
外的併合 (External Merge) 7, 13, 14, 16, 22-24, 37, 40-42, 80
概念・意図 (conceptual-intentional, C-I) 4, 6, 12, 16, 23
かき混ぜ (scrambling) 35, 38
架橋動詞 (bridge verb) 40, 64
格 (Case) 35, 39, 40, 177, 192, 207
拡大投射原理 (Extended Projection Principle, EPP) 5, 10, 21-24
隠れマルコフモデルツールキット (Hidden Markov Model Toolkit (HTK)) 114
下接の条件 (Subjacency Condition) 20
数え上げ (numeration) 13
カルク (calque) (翻訳借用 (loan translation)) 251, 254
含意 (implicational) 関係 97
感覚運動 (sensorimotor, SM) 4
関係形容詞 (relational adjectives) 219-223, 226
間接的借用 (indirect borrowing) 245
完全な受影性 (total affectedness) 230
聞こえ度 (sonority) 99-101
基準位置 (criterial position) 11, 12, 65, 72, 77
基準凍結 (criterial freezing) 30, 72, 74-80
気息 (aspiration) 118
基体 (語基) (base) 212, 243, 253
機能 (function) 177, 248
機能語 (function word) 105, 126, 174, 237
基本周波数 (fundamental frequency (F0))

128, 129, 129n
逆形成 (back-formation) 209
狭義の言語能力 (the faculty of language in the narrow sense, FLN) 3, 12, 46
供給言語 (donor language) 233
競合 (competition) 223
強制 (imposition) 236, 243n, 247
強勢調整規則 (Stress Adjustment (SA) Rule) 163
　イタリア語の〜 163
強勢拍リズム (stress-timed rhythm) 128
共通語としての英語 (English as an International Language (EIL), International English, Global Englishes) 110, 111, 125
　〜の核 (Lingua Franca Core (LFC)) 110
極小主義 (Minimalism) →ミニマリスト・プログラム
切り取りによる説明 (truncation account) 60
緊張母音 (tense vowel) 110, 120, 121n
空主語言語 (null subject language) 73
空所化 (gapping) 58
空範疇原理 (Empty Category Principle) 19, 20
具現 (realize) 174, 187, 189, 204, 212, 232, 245n
具現中心主義 (Realizational view) 174
屈折 (inflection) 173, 189, 208, 243
屈折クラス (inflectional class) (名詞クラス, 動詞クラス) 193, 204
クラスI
　〜接辞 154
　〜接尾辞 153
　〜はこう着接辞 (cohering affixes) 153

クラス II
　〜接辞　154
　〜接尾辞　153
　〜は非こう着接辞（non-cohering affixes）　153
継承（inherit）　218
形態（morph）　210
形態素（morpheme）　175, 189, 210, 237, 255
形態的具現操作（morphological spelling operation）　178, 212
形態統語的な語（morphosyntactic word）　173, 188, 240
形態論（morphology）　170
系列（的な関係）（paradigmatic relation）　180
結果名詞（result nominals）　223
言語運用（performance）　84, 86-88, 109, 135
言語地図分析　→ カートグラフィー
言語能力（competence）　84-87, 109
言語の普遍性（language universals）　97
語彙概念構造（R）　191, 252
語彙項目（lexical item）　176, 205
語彙主義（Lexicalism）　188, 242, 255
語彙素（lexeme）　173, 188, 208, 242
語彙挿入（lexical insertion）　193
語彙的交替（lexical alternation）　216
語彙的借用（lexical borrowing）　238
語彙的従属化（lexical subordination）　230
語彙的統一性（Lexical Uniformity）　67-69
語彙部門　148
語彙目録（lexicon）　12, 13, 66-68
硬音（fortis）　121, 121n
硬音前母音短縮（pre-fortis clipping）　121

口蓋化（palatalization）　148
広義の言語能力（the faculty of language in the broad sense, FLB）　3
後語彙部門　147, 148
項構造（G）　191, 252
拘束文法形態素（bound grammatical morphemes）　175, 246
後段併合（Late Merge）　38, 45
コード切り替え（code-switching）　190n, 256
コード複製（code-copying）　234
語幹（stem）　178, 210, 244
語形（word-forms）　173, 188, 212, 244
語形成（word-formation）　208, 232, 253
語形成規則（Word Formation Rule）　212, 214, 246
語形変化　173, 188, 242
語形変化表・パラダイム（paradigm）　184
語根（root）　190, 207, 210
語種の層（lexical strata）　232
コピー操作（COPY）　14
語用的条件　146
混成（blending）　209
痕跡（trace）　9, 15, 90, 155, 156
　〜と音韻規則　156
根要素（root, R）　6, 10, 32, 41

［さ行］

最簡潔併合（Simplest Merge）　4, 12, 23, 24
最小計算（Minimal Computation）　4, 16
最小探索（minimal search）　6, 8, 32, 34, 35, 39, 40
最小対立語（minimal pair）　96
最大性（maximality）　62, 63, 70-72, 76-79

作業空間（workspace, WS）　12, 46-49
子音交替（consonant alternation）　178
弛緩母音（lax vowel）　110, 120, 121n
識別的フォーカス（Identificational Focus）　55
事象名詞（event nominalization）　218, 223
自他交替（transitivity alternation）　204, 216
失語症患者の脱落要素　154
島（island）　20, 59
借用（borrowing）　230, 232
　〜のスケール（borrowing scale）　238
借用可能性（borrowability）　196, 238
借用語（loanwords）　238, 245
写像（mapping）　4, 15, 108
　〜規則　144
弱化母音（reduced vowel）　126
集合併合（Set-Merge）　6, 13, 41, 48
収束（する）（converge）　4, 5, 23
自由文法形態素（free grammatical morphemes）　175, 181
自由併合（Free Merge）　4, 9, 23
周辺副詞節（peripheral adverbial clause）　60
重名詞句移動（Heavy NP Shift）　159
　〜と音韻論　159
縮約（contraction）　179
主語基準（Subject Criterion）　31, 65, 72-74
主節現象（main clause phenomena）　58, 60
主体性（agentivity）　235
述語的 DP（predicative DP）　74
受容言語（recipient language）　233
使用頻度の高い語　152
使用頻度の低い語　152
叙述関係（predication relation）　52

所有形容詞（possessive adjectives）　225
数（Number）　8, 177, 192, 244, 245n
性（Gender）　8, 192, 244
生起要素（occurrence）　9, 14
生産性（productivity）　195, 244
性質形容詞（qualitative adjectives）　219
精緻な左周辺部構造（Elaborated left periphery）　30
世界共通語としての英語　→共通語としての英語
接語（clitic）　197, 243
接語化（cliticization）　179
接語グループ／群（Clitic Group: CG）　107n, 147
接語左方転位（clitic left dislocation, CLLD）　28, 60
接辞（affix）（接頭辞（prefix），接尾辞（suffix））　177, 189, 212
　〜の借用（affix borrowing）　242
接辞付加（affixation）　178, 213, 220
絶対単数・絶対複数（singularis tantum/pluralis tantum）　195
セミトーン（半音）（semitone）　129, 129n
ゼロ形態（zero form）　178
線形化（linearization）　44, 45
漸次的（段階的）　148
選択操作（SELECT）　13
前舌舌根性（advanced tongue root (ATR)）　120
相対的最小性（Relativized Minimality）　61
側方移動（sideward movement）　37, 38
素性値変更（Feature Value Switches）　198, 217
素性継承（feature inheritance）　9, 20, 22-24

[た行]

第 3 要因 (third factor)　4
対照強勢 (contrastive stress)　166
多機能 (multifunctional)　177, 179, 183
弾音化 (Flapping)　145
単純語 (simplex words) (単一形態素語 (monomorphemic word))　209, 218, 245
単純語化　245
談話標識 (discourse markers)　241, 242n
中核の借用 (core borrowing)　239
中心副詞節 (central adverbial clause)　60
調音位置 (place of articulation)　90, 115
調音法 (manner of articulation)　115
直接的借用 (direct borrowing)　246
強い極小主義のテーゼ (Strong Minimalist Thesis)　3, 5, 6, 38
強いフェイズ (strong phase)　17, 42
定形・非定形 (finite forms/non-finite forms)　183
停止問題 (halting problem)　2, 10, 12, 30, 62
転移 (displacement)　5, 13
転換 (conversion)　209, 216, 220, 221
転送 (Transfer)　4, 6, 16, 18, 40, 44
等位接続 (coordination)　222, 240
凍結現象 (freezing)　2, 62, 73-75
統語・文法範疇　145
統合 (総合) (的具現) (synthetic realization)　180, 182
統語構築物 (syntactic object)　4, 6-10, 12-16, 35-38, 41
統語的子音長音化規則 (RS)　163
統語的な条件　159
統語的要素　155

動作主名詞化 (agent nominalization)　224
等時性 (韻脚の) (isochrony)　106, 128, 152
倒置コピュラ文 (inverse copular sentence)　74-76, 78, 79
透明 (transparent)　245
特殊モーラ　102
特性 (properties)　177
閉じた類 (closed class item)　179
トピックの話題化 (topic topicalization, TT)　25

[な行]

内向的産出法 (ingressive)　115
内在的屈折 (inherent inflection) とコンテクスト的屈折 (contextual inflection)　205, 206, 211n
内心性 (endocentricity)　5
内的集合併合 (Internal Set-Merge)　14, 15
内的対併合 (Internal Pair-Merge)　15, 41
内的併合 (Internal Merge)　7, 9-11, 13-15, 19, 20, 22-24, 31, 35-38, 40-42, 62, 64, 69, 74, 80, 81
内容語 (content word)　105, 174, 188, 237
軟音 (lenis)　121, 121n
人称 (Person)　180, 192, 206, 241

[は行]

背景 (background)　52
排出 (Spell-Out)　16, 17, 44, 46, 48, 49
肺臓気流 (pulmonic air stream mechanism)　115

端 (edge)　11, 16, 17, 21-23, 44

端素性 (edge feature)　17, 22

場所格交替 (locative alternation)　216

場所名詞化 (place nominalizations)　225

派生 (derivation)　189, 205, 208, 253

派生語 (derived words)　209, 244, 251, 253

パターン借用 (Pattern borrowing; PAT)　248

裸句構造 (bare-phrase structure)　62, 66

破綻 (する) (crash)　5, 12, 41

発話速度　156

パラダイム中心主義 (Word and Paradigm view)　174, 182

範疇決定子 (categorizer, category marker)　6, 10, 32, 33, 41, 67, 70

範疇的 (絶対的)　148

反復表現 (repetition)　14, 23

反ラベル付け (anti-labeling)　34

鼻音 (nasal)　115

被動者名詞化 (patient nominalization)　224

非肺臓気流 (non-pulmonic air stream)　115

評価の形態論 (evaluative morphology)　199, 243

標準アメリカ英語 (General American (GA))　110, 113

標準イギリス英語 (Received Pronunciation (RP), General British (GB))　110, 113

品詞・統語範疇 (G)　191, 234, 254

フェイズ (phase)　5, 6, 11, 15-23, 40-42, 44, 45, 47-49, 74, 80

フェイズ性 (phasehood)　15, 17-20, 23, 40-42, 74

フェイズ不可侵条件 (Phase-Impenetrability Condition, PIC)　16, 19, 21, 44

フォルマント (formant)　128

不可視 (invisible)　9, 11, 15, 18, 21, 23, 34, 39-42, 64

複合語 (compounds)　176, 189, 209, 221, 244, 251

複雑語 (合成語) (complex words)　209, 245

フット (韻脚) (foot)　104-107, 126

負の転移 (negative transfer)　97

普遍的数量詞　168

分割形態論仮説 (The Split Morphology Hypothesis)　198, 204

文化的借用 (cultural borrowing)　239, 240n

分析 (的具現) (analytic realization)　181, 182

分析可能 (analyzable)　245

分節音 (segment)　94, 95

文法的カテゴリー (grammatical category)　177, 181, 249

文法的機能 (grammatical function)　178, 189, 199, 252

文法的形態素 (grammatical morpheme)　178, 190, 237

文法的借用 (grammatical borrowing)　238, 249

文末焦点 (end-focus)　165

分離仮説 (Separation hypothesis)　177, 189, 216, 252

分裂文 (cleft)　35-37, 58, 63, 76-80

併合 (Merge)　2-16, 32-39

並列併合 (Parallel Merge)　2-16, 32-39

弁別素性　→音韻素性

母音

　〜の強形 (strong form)　104n, 126

　〜の弱形 (weak form)　104n, 126

母音交替 (vowel alternation)　178

包括性条件（Inclusiveness Condition） 4, 7, 66

法助動詞（modal auxiliaries） 202

防破綻統語論（Crash-proof syntax） 5

本来語（native words） 239, 244, 246, 252

[ま行]

マター借用（Matter borrowing; MAT） 248

ミニマリスト・プログラム（Minimalist Program） 2, 3, 13, 15, 19-21, 27, 73, 79

無改変条件（No-Tampering Condition） 4, 16, 20, 37

無声音（voiceless sound） 115

無標（unmarked） 97

名詞句からの外置（extraposition from NPs） 43, 45

メモリー（memory） 12, 18, 19

網羅的識別的フォーカス（exhaustive identificational focus, EI-F） 51

モーラ（mora） 94, 100-103

モジュール性（modularity） 255

[や行]

ユークリッド距離（Euclidean distance） 129

融合（的具現）（fusional realization） 180, 185

有声音（voiced sound） 115

有声開始時間（voice onset time（VOT）） 117

有標（marked） 97, 116

有標性（markedness） 97-99

指小辞（diminutive） 198, 243

抑止母音（checked vowel） 121

弱いフェイズ（weak phase） 17, 18, 42

[ら行]

ラベル付け演算手順（Labeling Algorithm） 6, 9-11, 13, 14, 19, 22, 32, 34-37, 39, 49, 64, 69

離散無限（discrete infinity） 3

リズム規則（Rhythm Rule: RR） 151

類似性の形容詞（similative adjectives） 225

累積（型対応）（cumulativity） 179, 180, 185

レキシコン（lexicon） 170, 188, 208, 212, 232, 244, 253

レキシコン表示（lexical representation） 188, 208, 252

連結形（combining form） 211

連辞（的な関係）（syntagmatic relation） 180, 185, 207

連続循環移動（successive cyclic movement） 10, 64

[英語]

A-An Alternation Rule（不定冠詞交替規則） 160

Clitic Group（接語グループ：CG） 107, 145

Clitic Group Restructuring（CGR：接語グループ再構築） 151

DARPA TIMIT Acoustic-Phonetic Continuous Speech Corpus 114

ECM 38, 65

Focus Phrase（FocP） 51, 52, 55-57, 61, 77-79

High frequency（使用頻度が高い） 149

Intonational Phrase (音調句：IP) 145

I 言語 (I-language) 3-5, 13

lex 素性 67-69, 71

Low frequency (使用頻度が低い) 149

L-口蓋化 (L-Palatalization) 167

MERGE 13

PHON 4, 15, 16

Phonological Phrase (音韻句：PP) 145

Phonological Utterance (音韻的発話：PU) 145

Phonological Word (音韻語：PW) 145

pro 73, 74

R 6, 10, 15, 18, 23, 32, 40-42

Raddoppiamento Sintattioco (統語的子音長音化規則) 162

Relexification 253

R 音化 (rhotacization) 120

R 音性 (rhotic) 124

[r] 音挿入規則 ([r]-insertion rule) 146

SEM 4

that 痕跡効果 (*that* trace effects) 5, 18-20, 72

th-fronting 119

Transposition 218

[v] 削除規則 ([v]-deletion rule) 151

VP 前置 47, 48

wanna 縮約 (wanna-contraction) 89, 155

wh 基準 (wh Criterion) 31, 62

λ 素性 34, 35, 39

【執筆者紹介】（掲載順）

福田　稔（ふくだ　みのる）　1961 年生まれ.
宮崎公立大学人文学部 教授. 専門分野は英語学, 理論言語学, 統語論.
主要業績："Pied-piping in survive-minimalism"（『英文学研究』支部統合号, 日本英文学会, 2015）, "On DP-internal information structure in genealogically unrelated languages, with special attention to Kumamoto Japanese" (*LESEW*, Lomonosov Moscow State University, 2016）,「前置詞 notwithstanding について」（『〈不思議〉に満ちたことばの世界』開拓社, 2017）, "Upward inheritance of phasehood"（共編, 『ことばを編む』開拓社, 2018）, など.

中村　浩一郎（なかむら　こういちろう）　1964 年生まれ.
名桜大学国際学群 教授, 専門は理論言語学, 統語論, カートグラフィー.
主要業績：「トピックと焦点：『は』と『かき混ぜ要素』の構造と意味機能」（『70 年代生成文法再認識』開拓社, 2011）, "Three kinds- of *wa*-marked phrases and topic-focus articulation in Japanese" (*Generative Grammar in Geneva* 7, University of Geneva, 2012）, 『現代言語理論の概説』（共著, 鷹書房弓プレス, 2014）, "Japanese particle **wa** with a focal stress provokes exhaustive identificational focus" (*Studies on Syntactic Cartography*, ed. by Fuzhen Si, China Social Sciences Press, 2017）, など.

古川　武史（ふるかわ　たけし）　1963 年生まれ.
福岡工業大学社会環境学部 教授. 専門分野は英語学, 生成文法理論に基づく統語論.
主要業績：『カンタン英文法』（共著, 開文社, 2005）, 『超カンタン英文法』（共著, 開文社, 2007）, 『英語学へのファーストステップ──英語構文論入門』（共著, 英宝社, 2009）, 『新カンタン英文法』（共著, 開文社, 2013）,「PP 主語の派生とラベル」（『甲南英文学』, 2013）,「名詞句からの外置とラベルシステム」（『甲南英文学』, 2016）, など.

都田　青子（みやこだ　はるこ）
津田塾大学英文学科 教授. 専門分野は音韻論, 音声学.
主要業績：『ことばの事実をみつめて』（共編著, 開拓社, 2011）, 『くらべてわかる英文法』（共著, くろしお出版, 2012）, "Sonority vs. independency: a comparison of the sonority hierarchy and phonological make-up in child Japanese" (*Clinical Linguistics and Phonetics*, 2015）, など.

近藤　眞理子（こんどう　まりこ）
早稲田大学国際教養学部 教授. 専門分野は音声学, 第二言語音声習得, 音声知覚, コーパス言語学など.
主要業績："Design and analysis of Asian English speech corpus—how to elicit L1 phonology in L2 English data—"（共著, *Developmental and Crosslinguistic Perspec-*

tives in Learner Corpus Research, John Benjamins, 2012), "Segmental variation of Japanese speakers' English: analysis of "the North Wind and the Sun" in AESOP corpus"（共著,『音声研究』19 巻 1 号, 2015),『最新英語学・言語学用語辞典』（共著, 開拓社, 2015), "The perception of Mandarin lexical tones by native Japanese adult listeners with and without Mandarin learning experience"（共著, *Journal of Second Language Pronunciation* 2(2), 2016), など.

西原　哲雄（にしはら　てつお）　1961 年生まれ.［編者］
宮城教育大学教育学部 教授. 専門分野は音声学, 音韻論, 形態論.
主要業績：*Voicing in Japanese*（共著・共編, Mouton de Gruyter, 2005), *Current Issues in Japanese Phonology: Segmental Variation in Japanese*（共著・共編, Kaitakusha, 2013), "On the development of final [r] in British English"（共著, *KLS* 35（関西言語学会編), 2015),『心理言語学』（朝倉日英対照言語学シリーズ発展編 2, 共著・編集, 朝倉書店, 2017),『現代言語理論の最前線』（開拓社叢書 29, 共著・共編, 開拓社, 2017), など.

長野　明子（ながの　あきこ）
東北大学大学院情報科学研究科 准教授. 専門は形態論・語形成論.
主な業績：*Conversion and Back-Formation in English*（Kaitakusha, 2008), "The right-headedness of morphology and the status and development of category-determining prefixes in English"（*English Language and Linguistics* 15(1), 2012), "Morphology of direct modification"（*English Linguistics* 30(1), 2013), "Are relational adjectives possible cross-linguistically?: The case of Japanese"（*Word Structure* 9(1), 2016), "A conversion analysis of so-called coercion from relational to qualitative adjectives in English"（*Word Structure* 11(2), 2018), など.

言語研究と言語学の進展シリーズ　第 1 巻

言語の構造と分析
――統語論，音声学・音韻論，形態論――

監修者	西原哲雄・福田　稔・早瀬尚子・谷口一美
編　者	西原哲雄
著作者	福田　稔・中村浩一郎・古川武史
	都田青子・近藤眞理子・西原哲雄
	長野明子
発行者	武村哲司
印刷所	日之出印刷株式会社

2018 年 10 月 23 日　第 1 版第 1 刷発行ⓒ

発行所　　株式会社　開 拓 社

〒 113-0023 東京都文京区向丘 1-5-2
電話　（03）5842-8900（代表）
振替　00160-8-39587
http://www.kaitakusha.co.jp

ISBN978-4-7589-1371-3　C3380

JCOPY ＜出版者著作権管理機構 委託出版物＞

本書の無断複製は，著作権法上での例外を除き禁じられています．複製される場合は，そのつど事前に，出版者著作権管理機構（電話 03-3513-6969, FAX 03-3513-6979, e-mail: info@jcopy. or.jp）の許諾を得てください．